齐海丽　著

WOGUO ZHENGFU GOUMAI FUWU ZHIDU
SHIJIAN ZHONG DE
ZHENGSHE YILAI GUANNXI YANJIU

我国政府购买服务制度实践中的政社依赖关系研究

上海三联书店

前言
Foreword

我们生活在一个相互依赖的时代。这个相互依赖的时代，赋予了行动者本身更多的策略选择，但也增加了行动者的机会风险。因为行动者越来越发现自己有意或者无意地卷入到了这个行动网络中，主动或者被动地参与到网络行动中。治理时代的到来和经济一体化进程的推进，更进一步推动了相互依赖的时代节奏。正如英国政治学家约翰·贝里斯和史蒂夫·史密斯所说"全球化就是世界政治、经济、文化和社会效果越来越相互连接、相互影响的过程"。人类相互依赖性必须根据制度结构给定秩序。不同类型的秩序通过不同的制度集合构建出来。制度的连续性和变迁是权利创造与维持过程中压力的一个重要方面。而在现代社会中，国家、市场和公民社会是实现和维持秩序的最基本制度集合，它们之间的相互作用形成了治理的不同形态，并在特定的历史文化、社会经济等环境下呈现出来。[①]

翻检人类社会发展的历史，可知，国家与社会的关系探讨几乎是国家出现以来形成的最具有影响力和最为悠久的学术话题之一。因为大多数时候国家是以政府的形式出现，而社会则主要以社会组织来称谓，所以政社关系的探讨可以浓缩为国家与社会关系的分析。政社关系的阐释在学说史上留给人们的最深刻印象，就是其驻足于国家与社会一体化的立场。20 世纪 80 年代以来，西方发达国家先后掀起了公共管理改革浪潮。在这场改革中，政府购买服务模式开始取代传统的公共服务垄断供给模式，成为西方国家的普遍选择。其主要形式包

---

① 杨雪冬.秩序是一种公共品.学习时报，2006 年 3 月 27 日.

括：合同出租制、公私合作制、用者付费制、凭单制、内部合同式管理、公共服务社区化、补贴制度等。"在经济全球化和政治民主化的背景下，公民社会组织正在承担越来越重要的公共管理职能。新型的社会管理，不应是政府包打天下式的自上而下的单向度管理，而应是政府与社会组织相互合作实行公共管理，这已经成为现代社会的共识和社会发展的趋势。"①

政社关系问题对于人类社会治理的所有位面都至关重要，因为治理本身就是还权于民的过程。公共管理社会化和公共服务民营化的制度实践打破了长期的"利维坦"管理格局，"多中心"治理模式崭露头角，并在公民社会运动的推动下渐趋成熟。行政国家的出现以及长期困扰西方国家的三大危机，加速了政府行政改革的步伐。以"新公共管理运动"为理论指向和以"企业家政府"为代表的改革实践扬帆启航，公共服务民营化改革势如破竹，引领了 20 世纪后半叶行政改革的浪潮。我国特殊的政治文化背景和特定的政治话语情境，使得"政府购买服务"成为了民营化的同义词。政府购买服务打破了政府垄断公共服务供给的局面，主张多元化主体共同参与，实现共治。服务垄断到服务购买模式的选择既是公共服务供给模式的创新，也是新型政社关系建构的契机。因为购买服务本身是作为合同制治理的形式出现的，要求政府与社会组织之间形成平等、互动的关系，并在此基础上实现善治。作为公共服务社会化的一种形式，服务购买秉承着契约治理的理念，遵循合同治理的规则，达至权力共享的目标。但由于中国具有长期的政社合一的文化传统和制度实践，这种政治文化对现实政治实践产生了投射作用。我国的服务购买实践则因长期的政治文化影响、现实的政治压力作用和社会组织的发展现状，进而出现了政府与社会组织相互依赖，尤其是社会组织对政府的非对称性依赖关系。两者依赖关系的形成不利于服务绩效的提升，也无助于社会治理

① 俞可平.政治与政治学.北京：社会科学文献出版社，2005:21.

目标的达成。因此，需要对这种依赖关系的形成机理进行探究。综合看来，两者依赖关系的形成是多种因素综合作用的结果，既有国际经验的借鉴与现实国情的矛盾，也有政治文化的绵延与政治现实的压力，还离不开针砭时弊地分析我国社会组织的发展现状。这些宏观的逻辑分析归纳起来无非就是制度逻辑和话语建构。本书共分为七章来对服务购买制度实践中的政社依赖关系的形成机理和发展方向进行阐释和分析。

目　录
Contents

第一章
社会背景与学术旨趣：
政府购买服务制度实践中的政社关系

作为一种制度实践，政府购买服务是在国内外综合因素作用下产生的。经济全球化进程的推进深化了政府与社会组织依赖关系，我国社会主要矛盾的变化则为政府购买服务的制度创新创设了现实背景，现代化本身是一个理性化和制度化的过程，这个过程也要求公共服务模式创新。

第一节　政府购买社会组织公共服务的社会背景

新中国成立以来尤其是改革开放 40 年以来，我国经济与社会发展取得了巨大成就，国家治理体系和治理能力蹄疾步稳地推进。人们生活水平不断提高，公共服务供给质量不断提升、结构不断优化，公众满意度日益增强。正是基于这些新情况、新问题，党的十九大报告做出了中国特色社会主义进入新时代的政治判断。新时代我国社会主要矛盾发生了转化。社会矛盾的转化是独立于人们的思想意识之外的，是不可抗拒的，具有一种势不可挡的迫切性。同样重要的事实还在于，社会主要矛盾决定了发展的着力点。党的十九大报告中关于社会主要矛盾的新描述，既是对我国经济与社会发展阶段和特点的新判断，也是对我国供给侧结构改革的模式和方向的新要求。

1. 经济全球化背景下的政府与社会组织依赖关系的深化

生产以及随生产而来的产品交换是一切社会制度的基础；在每个历史出现的社会中，产品分配以及和它相伴随的社会之划分为阶级或等级，是由生产什么，怎样生产以及怎样交换产品来决定的。所以，一切社会变迁和政治变革的终极原因，不应当到人们的头脑中，到人们对永恒的真理和正义的日益增进的认识中去寻找，而应当到生产方式和交换方式的有关变更中去寻找；不应当到有关的时代的哲学中去寻找，而应当到有关时代的经济中去寻找。①经济全球化反映了社会生产力不断发展的内在要求，是当代国际经济发展不可逆转的潮流。随着经济全球化进程的不断推进，生产和科技的迅猛发展以及市场经济的普遍建立，极大地加强了世界的联系和交往，特别是90年代以来，以信息技术革命为中心的高新技术迅猛发展，不仅冲破了国界，而且缩小了各国和各地的距离，使世界经济越来越融为整体。世界各国在获得世界经济一体化带来的发展机遇的同时，也迎来了前所未有的挑战。马克思、恩格斯早在《共产党宣言》中指出，"过去那种地方的和民族的自给自足和闭关自守状态，被各民族的、各方面的互相往来和各方面的相互依赖所代替了。"②经济全球化进程的推进和后现代工业社会的发展意味着民族、国家、组织之间的相互依赖和相关联系，它是组织机构和民众之间在经济、政治、社会和文化方面的互动和依赖得以加强的契机。而与此同时，经济、政治、社会文化发展的不对称性和非连续性也成为了一个共同的特征。

　　社会组织与政府的关系可以说是国家与社会的关系在公共事务治理层面的一个缩影。政府是一个国家为维护和实现特定的公共利益，按照区域划分原则组织起来的、以暴力为后盾的政治统治和社会管理组织。它的行为主要发生在公共领域；社会是与政府相对应的概念，是在一个民族国家的范围内个人之间结成的社会组织关系的总和。社会既是政府权力的承受者，同时又影响和制约着政府权力，社会所调

---

① 恩格斯.反杜林论.北京：人民出版社，1993:274—275.
② 马克思恩格斯选集（第1卷）.北京：人民出版社，1995:276.

节的主要是私人活动领域。根据历史还原论的观点：国家来源于社会，是以社会为基础的和由社会决定的。国家是人类社会发展到一定阶段的产物。以马克思为代表的一些西方学者阐释了国家对社会的独立性。他们基于国家与社会的不同特征，把国家看作是与社会相对立的范畴。国家与社会的这种二元对立与紧张，在历史上无疑是一种革命和进步，因为这种对立使得国家与社会保持了自身的独立性，明确了国家与社会之间的界限，通过制度来限制政府权力，防止它越过界限而侵犯社会利益，两者的独立性才能得到制度性的保障，和谐的关系才能得以建立与维持。可以说，这些关注于限制政府权力，保护公民合法权利、自由的制度设计以及政治文化传统，构成了西方国家处理国家与社会以及后续的政府与非营利组织关系的制度平台与社会基础。这些使社会组织在与政府合作中有了抵御政府过分侵犯的屏障，成为政府真正的合作伙伴而不是政府的附庸。仅有国家与社会关系的分离是不够的，这种对立与分割在现实中日益显示出其诸多尴尬与无奈。在国家与社会的分离发展到一定历史阶段，人们既对极端的权力分立不满，又对制约平衡不满，而制度发展转入了一个新阶段，在这个新阶段，"和谐"逐渐成为占主导地位的旋律。有鉴于此，一些西方学者试图在理论上调和、舒缓国家与社会之间的紧张关系。他们提出国家与社会是对立面的统一。一方面，国家具有阶级性，是与作用于私人领域的社会相对立的；另一方面，国家还具有社会性和公共性，国家作为凌驾于社会之上"中介人"的地位通过制定和实施公共政策为社会谋取公共利益。国家与社会的合作是围绕公共利益进行的。政府的出现是公民权力让渡的结果。政府的权力只能服务于公民，权力的行使是为维护整个社会秩序，政府一切活动的最终价值取向应该是最大限度地促进公共利益。促进公共利益的最大化是两者的共同追求和重要任务，共同的价值理念是两者合作的根本基础。国家与社会之间不是对立、冲突的关系，而是一种相互制约又相互合作，相互独立又彼此依赖的有机统一关系。它是一种双向形塑过程。这种国家（政府）与社会的合作模式，能较好地抑制各自内在的弊病，使政府维护的普遍利益与市民社会捍卫的特殊利益得到符合国家总体发展趋势的平衡。

2. 社会主要矛盾的历史性转化要求实现公共服务供给主体的多元化

唯物辩证法认为，生产力与生产关系、经济基础与上层建筑的矛盾是推动人类社会发展的主要动力。人类社会产生伊始，无论是茹毛饮血的生产力极端落后的原始社会，还是技术高歌猛进的生产力高度发达的后现代工业社会，这两对矛盾关系都是客观存在的。同时也正是由于这两对矛盾关系的存在推动人类社会向前发展。经过近 40 年的改革开放，我国经济与社会发展成就显著，人民生活水平普遍提高，经济实力增强，跃居世界第二大经济体。但长期以来的以 GDP 为纲的发展理念带来的经济建设与社会建设"一条腿长，一条腿短"的局面尚未得到根本扭转，以牺牲生态环境换取经济社会发展的观念也没法在短时间内消除。在发展过程中，由于政策、资源、禀赋等因素产生的城乡之间、地区之间、阶层之间的差距也是客观存在的。这些所反映出来的问题已经超越了落后的社会生产力的表述范围，更大程度上体现的是发展不充分不平衡的问题。因此，在中国特色社会主义进入新时代，我国社会的主要矛盾已经转化为人民日益增长的美好生活需要和不平衡不充分的发展之间的矛盾。人民群众的需要是政府制定政策的出发点和落脚点，中国特色社会主义进入新时代，广大人民群众对于自身生活质量的追求仍然没有发生改变，改变的是追求的数量、质量和结构。"仓廪实而知礼节，衣食足而知荣辱"。在基本物质生活得到满足的前提下，人们的关注点发生了迁移，聚焦于经济发展、政治民主、文化繁荣、社会和谐、生态美好，人们愈发深切感觉到"青山绿水就是金山银山"。

在社会主要矛盾发生变化的情况下，如何解决发展的不充分不平衡问题，满足人们对于美好生活的需求，被提上了政府的议事日程。

需要明确的是，供需关系不平衡是问题的根本之所在。而公共服务供给无法满足人们的需求则是现实。为了破解这个难题，作为公共服务供给主体的政府就需要进行改革，以多元主体的方式寻求服务供给模式变革，实现社会治理主体多元化。20 世纪 70 年代，在以英美等国家为代表的西方蔚然成风的民营化改革着力解决了公共服务供给主体的问题。在"提供者和生产者可以分离"的思想指引下，公共服务合同外包成为了通行做法。我国政府购买服务则是对这一改革最好的中国特色制度探索。

3. 现代化后半程的行进需要加强公共服务供给模式的制度化

现代化是一种特殊的社会转型过程。以大机器生产为标志的工业革命以来，英美等国家的现代化进程拉开了帷幕。它是社会在日益分化的基础上，进入到一个能够自我维持增长和自我创新，以满足社会不断增长的需要的全面发展过程。社会现代化是一个连续不断的历史过程。现代化既是一场技术变革，也是一场理念变革。技术变革的主导力量是人，理念变革的主体是人，所以现代化进程的前半段人是第一位的。在以工业技术发展为主要推动力量的技术现代化时代，生产力中作为活跃因素的人，无疑作用至关重要。因为技术的变化以及生产力的发展，最终要由代表生产力发展方向的人来推动。同时，与技术现代化相伴随的观念变革，更离不开人。这种观念变革的主体就是人，对人主观世界的改造和价值观念的影响，是社会现代化变迁的首要任务。

现代化的后半段，制度则是最重要的，因为现代化本身是一个理性化和制度化的过程，制度化彰显管理艺术，管理的话语已经成为公共服务管理者的主流话语。在现代化的治理情境中，制度化并非唯一的概念工具，但却属于最为流行的。因为制度化以稳定、重复的行为模式有效减少了行动的盲目性。从发展阶段来看，我国的现代化进程起步晚，属于后发现代化国家。相较于先发现代化国家，中国需要在较短的时间内解决先发国家用了将近 100 年的时间解决的现代化问题。亨廷顿通过对处于现代化进程中的国家进行考察，发现由于部分国家的制度化程度滞后于公民参与程度，被调动起来的公民就成为了潜在的不稳定力量。如何用制度的力量和制度化的机制推进现代化的进程，对每一个处于现代化进程中的国家来说都是非常关键的。制度化具有稳定性的特征，一旦相关指标得以确立，朝令夕改的可能性将极大程度地减少。中国特色社会主义进入新时代，既是生产力高度发达的反映，也对政策设计的制度化程度提出了更高的要求。因为现代化前半程的制度成果需要用制度化的形式予以维护。

第二节   政府购买服务制度实践中的
政社关系的学术旨趣

政社关系是一个历史而常新的话题。关于政社关系的探讨见仁见智，不一而足，而对于两者关系的应然状态和实然表现看法也是林林总总，很难达成共识。尽管政社关系研究中的合作伙伴关系分析视野受到了很多含蓄批评，但是这个传统中的研究者撰写了大量的著作，发表了重要的文章，他们也确实发展了增进政府经验分析的理论。纵观国家与社会关系的历史，有一条逻辑主线清晰可见：国家与社会相互建构。在大量的关于公共行政和公共组织的文献中，都可以找到关于两者相互建构的论述。全钟燮在《公共行政的社会建构》中，米格代尔在《社会中的国家》一书中，都已经指出了在社会建构过程中的国家作用，同时也分析了社会作为重要一极，在国家治理中所发挥的作用。

一、 政府购买服务制度实践中的政社关系的国内探究

(一) 政社关系研究

长期以来，国家与社会的关系一直是社会科学研究领域关注的重要议题。在研究和探索国家与社会关系、政府与社会组织关系以及社

会组织发展规律的过程中催生了诸多颇具解释力的理论框架。自从萨拉蒙作出全球结社革命的论断后，市民社会作为以契约、自治、自愿为基础进行某种活动的私域从公共领域中分离出来，与国家逐渐形成一种相互对抗的强弱相关关系。[①]法团主义则采用施密特的制度安排定义，将社会组织定义为强势国家庇护下的利益中介，强调国家对社会组织控制下的体制认可功能。[②]从 20 世纪 90 年代末开始，我国的一些学者，如中国人民大学的毛寿龙教授及其研究团队、浙江大学的于逊达和陈旭东教授等，介绍和引进了自主治理的理论和思想，为我国学者开展这方面的研究打下了基础。俞可平、王锡锌等学者探讨了多中心治理的途径，指出公共参与、公民社会、专家决策、政府与非营利组织合作是参与治理的重要方式。

在国家与社会之间的权力控制关系之外，还存在着国家使用公共权力对社会的支持与帮助。[③]在我国威权主义政体的现代化转型过程中，市民社会和法团主义遭到了不同经验研究的挑战而逐渐式微，"国家控制社会"是根本特征，国家处于主导地位，控制着公共领域，垄断着集体行动的各种资源（康晓光、韩恒，2005）。因为国家的重要作用可以通过认可某些团体或利益，授予其以本行业或特定利益的垄断性的合法代表参与有关行业或利益的决策得到实现。[④]以往学界对于中国政社关系研究，归纳出国家—社会关系的各种模式，如国家—社会良性互动论（邓正来，2002）、国家与社会"共栖"（刘建平，2001）、粘连模式（桂勇，2007）、含混—谋略型国家—社会关系（黄晓星，2012）、"行政吸纳社会"（唐文玉，2010），政府控制通过

① White G., Howell J., Shang Xiaoyuan. *In Search of Civil Society：Market Reform and Social Change in Contemporary China*. Oxford：Clarendon Press，1996.

② Unger J. Chan A. China，Corporatism，and the East Asian Model. *The Australian Journal of Chinese Affairs*. 1995，33(1).

③ 陶传进.控制与支持：国家与社会间的两种独立关系研究：中国农村社会里的情形.管理世界，2008(2).

④ 徐大同.现代西方政治思想史.北京：人民出版社，2003：466.

不同的策略进入社会领域（黄晓星，2013）。康晓光和韩恒提出的"分类控制体系"率先打破了西方学者先入为主的偏见，得到了国内学界的广泛认同。"分类控制体系"正是针对政社关系划分提出的一种理想类型（康晓光、韩恒，2008；刘鹏，2011b）。考虑到情境的复杂性，国家针对不同的社会组织类型采取了限制、鼓励和支持、不干预、反对、禁止和取缔等分类控制策略（康晓光、韩恒，2005，2008），社会组织呈现依附式发展状况（康晓光，2011），社会组织则呈现嵌入式的发展特征（王思斌，2011），不同政府部门多重治理逻辑及多层次互动结构催生了不稳定的社会组织自主性生产空间。"分类控制"或"行政吸纳社会"是研究中国政社关系的一种理想类型（刘鹏，2011b）此后，本土学者更多从中国实践出发探索中国特色政社关系，嵌入论、赋权论、合作论等新理论、新观点不断呈现，政社关系研究也随之进入了"丛林化"时期（李健，2018）。当前关于政社合作治理的研究理论成果已经十分丰富（俞可平，2006；何增科，2007），相关实践中的政社合作治理研究也蔚然成型（王名，2010；郁建兴，2012），在这些研究中挖掘和创新出"参与式治理"（胡益芬，2004）、"合作中竞争模式"（郭小聪，2004）、"官民互治模式"（乔耀章，2002）以及"自主依赖互动模式"（周俊，2008）等一系列政社协同治理模式。在合作过程中，政府与社会组织之间可能存在"利益契合"关系（江华等，2011）、合作中的竞争关系（郭小聪、文明超，2004）、"非对称依赖"（徐宇珊，2008）、"非协调约束"（田凯，2004）或者"非协同治理"（黄晓春、嵇欣，2014）的依附式关系、"管家关系"（敬乂嘉，2011）、"正当妥协"（陶庆，2006）等。

在政社关系中，政府横向的部门权威与利益矛盾和纵向的多层级政府结构交错形成碎片化的治理结构（Spires，2011）。但中央政府和地方政府的行动并不完全一致，这为社会组织提供了生存机会，同时基于自身工具性的逻辑形塑了与社会组织之间的关系（黄晓春、嵇欣，2014）。社会组织领域的政策执行具有行政发包制的普遍特点，但是由于政策执行分配中地方政府承担较大的风险，政策的制定者不会一蹴而就地制定清晰的改革路线图，为了防止社会危机的出现，也不会配置强激励，在控制权行使的方式上，自上而下的检查验收和评估多是低强度的，所以社会组织领域的政策执行呈现"模糊发包"的状态（黄晓春，2015）。政府购买服务呈现以体制内需求为导向、就近圈内购买以及悬浮于社会治理网络等特征，使社会组织赖以发展的重要制度条件处于缺位的状态（黄晓春，2017），但这两个概念对于项目制下的服务外包治理模式下的社会组织发展的解释度较低。部分学者认为在这种服务外包模式下，政府不再是以控制和功能治理的方式来对待社会组织，而是通过政治嵌入、功能嵌入和结构嵌入的方式对社会组织进行嵌入式的治理（吴斌才，2016）或"嵌入性的监管"（刘鹏，2011）。承接政府购买服务的组织大部分具有国家背景，有非常显著的反向嵌入性，即国家嵌入到社会。通过这种反向嵌入性，国家与社会关系在政府购买服务中得到强化（管兵，2015）。

基于中国本土视角来分析我国政社关系演变历程，已经成为国内学者的基本共识。但是研究的范畴不应仅限于当前问题的突破和实践的创新，更应该从历史宏观背景中，挖掘政社关系演变的基本规律和规范要素（王栋，2015）。"体制自觉"是分析我国政社分开改革的必然趋势与必由之路。国内目前关于公共服务购买的研究大都运用宏观制度主义的研究范式，即在结构和制度视角下解析国家（政府）与社会（社会组织）的关系及其模式问题。"结构决定论"在社会组织研究中的一个重要表现是执着于社会组织的独立性或自主性如何界定与判断，"社会中心主义"与"国家中心主义"将之视为结构决定的、非此即彼的单一判断，即"是"或"非"。但是近年来的研究趋势已经逐渐从"结构决定论"走出来，强调从社会组织的内部行动逻辑或自主运作中发掘其与国家（政府）互动的内在机理，由此单一判断变成了复合表述，如"依附式自主"、"嵌入式自主"、"组织自主性"、"非协同治理—策略性应对"等等。这些研究虽然恪守了"社会中心

主义"立场，即从"自下而上的角度解释社会组织与政府之间的互动
关系，但也在相当程度上突破了国家与社会强弱对比的单一叙事。黄
晓春和嵇欣（2014）认为这种自主性生产机制对中国社会组织发展产
生了深远影响，其中一个结果就是促成了一个包容性政策场域的形
成。"①合作治理，是指介于政府治理和社会自治之间的复合性治理模
式，其基本特征是不同治理主体为解决共同事务而对各方治理资源进
行的交换和共享。②公共行政的社会建构思想支持组织或社会成员的
自我治理能力，即通过互动来维持社会秩序的能力。我们无法独自在
混乱的环境下理解现实，也不能独自重建组织秩序，我们需要在介入
与他人交往的活动时，找到处理无序和紧张局面的方法。

（二）政府购买服务的国内研究综述

　　政府购买服务的做法并非新鲜事物，但这种提法在国内兴起得比
较晚。目前在国内专门论述政府购买服务的专著数量不多，学者王浦
劬在总结了政府向社会组织购买公共服务的总体情况和实际案例的基
础上，编著的《政府向社会组织购买公共服务研究：中国与全球经验
分析》是目前国内学术界较为系统地阐述政府购买服务的专著。除此
之外，还有部分研究者是从合同制治理和权力运作等角度来加以论述
的。由于服务购买的实践意蕴更为丰富，所以更多的对于政府购买服
务的论述都是由国内科研院所和学者所做的相关课题中体现出来的。
如贾西津所主持的亚洲开发银行的《中国政府购买公共服务研究》，
在其终期报告中提出了政府购买服务的内涵、范围与主体、必要性、
发展现状、存在问题及原则，为政府购买服务的规范化运作提供了指
导原则。相关的文章有既有从理论角度阐释政府购买服务的价值和意
义的，也有从微观角度分析服务购买地方实践和模式的。比如郑苏晋
《政府购买公共服务：以公益性非营利组织为重要合作伙伴》、赵立波

---

　　①　黄晓春，嵇欣.非协同治理与策略性应对——社会组织自主性研究的一个理论框
架.社会学研究，2014(6).

　　②　敬义嘉.合作治理：再造公共服务的逻辑.天津：天津人民出版社，2009:172.

《完善政府购买服务机制，推进民间组织发展》、王名和乐园合著的《中国民间组织参与公共服务购买的模式分析》、韩俊魁《当前我国非政府组织参与政府购买服务的模式比较》、周俊《政府购买公共服务的风险及其防范》等。这些课题调研成果和文章也在一定程度上反映了国内学者对这一研究领域的关注焦点。综合来看，国内学者对政府购买服务的探讨大多围绕着以下四个方面：

1. 政府购买公共服务的概念阐释

学术界对政府购买服务内涵的认识经历了由初步认识到逐渐深化并获得共识的过程。针对什么是政府购买服务，国内学者们的分歧点在于是将政府购买公共服务作为公共服务市场化的表现形式，还是将公共服务市场化与社会化区别开来，而将政府购买公共服务视为公共服务社会化的表现形式。这种分歧也体现出了对公共服务市场化与社会化两者关系的认知。即两者是重叠的，还是有所区分的。国内对公共服务供给模式的探讨也不可避免地涉及了市场化和社会化问题。在对政府购买公共服务的定义中，也存在着这样两种观念上的对峙。

其中一种将政府购买服务等同于公共服务市场化，即广义上的社会，承接购买公共服务的对象既可以是企业，也可以是社会组织。很多国内学者都将公共服务市场化与社会化混为一谈。[①]他们普遍的共识是：公共服务市场化、社会化是指将由政府所垄断的公共服务职能转移给营利性的企业以及非营利性的民间组织来承担的公共服务改革模式。比如汪玉凯就提出，所谓公共管理社会化，是指政府在实施对社会经济的管理时，在社会管理和公共服务领域，改变传统的由政府包揽一切的做法，将一些政府职能通过向社会转移或委托代理等方式转移出政府，以达到提高行政效率，节约开支的目的。[②]比较有代表性的文献是王乐夫和李珍刚的《论中国政府职能社会化的基本趋向》。

---

① 敬乂嘉.中国公共服务外部购买的实证分析——一个治理转型的角度.管理世界，2007(2).

② 汪玉凯.西方公共管理社会化给我们的启示.陕西行政学院学报，1999(8).

他们认为政府职能社会化是当代政府职能发展的一个显著特点。改革开放以来，中国政府职能社会化大体上呈现四个基本趋向，即政府职能市场化趋向，增强公民自主性的趋向，拓展社会组织自治空间的趋向，强化和优化社会管理职能的趋向。同时他们也认为政府职能社会化是一个渐进的过程。在这一过程中，政府与社会应当形成良性互动的关系，并在二者之间建立起公共事务管理的责任分担和利益共享机制，以有效地满足公众的需要。①

还有一种观点是将公共服务的民营化与社会化的概念区分开来。国外学术研究中并没有正式见到过"公共服务社会化"的提法，使用"公共服务社会化"这一术语的主要是国内学者。如孙晓莉（2008）将其界定为：根据不同公共服务项目的性质和特点，以社会需求为导向，鼓励各种非营利组织和社会公众积极参与兴办公益事业和社会服务，形成以政府为主导、各种社会主体共同参与的公共服务供给格局。她将这种社会化的形式分为非营利组织的供给、社区供给和自愿供给三种。②敬义嘉（2007）认为，公共服务外部购买是国家利用市场和社会的重要方式，使公共行政的"任务环境"发生了革命性的变化，在深层次上改造政府的行为方式，使得必须对于政府的职能、组织和宏观定位进行重新审视。公共服务外部购买与公共服务民营化是存在大幅重合的不同概念。公共服务外部购买包含了对于国有市场单位例如国有服务企业的服务购买。而民营化作为一种非公共部门对于公共部门的直接和间接的替代行为，很多时候也不涉及政府的外部购买行为。实际上各国的公共服务外部购买与民营化都不能完全画等号，而中国公有制经济为主的长期计划经济历史使得两者的差别尤其偏大。由于许多服务由非市场的社会组织承担，公共服务外部购买也不等同于市场化③。

---

①　王乐夫，李珍刚.论中国政府职能社会化的基本趋向.学术研究，2002(11).

②　孙晓莉.中外公共服务体比较.国家行政学院出版社，2008:50.

③　敬义嘉.中国公共服务外部购买的实证分析——一个治理转型的角度.管理世界，2007(2).

赵子建（2009）指出，社会化与市场化的区别在于：市场化论试图为供给者、生产者和消费者提供各种选择机会，以竞争来提高效率，而社会化则强调利用各种手段创造各种条件促进供给者、生产者和消费者之间的合作，试图通过协商合作减少成本，提高公共服务供给的效率和满意度。[①]韩俊魁（2009）指出，政府既可以企业大量购买工程和基础设施建设，还可以依靠合同维系 NGO 的运作。二者的不同点在于：第一，后者在购买程序、竞争性、透明性等方面都比照前者。第二，后者的额度较小。第三，主体不同。第四，后者多集中在教育、养老、残障、公共卫生、住房、就业等领域，一些国家把 NGO 作为处理社会福利的第一道防线。第五，后者多在社区层面提供服务。第六，后者非竞争性购买服务较多。[②]

　　依据对市场化与社会化的界分，部分学者认为，政府购买公共服务就是公共服务社会化的一种主要实现形式。[③]万军、顾平安、赵立波是这类定义的支持者。顾平安认为政府购买公共服务是一种新型的政府提供公共服务方式，又称作"政府公共服务合同制管理"，它是指"政府将原来由直接举办的、为社会发展和人民日常生活提供服务的事项交给有资质的社会组织来完成，并根据社会组织提供服务的数量和质量，按照一定的标准进行评估后支付服务费用"。[④]"政府购买服务"（POSC，Purchase of Service Contracting）是指政府将原来由自己直接举办的、为社会发展和人民生活提供服务的事项，通过"购买"服务等方式交由社会组织来承接，是一种"政府承担、定向委托、合同管理、评估兑现"的新型的公共服务提供方式。[⑤]乐园将公共服务购买视为公私合作的一种制度安排。公共服务购买，是政府（公共部门）与私人部门之间签订购买协议，由政府出资，将涉及公

---

① 赵子建.公共服务供给方式研究述评.中共天津市委党校学报，2009(1).

② 韩俊魁.当前我国非政府组织参与政府购买服务的模式比较.经济社会体制比较，2009(6).

③ 万军.大力推进政府购买公共服务：公共治理变革之道.新视野，2009(6).

④ 顾平安.推进政府公共服务的合同制管理.理论前沿，2008(18).

⑤ 赵立波.完善政府购买服务机制，推进民间组织发展.行政论坛 2009(2).

共服务的具体事项承包给私人部门的行为。在他的理解中，更多的还是将私人部门等同于民间组织，较少考虑市场组织的作用。[①]政府购买社会组织公共服务是指"政府将原来由政府直接举办的、为社会发展和人民日常生活提供服务的事项交给有资质的社会组织来完成，并根据社会组织提供服务的数量和质量，按照一定的标准进行评估后支付费用，是一种'政府承担、定项委托、合同管理、评估兑现'的新型政府提供公共服务方式[②]"。政府购买公共服务，在美国被称为"购买服务合同"（purchase of services contracting，简称 POSC），是西方国家公共服务的市场化改革的产物。在这一过程中，政府在公共服务领域中的角色和作用发生了历史性的转型，即"政府由自己直接提供公共服务转而与营利、非营利组织或其他政府部门签订契约、由政府界定服务的种类及品质，向受托者支付费用以购买全部或部分公共服务，从而间接地提供各种公共服务[③]"。

2. 政府购买公共服务的动机

田永贤（2008）认为公共服务本身就有网络化的特征，这种特性体现在：第一，公共物品分布上的连续性和网络化。第二，跨区域公共物品供给的"外部性"和"搭便车"现象。为此，就要构建公共服务的组织间合作网络。[④]罗观翠指出内地发展政府购买服务模式的必然性体现在以下三个方面：社会转型的客观要求、人们需求发展的必然要求以及民间组织的优势。[⑤]这三方面基本上涵盖了国内学者对政府购买公共服务模式的选择逻辑的分析。地方政府向社会组织购买公共服务有利于满足多样需求、有利于弥补财力不足、有利于塑造公共形象。[⑥]有

[①] 乐园.公共服务购买：政府与民间组织的契约合作模式——以上海打浦桥社区文化服务中心为例.中国非营利评论，2008(1).

[②] 陈锦梅，吴文兴，吕天佑.关于政府购买服务问题的思考.经济研究参考，2010(4).

[③] 陈晖.论政府购买社区公共服务.云南行政学院学报，2009(2).

[④] 田永贤.公共服务供给的组织间合作网络.东南学术，2008(1).

[⑤] 罗观翠，王军芳.政府购买服务的香港经验和内地发展探讨.学习与实践，2008(9).

[⑥] 郑恒峰.地方政府向社会组织购买公共服务的动力机制与实现路径.中共福建省委党校学报，2014(9).

学者将这种选择归因为当今政府面临四个方面的情况：一是政府在公共产品与服务提供方面低效率甚至无效率导致公众不满；二是新公共管理运动的兴起与发展；三是社会组织自身不断发展和完善；四是社会大众公共服务需求不断增长。①还有的学者分析到，中国的政府购买公共服务是社会经济迅速发展、财政实力不断增强背景下发生的，具有以下特点：第一，政府主导；第二，政府主动调整；第三，受海外示范的影响。②归纳上述学者关于政府购买公共服务的动因，作为一种公共服务供给新模式，政府购买服务基本上是在以下几种因素的综合作用下产生和发展起来的：

首先，新公共管理运动在全球的兴起及公私合作伙伴模式的推广为政府购买公共服务创设了国际背景。20世纪70年代以来，新公共管理运动影响下的西方政府纷纷采取了公私伙伴关系的改革方式，并在实践中取得了显著成效。为公众做个好交易成为各国治理者的共识。从权利走向合同的运动也成为了一个不争的事实。公共行政不仅要关注国内形势和需求的变化，同时还要将自身的政策选择放到国际大环境中去考察。正如彼得斯所说：背景对于理解公共行政是至关重要的。敬义嘉（2007）分析到，作为全球化过程中的一员，中国也不同程度受到这些因素的影响；但是作为成长中的转型市场经济国家，中国公共服务外部购买的发展更体现了一个系统的经济基础转轨和公共治理秩序变革的过程，从该过程中公私部门的相对发展态势获得最基本的推动力。③有学者将国外政府外部购买的经验总结为：以竞争求质量的英国改革、推动"公私竞争"的美国改革、稳健的澳大利亚改革、彻底的新西兰改革。④

其次，公共服务供给与需求之间的矛盾是政府购买公共服务的现

---

① 王浦劬.政府向社会组织购买服务.北京：北京大学出版社，2010：4.
② 杨宝，王兵.政府购买公共服务模式的中外比较及启示.甘肃理论学刊，2010(1).
③ 敬义嘉.中国公共服务外部购买的实证分析——一个治理转型的角度.管理世界，2007(2).
④ 彭浩.借鉴发达国家经验推进政府购买公共服务.财政研究，2010(7).

实选择。公共供给与公共需求的关系是公共行政的基本关系。政府的功能和目的就是满足社会公共需要。服务的特征就在于对需求的一种持续不断的回应，它包括对服务客体需求的确认、满足和服务质量的一种反馈。韩俊魁认为这种新的服务供给模式的出现"是因为中国的社会基本矛盾发生了变化：即从改革开放之初的人民群众日益增长的物质文化需要和落后的生产力之间的矛盾转变为公共物品多元需求与如何有效、公平配置之间的矛盾。"①王浦劬也是从矛盾的观点来解释中国政府向民间组织购买服务的基本动机的，他认为这些矛盾表现在：第一，计划经济体制形成的政府管理一体化与市场经济条件下公共服务多元化的矛盾；第二，重要的公共服务责任与相对匮乏的行政资源之间的矛盾；第三，严格的政府绩效考核与有限的地方政府财政能力之间的矛盾。②

　　第三，民间组织自身优势及其发展状况使政府购买公共服务具备了现实可行性。郑苏晋（2009）认为政府购买公共服务之所以将非营利组织作为重要合作伙伴，是由于非营利组织自身的特征和优势。他分析到，"非分配约束"是非营利组织区别于营利组织最重要的特征，这一本质区别使得某些特定的活动只能由非营利组织而不是营利组织来承担；非营利组织提供的公共服务能够满足公共需求的多样性与异质性；非营利组织不拘泥于僵化的官僚束缚，在运营上比较灵活；可以获得廉价的、有时是志愿的免费劳动力；对公众的需求有更强的回应性等。正是这些优势使非营利组织能够与政府形成竞争和合作机制，提高政府部门效率。③虞维华（2006）认为之所以选择非营利组织作为购买服务职能的承接对象，是出于以下四种考虑：法律限制、意识形态、理性决策和实用主义的权宜之计。④还有的学者从其他的

　　①　韩俊魁.当前我国非政府组织参与政府购买服务的模式比较.经济社会体制比较，2009(6).

　　②　王浦劬.政府向社会组织购买服务.北京：北京大学出版社，2010：15—17.

　　③　郑苏晋.政府购买公共服务：以公益性非营利组织为重要合作伙伴.中国行政管理，2009(6).

　　④　虞维华.政府购买公共服务对非营利组织的冲击分析.中共南京市委党校学报，2006(4).

角度论述这种选择逻辑的。周俊（2010）认为，更为重要的是，与多中心治理和公私合作所包含的其他制度安排相比，政府购买公共服务具有显著的意识形态优越性。[①]

3. 政府购买公共服务的地方实践

我国自 20 世纪末引入政府购买公共服务制度，十多年间，这一制度迅速发展，上海、无锡等多个城市将其视为"十一五"期间最重要的制度创新而加以大力推进。目前，在我国，政府购买公共服务已形成广泛的共识。北京、福建、河南、广东、湖南等省都相继开展了政府购买公共服务的工作，而上海、无锡、深圳等地已取得了较好的效果，并总结出了许多值得借鉴的经验。

清华大学的王名教授（2008）根据上海等地的政府购买服务实践，以民间组织的独立性程度、竞争性程度这两项指标为维度，总结出了政府购买服务的三种组合模式：依赖关系非竞争性购买模式、独立关系非竞争性购买模式、独立关系竞争性购买模式。[②]韩俊魁（2009）基本上是同意王名的分类法的，但又有所创新。他从总体上将政府购买服务分为竞争性购买和非竞争性购买两种。竞争性购买的关键要件有两个：一是公开招投标；二是建立在不同主体契约关系之上的购买程序和购买合同；而非竞争性购买不能同时满足以上两个要件，至少不满足第二个要件。非竞争性购买意味着购买主体之间并非通过招投标，而是通过指定、委托、协商等方式完成的购买行为。这种模式又分为体制内吸模式和体制外模式。体制内吸式政府购买公共服务是指在政府由于编制所限而无法承担大量事务性工作的情况下，由政府出资建立社团或民办非企业单位，再由这些 NGO 行使政府转移的部分职能的运作方式。体制外非正式的按需购买模式和前两种模式相比，该模式在形式上显得更随意，购买的规模不大，而且购买双方有着较

①　周俊.政府购买公共服务的风险及其防范.中国行政管理，2010(6).
②　王名，乐园.中国民间组织参与公共服务购买的模式分析.中共浙江省委党校学报，2008(4).

深的了解以及迫切合作的需要。①青岛行政学院的赵立波（2009）在对湖北、上海、深圳、青岛四地进行调研后，总结出上述地区在实践探索中形成各具特色的工作模式，如湖北以钱养事、上海多点成面、深圳依托社工、青岛突出养老等。他认为虽然每种模式在主推部门、推行背景、主要领域、购买方式和进展情况等方面存在差异，但均在不同程度上促进了政府购买服务机制的建立并进而推进了民间组织发展，一些地方甚至初步形成由相应政策体系支撑、可持续运行的机制。②

杨宝、王兵（2011）认为，国内公共服务购买模式中的"竞争程度"与"购买主体间的关系"这两个指标虽然对政府购买公共服务分类起到了重要作用，但是制度化指标的作用更加关键，因为此指标可以透视出政府购买服务模式的持续性和稳定性。在这三个指标的基础上，他认为我国国内的购买服务模式呈现多元化趋势。首先，在制度化程度方面，既有完善和明晰的制度化操作，也有遵照某领导意思的非制度化操作；其次，在竞争程度上，既有竞争性的筛选也有非竞争性的选定；大致可以总结为完全开放的招投标、有资质认定的招投标和邀约招投标三类。再次，政府购买主体间既有独立性也有依附性的。③也有学者认为，根据我国购买服务的相关制度安排和购买实践，政府向社会组织购买服务大多呈现出一种政府主导模式，即政府强势的主导和控制购买服务的全过程，但是，为了充分考虑购买服务中各方的利益需求和购买服务的水平提升，我国购买服务的模式应该向"利益相关者协作"模式进行转变，即建立兼顾各方利益、平等合作的购买服务模式。④

---

① 韩俊魁.当前我国非政府组织参与政府购买服务的模式比较.经济社会体制比较，2009(6).
② 赵立波.完善政府购买服务机制，推进民间组织发展.行政论坛，2009(2).
③ 杨宝，王兵.政府购买公共服务模式的中外比较及启示.甘肃理论学刊，2010(1).
④ 高海虹.政府购买社会组织服务的利益相关者分析.理论探讨，2014(1).

4. 政府购买公共服务存在的风险及对策分析

国内学者对这一部分的阐释较为集中，而且观点也较为一致。政府购买公共服务这种做法在中国的探索还不到 10 年时间，在地方政府的试点过程中出现了较多的问题。在对政府购买服务的风险及其对策分析上，有学者总结到：中国公共服务市场化改革面临着制度制约、观念束缚、利益制衡三大难题。[1]绝大多数的学者都是从政府购买社会公共服务的行为主体的政府与作为行为客体的社会组织两方面来加以阐释，国内研究者分析政府购买服务的问题时，也大多是从这个角度来探讨的。从政府的角度来看，王浦劬（2010）通过对多个省市的实践调研，对政府购买服务的国内实践进行了梳理。他强调，政府购买服务在我国还是新事物，理论基础和实践经验都存在许多问题和不足。他将这些问题归纳为以下六个方面：购买行为"内部化"；购买标准不够清晰，政府责任较为模糊；社会组织缺乏足够的谈判能力，购买成为单向度合作行为；购买程序规范程度较低，合作过程随意性较大；服务评价和监督体系缺失，服务成本难以控制；缺乏公众信任，购买过程形成额外成本。[2]王达梅（2010）指出，目前中国的政府购买公共服务还缺乏完善的制度设计。政府向社会组织购买公共服务制度建设不健全。购买程序尚未达到公开性、竞争性、以及明确的选择标准这些要求；存在着定价难题；资金来源问题；当前的评估机制还远不够成熟。[3]焦述英（2010）分析到，政府购买公共服务的动力不足，这主要体现在两方面：一方面，政府部门在运行管理中会首先求助于行政权力而不是市场机制；另一方面，由于政府不能以赢利作为其行为的出发点，政府的很多活动无法计算成本，很多结果无法量化绩效，这就使得政府自身重视成本与绩效有一定的难度。[4]苏

---

①　李招忠.中国公共服务市场化的困境及改革思路.西北师大学报（社会科学版），2004(3).

②　王浦劬.政府向社会组织购买服务.北京大学出版社，2010:27—30.

③　王达梅.政府向社会组织购买公共服务的问题与对策分析.城市观察，2010(5).

④　焦述英.关于政府购买公共服务的探讨.行政与法，2010(5).

明、贾西津（2010）通过自身所做的课题，发现目前中国的政府购买公共服务主要有五个方面的问题：第一，在制度上，公共服务购买尚未被纳入政府采购范围，缺乏相应的法律制度保障。第二，在数量上，公共服务购买的资金规模小；购买领域局限，教育、卫生等主导性公共服务领域购买有限；购买对象范围狭窄，以事业性或政府自己组建组织居多。第三，在程序上，购买公共服务的资金预算不公开；购买缺少规范流程或程序；资金信息不公开，公开竞争未成为一般原则；监督管理机制不明确，政府部门内部监督为主。第四，在购买主体的关系上，存在购买双方非独立、平等关系，政府单向主导，低成本购买，职权介入的问题。第五，在政策协调上，政府各部门公共服务目标及资金交叉；全国性政策一刀切；缺少对组织发展的配套支持资金；缺乏对非营利组织相应的法律保障体系，如对于非营利组织的法律地位、税收政策优惠等政策。[①]从社会组织自身来看，参与公共服务供给的理论基础和实践经验都存在许多问题和不足。改革开放以来，中国社会组织的发展经历了一个从无到有、曲折发展、成长壮大的历史过程。在购买服务的实践中，我国社会组织面临以下几个问题：总体数量偏少，规模较小；组织结构不健全，从业人员素质偏低，专业和专职人员比重少，从业人员的学历结构、知识结构、年龄结构不合理；运作不够规范，服务意识和服务水平还有待提高。[②]这样的发展现状导致社会组织的发展不能适应政府购买的需要。

探索政府购买服务模式，必须解决好以下三方面的问题：政府的角色与定位、民间服务机构的培育和运营、政府与民间服务机构的关系问题。[③]政府要做的工作主要体现在以下几方面：首先，明确政府的角色定位。在政府购买服务的行动中，通过实现"政府提供"与"政府生产"相分离，政府角色主要定位为决策者、购买者

---

① 苏明,贾西津.中国政府购买公共服务研究.财政研究，2010(1).

② 王达梅.政府向社会组织购买公共服务的问题与对策分析.城市观察，2010(5).

③ 罗观翠，王军芳.政府购买服务的香港经验和内地发展探讨.学习与实践，2008(9).

和监督者。①虽然公共服务提供实现了由垄断到购买的转变，但是政府的权力和职责并没有削减。在强化服务责任、确立评估机制、制定契约规则、促进合作伙伴关系持续发展等方面，社会对政府的要求越来越高，政府自身也要保持足够的敏感性以应对复杂变化。②其次，强化政府公共责任意识，提高政府的合同管理能力，使政府既是公共利益的忠实维护者又是精明的购买者。一是要准确无误识别哪些服务项目可以外包，哪些服务项目只能通过发放凭证的方式让老百姓自主向市场购买；二是在此基础上细化合同条款，对于外包出去的服务项目要尽量清楚、准确地列出其标准、质量、要求、规格等；三是建立良好的消费者投诉机制，保证老百姓向政府自己而不是向服务承包商进行投诉，必要的时候可建立由上级部门接受投诉的机制；四是加强对合同执行情况的监测，构建由政府、消费者、中介机构共同参与的立体化监督体系；五是要增大消费者满意度在是否续约、延聘方面的影响作用。③第三，加强立法与制度建设。我国社会组织之所以在发展中存在各种问题，一个主要的原因在于我国现有的社会组织法还存在很多问题，无论是分类体系，还是社会组织性质、内涵、治理结构和管理措施都尚未得到统一的规范，因此，建立一个标准统一、科学规范的社会组织法对社会组织供给公共服务具有重要的意义。④为此，需要适时修改《政府采购法》或者出台《政府采购法实施条例》。修改后的《政府采购法》及《政府采购法实施条例》应当明确社会组织供应商地位，并对购买的范围、程序、经费保障、争议解决等作出规定，使政府购买公共服务得到法律的有效保障。完善相关配套措施，

---

① 许芸.从政府包办到政府购买——中国社会福利服务供给的新路径.南京社会科学，2009(7).

② 张汝立，陈书洁.西方发达国家政府购买社会公共服务的经验和教训.中国行政管理，2010(11).

③ 冯俏彬，郭佩霞.我国政府购买服务的理论基础与操作要领初探.中国政府采购，2010(7).

④ 伍治良.我国非营利组织统一立法的实证研究.法学 2014(7).

建立有效的政府购买监督机制，建立政府购买投诉制度、信息公开制度、绩效评估制度、供应商库等。[1]

培育和发展社会组织。社会组织需要从责任承担能力、服务提供能力、信誉维护能力等三个维度来提升自身的能力。[2]在大力促进社会组织的发展过程中，应从健全社会组织的内部治理结构和鼓励其参与公共事务管理两个方面着手，提升社会组织的内外治理能力，尤其应着重建设社会组织的民主决策机制、内外结合的监督机制以及信息公开机制。[3]周红云（2010）指出，创新社会组织管理体制机制，主要表现在以下几个方面：双重管理体制的改革、民间组织的去行政化改革、社会组织的扶持与培育改革、社会组织的税收制度改革、社会组织的公开透明化改革、社会组织的评估制度改革、社会工作制度改革[4]。政府与社会组织要实现良好的互动。李珍刚为这种互动提供了四项原则：明确政府与非营利组织的职能关系，这是实现两者良性互动的前提；理顺政府与非营利组织的利益关系，这是实现两者良性互动的核心；界定政府与非营利组织的责任关系，这是实现两者良性互动的关键；确立政府与非营利组织的互信关系，这是实现两者良性互动的基础。[5]在政府购买服务中，既要保证政府对服务结果的控制，又要减少政府对服务过程的干预，保证民间组织在与政府合作中的独立性、自主性。[6]社会组织必须要去行政化，保持其社会组织的独立性。[7]韩俊奎（2010）认为，政府购买NGO服务应采取区别对待、分

---

[1] 闫海，张天金.政府购买公共服务的法律规制.唯实，2010(6).

[2] 曾维和，陈岩.我国社会组织承接政府购买服务能力体系构建.社会主义研究，2014(3).

[3] 周俊.政府购买公共服务的风险及其防范.中国行政管理，2010(6).

[4] 周红云.中国社会组织管理体制改革：基于治理与善治的视角.马克思主义与现实，2010(5).

[5] 李珍刚.当代中国政府与非营利组织互动关系研究.中国社会科学出版社，2004：173—188.

[6] 许芸.从政府包办到政府购买——中国社会福利服务供给的新路径.南京社会科学，2009(7).

[7] 杨书胜.政府购买服务内卷化倾向及成因分析.理论与改革，2015(3).

类管理的策略稳步推进，具体如下：第一，从战略高度来认识政府向 NGO 开放资源的重要性和必要性；第二，按轻重缓急分领域、分步骤、分层次稳步推进开放政府资源；第三，确立分类服务购买以及形式多样的购买方式；第四，绩效评估以及合同、程序公开透明原则；第五，信任基础上的追惩制原则。①

（三）政府购买服务的"内部化"问题研究

从文献梳理来看，学术界对于政府购买服务过程中的依赖关系一直保持着持续的研究热度。研究主题多元化、研究范围纵深化、研究方法综合化代表了政府购买服务研究的主要成就。而在众多研究议题中，内部化购买吸引了很多研究者的关注。在概念表述上，"体制内购买"，"服务内卷化"，"游走在市场与科层之间的复合式治理"共同关注到了服务购买的单一向度问题，并从多个研究视角分析了内部化购买现象的发生机理、负面效应及改进策略。在项目治理的过程中，这种"内部化问题"更为严重，因为资源动员受到社会组织在项目点的"嵌入结构"影响。"嵌入"是当下学术研究中出现频率较高的词汇，同时也因不同学科的交错使用导致其成为无数混乱的源泉。"嵌入"最初由波兰尼在《大转型：我们时代的政治与经济起源》一书中提出，用以说明经济活动并非像经济理论中所阐释的那样是自足的，而是从属于政治、宗教和社会关系的。任慧颖（2005）通过对中国青基会与政府互动的分析，发现西方学者对非营利组织与政府关系的理论研究并不适用于解释中国的现实，中国青基会与政府所形成的社会关系具有中国的本土特征，形成了一种权威关系。谢庆奎（2003）指出中国政治文化或政治体制"权威主义"的特征。田凯（2005）指出中国是由一个权力中心决定制度安排的基本框架、并遵循自上而下制度变迁原则的国家，在政府与非营利部门的互动过程中，二者处于明

---

① 韩俊魁.当前我国非政府组织参与政府购买服务的模式比较.经济社会体制比较，2009(6).

显的权力不对等地位。王浦劬（2010）从中西国家对比视角审视，指出受制于社会经济环境和政治体制的不同，中国的政府购买公共服务呈现出"国家依附型"的特点，而非西方国家的"竞争导向型"。①杨宝（2011）从购买程序和运作机制方面指出政府在选择服务承接方时表现出明显的关系性和利益性偏好，导致在交易主体、方式和执行中出现行政化、随意化、非专业化等现象。②王志华（2012）认为政府向社会组织购买公共服务建立在对社会组织信任的基础上，政府基于降低风险的考虑，更愿意选择那些自己熟悉或者比较"听话"的社会组织作为合作伙伴，合作大多是建立在人际信任的基础之上，具有不确定性和不稳定性。③在我国具体语境下，公共服务购买形成了合同制与科层制相互"嵌入"的制度结构。④杨书胜（2015）认为内卷化倾向体现在：购买服务规范"精致化"与"形式化"并存；承接服务项目的社会组织"行政化"、"逐利化"；接受服务人群"奶油化"。⑤周义程（2016）认为公共服务合同制购买过程中存在不透明不公平竞争的风险，出现政府与社会组织结盟的风险，导致其成效比政府垄断供给更差。⑥吕纳（2016）认为当行动在强国家性力量的区域时，由于政府资源较为丰富，在购买合约中容易形成垄断局面。因而其并非是权力的下放，购买过程中政府与社会组织并没有形成平等的合作伙伴关系。⑦管兵（2016）认为政府购买服务带来了混合性的国家社会关系，既延续了传统的大政府模式，也带来新的竞争性的社会组织发展模式。⑧娄

---

① 王浦劬，[美]莱斯特·M.萨拉蒙等.政府向社会组织购买公共服务研究：中国与全球经验分析.北京：北京大学出版社，2010:27.

② 杨宝.政府购买公共服务模式的比较及解释—一项制度转型研究.中国行政管理，2011(3).

③ 王志华.论政府向社会组织购买公共服务的体制嵌入.求索，2012(2).

④ 李珠.政府公共服务购买的合同制治理机制探讨.中国行政管理，2016(2).

⑤ 杨书胜.政府购买服务内卷化倾向及成因分析.理论与改革，2015(3).

⑥ 周义程.公共服务合同制购买的运作风险及其防范策略.行政论坛，2016(1).

⑦ 吕纳.公共服务购买中政府制度逻辑与行动策略研究.公共行政评论，2016(4).

⑧ 管兵.政府向谁购买服务：一个国家与社会关系的视角.公共行政评论，2016(1).

成武（2017）通过运用组织社会学的新制度主义理论框架，认为技术环境、激励机制、约束机制共同作用于决策行为，构成了对购买服务内部化现象的分析维度。[①]耿国阶（2018）认为这种内卷化体现在服务购买的过程和效果被既有的政治—社会结构所改造和同化，而究其原因，则在于作为一项政策工具的"结构性嵌入"，其支撑性规范机制是不系统的、软弱的。[②]在科层制的逻辑驱使下，政府通过"体制内嵌"将自身的目标渗透到社会组织中去，通过各种形式如内部化购买、组织机构趋同、工作人员安插等将社会组织的运行纳入自己的行动框架内。[③]综合看来，内部化购买行为强化了政府对购买服务承接方的"吸纳"。[④]丛屹（2018）认为非竞争购买由于通过更具体和直接的谈判，购买结果会更接近买方初衷，并且由于责任转移的明确性，需购买方承担的责任相对较小。由此对承接方的专业优势、社会声誉、提供效率要求的比较严格。[⑤]康晓光认为民间组织主要是在资金、组织体系、官方媒体、登记注册、活动许可、政府领导人资源、组织决策的机会与权利等七个方面对政府依赖。[⑥]政府向社会组织购买服务也是政社关系改革的内容之一。通过购买服务的方式，一方面可以缩小政府的干预范围，另一方面可以增强政府的服务能力。在缩小政府干预范围的同时，也就意味着社会组织作用空间的增大。因此，购买服务可以看作是对社会组织开放激励的政策体现。"浮动控制"的概念对这一类型进行解释，意指政府对于社会组织的控制权是在不同层级之间上下游动，从而实现政策调整和控制社会组织发展的意图。

---

① 娄成武，甘海威.新制度主义视角下政府购买公共服务内部化问题治理研究.学术论坛，2017(2).

② 耿国阶，李超.政府购买社会服务的"内卷化"——基于 A 县政府购买城市规划服务的实证分析.东北大学学报（社会科学版），2018(6).

③ 吉鹏.购买服务背景下政府与社会组织的互动嵌入：行为过程、负面效应及优化路径.求实，2019(1).

④ 吴月.吸纳与控制：政府购买社会服务背后的逻辑.上海行政学院学报，2015(6).

⑤ 丛屹.政府购买公共服务：一个实践的框架.贵州社会科学，2018(2).

⑥ 康晓光，郑宽.NGO 与政府合作策略框架研究.公共管理与政策评论，2007(1).

浮动控制也是控制权理论在政社关系研究中的一个拓展性分析，形塑了层次性的政社关系。[①]陈伟（2019）认为公共服务体制转型是"社会领域再融合"借助"外包"的政策平台实施"委托制"，是一个由"委托"到"去委托"再到"再委托"的供需净化过程。公共性拆解是政府在技术主义意识洪流下吸收新公共管理经验之后极难觉知的一个内隐性价值新风险。[②]从研究内容上看，国内关于内部化购买现象的聚焦点集中于表现形式、发生机理、案例分析、对策指引等，但研究结论大同小异，创新性不强。从研究视角看，宏观的理论阐释居多，但以具体理论为视角建构分析框架的文献较少。

在阐释政府与社会组织依赖关系的产生根源时，大多分析视角都聚焦于政府，尤其对政府长期形成的管制传统高度关注，这种分析视角的前提是将政府与社会组织作为两个独立的行为主体，主张实现国家与社会的分离，并坚持独立—自主的同一性逻辑，认为社会组织如果能够实现与国家的独立，就能够达到自主治理。政府按照自己的好恶来使用资源分配权，实施对社会组织的控制，或者一些运行出现困难的社会组织为了获得紧缺资源，有意迎合公共权力的意志而改变自己的独立性质。[③]邓正来与景跃进在《建构中国的市民社会》一文中所指出的："不能像以往的论者那样，把目光的聚焦点只放在政治权威的转型上，因为中国现代化两难症结真正的和根本的要害，在于国家与社会二者之间没有形成适宜于现代化发展的良性结构，确切地说，在于社会一直没有形成独立的、自治的结构性领域。"[④]国家的政策选择对非营利组织的发展发挥着关键性作用。中国民间组织的成长是中国现代社会发展的必然结果，其发展水平在客观上由社会需求所

① 徐盈艳，黎熙元.浮动控制与分层嵌入——服务外包下的政社关系调整机制分析.社会学研究，2018(2).

② 陈伟，黄洪.政府购买公共服务的"公共性拆解"风险——以新公共管理为解释框架.河北学刊，2019(2).

③ 马庆钰，谢菊.政府购买社会服务的规范化.理论探讨，2012(6).

④ 邓正来，景跃进.建构中国的市民社会.中国社会科学季刊，1992(1).

决定。然而，从其发展的历史理路来看，民间组织在何种领域内发展
到何种程度受到了政府的政策理念和政策选择的左右。①我国非营利
组织由于起步晚，参与公共服务供给的理论基础和实践经验都存在许
多问题和不足。有学者将这些问题概括为：认识困境、态度困境、体
制困境、制度困境、能力困境、统计困境。②这些困境反映出中国公
民社会组织面临着价值定位、宏观监管、相互信任、公众参与、政治
功能突出、等级倾向明显等问题。此外，民间组织的人才困境、资金
困境等等都不同程度的存在，也严重制约着中国公民社会的进一步发
展壮大。③许多非营利组织具有丰富的专业知识，并逐步承担起政府
智囊的角色，因而能对政府的决策产生重要影响。同时，它也是政府
改革的外部推动力。④社会组织是各种社会规范和制度产生的重要领
域，各类社会组织在代表不同群体利益和要求而进行协调平衡、自律
管理的过程中，通过谈判、协商和妥协等方式，建立起多元权力和利
益冲突背景下的社会合作和规范，构成了国家法律规范的源泉、基础
和补充。⑤政府和社会力量的"适度合作"的概念更具中国本土化色
彩，为构建理想化的中国政府购买公共服务"政社关系"指出了发展
方向。⑥因为"我国处于并将长期处于社会主义初级阶段，各地经济
社会发展不平衡，公共服务提供的主要矛盾是总体供给不足和结构失
衡，与西方发达国家实行公共服务私营化市场化的物质基础具有明显
的差别"。⑦政府与社会组织呈现出怎样的关系，还取决于政府的权力
动机的强弱和社会组织的目标清晰程度，当政府的强制性权力较大
时，社会组织则表现出服从与依赖的行为特性，二者呈现出控制与被

①　林尚立，王华.创造治理：民间组织与公共服务型政府.学术月刊，2006(5).
②　毕天云.试析农村民间组织管理中的困境.学术探索，2009(2).
③　冯留建.中国公民社会兴起与有效治理的三大原则.新视野，2007(4)：74—75.
④　王卓君.政府公共服务职能与服务型政府研究.广州：广东人民出版社，2009：117.
⑤　王玉明.公共管理：理论与实践.广东人民出版社，2008：24.
⑥　张汝立，祝阳.适度合作与中国政府购买公共服务中的政社关系一个公众视角的分
析.河南社会科学，2017(9).
⑦　许光建，吴茵.政府购买公共服务国际经验比较与借鉴.管理科学，2013(3).

控制的关系；当社会组织的组织目标定位明确，二者关系则表现为一种协作或合作的关系，此时，公共服务供给的质量也明显提高。①

上述研究在单一的时间节点上，或侧重强调政府对社会组织治理的运作机制以及社会组织产生的影响，或强调社会组织在目前的制度环境中的发展策略，但对于不同时段、多个层级政府和社会组织的互动交织的分析不足，尤其对于服务外包下的政社关系的变动解释不足。国内的很多文献在进行合作者选择分析的时候主要沿袭西方学者的分析视角和理论框架，没有充分考虑我国特有的社会结构和制度环境，因此难以解释社会组织之间的身份差异对政府购买服务产生的影响，也没法回答为什么我国的政府部门会热衷于自己组建或者扶持社会组织来承接相应服务。

在我国的政治制度框架下，契合中国政治文化传统和现实政治需求的依赖关系被表达为政府与社会组织关系的主流话语。尤其是随着我国地方政府的购买公共服务制度实践的大力推广，购买框架内的政社依赖关系成为了人们解读公共服务创新的重要切入口。在这个过程中，学术界对政社依赖关系的发生机理、内在逻辑和实际效度都开展了深入研究。客观而言，这些研究为人们认识政社关系提供了基本的逻辑思路，有助于人们了解政社关系的当前场景，但仔细品味，却发现研究的疏漏之处也自不待言。实际上，研究政社关系的行动理论和话语理论，既是政社关系研究的题中应有之义，也是阐释两者关系产生、发展和趋势的重要"取景框"。综上所述，在今后政府购买公共服务的研究进路中，还需要强化以下几个命题的研究：我国政府与社会组织在购买服务过程中能否构建合作伙伴关系？社会组织在我国的发展现状以及其面临的制度环境对于政府购买合作者的选择有什么样的影响？作为资金的供应者，政府采用什么样的机制向社会组织转移

----

① 许鹿，钟清泉.协同还是控制：社会组织参与服务质量改进机制研究.贵州社会科学，2015(2).

项目？它遵循什么样的逻辑？作为项目的承接者，社会组织以何种方式承接项目？它会设计怎样的策略、遵循怎样的逻辑去争取项目？政府与社会组织依赖关系的力量对比：力量对比似乎总是有利于作为管理部门的政府，在内部和外部的政策效应中，这种不对称性尤为突出。

二、 政府购买服务制度实践中政社关系的国际视野

政府购买服务，在国外被称为"合同外包"。公共服务民营化一般指政府与政府以外的第三方（营利组织、非营利组织、其他团体等）签订合同或协议，把之前由政府提供的服务与产品改为由合同或协议签订另一方提供。可提供的公共服务涉及交通运输、卫生医疗、休闲设施、公共安全、水利设施与垃圾处理等领域。西方国家的改革实践为理论研究提供了肥沃的土壤，因此取得了丰硕的研究成果。在"新公共管理"运动的影响下，美英等国家大刀阔斧地开展民营化改革，市场的自由化取向蔚然成风。公共服务合同外包对象既可以是企业，也可以是非营利组织，政府需要在公共服务领域建立起合作伙伴关系，做一个精明的购买者和合理的监督者。国外关于公共服务合同外包的研究，可以从两个方面来进行归纳。其一宏观意义上的公共服务合同外包的研究，具体又可以分为合同外包范围的研究和合同管理能力的研究；另一方面是关于政府与非营利组织关系的研究。

(一) 公共服务合同外包动因研究

Alkhafaji（1993）关于公共服务民营化的动因是新公共服务运动席卷下的国外学术界的典型观点，一方面民营化创造了私人部门与政府缔结合同的竞争性，从而有利于小企业规模的扩张，使市场远离中央政府的控制，发挥"看不见手"作用，此外，公共服务民营化是政府在众多市场竞争者的最优选择，有利于服务供给效率、质量的改善与成本降低，另一方面来看，通过削减政府在公共服务领域的供给影响有助于减少政府的官僚气息。[①]Brook 和 Apostolou（1994）基于公

---

① 　Abbass F. Alkhafaji. Privatization：an Overview. *Journal of Organizational Change Management*，1993，Vol.6，Issue：3，pp.24—42.

共选择理论对政府在居民固体废物处理（RSWC）采用合同外包供给方式动因提出三个解释变量，分别是税收增加、市场供给主体多元化与 RSWC 需求增加，以上变量促使政府倾向公共服务民营化，但同时也指出应用 RSWC 来推测公共服务民营化动因尚具有局限性。[①]
Brook（2004）提到公共服务民营化是政府降低成本和缩减规模的一种选择。同时阐释了成本降低的三个原因：一是服务生产的竞争加剧可以使成本降低，因为具有竞争力的企业通常是低成本和高效的；二是企业善于利用规模经济效益，通过整合服务提供的地理区域达到边际成本为零的目的，相较之下，地方政府会受限于地理边界与自治制度；三是企业比起政府部门更具有逐利的激励。[②]随着合同外包活动的开展，政府的角色发生了转变，政府越来越像一个众多分包者的控股组织。[③]斯莱克（Slyke）指出，政府购买公共服务不像是出于对经济理性的信仰，而更像一种象征性的政治行为，它并不追求竞争和低成本，而只用来"表明政府已经从直接的公共服务提供中解脱了出来，它并不侵占私人市场，变得越来越小、越来越有效"。[④]正如沃尔多在上世纪中期所宣称的，效率并不是公共管理的唯一决定性标准，政府购买公共服务的产生除了经济效率的压力外，还受到意识形态、平民主义和商业主义等其他因素的推动。[⑤]"如果那些不可被契约明确表示的内容对于服务质量影响不大的话，那么就应该将这些服务交

[①]   Brooks R., Apostolou, B., Apostolou, N. Alternative Methods of Residential Sanitation Collection. *Research in Governmental and Nonprofit Accounting*, 1994, Vol. 8, pp.277—290.

[②]   Richard C. Brooks. Privatization of Government Services: an Overview and Review of the Literature. *Journal of Public Budgeting*, Accounting & Financial Management, 2004, Vol.16, Issue: 4, pp.467—491.

[③]   KETTL D. *Sharing Power: Public Governance and Private Markets*. Washington, DC: Brookings Institution, 1993.

[④]   David M. Van Slyke. The Mythology of Privatization in Contracting for Social Services. *Public Administration Review*. 2003, 63(3).

[⑤]   E.S. Savas. *Privatization: Relations Between Public and Private Sectors*. Tans. by Zhou Zhirenetal. Beijing: Renm in University Press, 2002: pp.5—14.

给私人部门来提供；而如果不可被契约明确表示的内容有可能严重影响服务质量的话，那么政府就应该选择直接提供这些公共服务"。①Cohen 指出："政府角色必须被限定在法律范围内，政府购买服务必须理解和适应民主的诉求和愿望，必须在民主行动的框架内进行。"②那些不喜欢政府而支持全盘私有化的人，那些不喜欢私人企业而全盘反对私有化的人，他们都搞错了方向。真理在于，一个商品或一项劳务的所有权并不那么重要，不管是公有的还是私有的；更为重要的是生产商品和提供劳务的市场或机构的内部动力机制。③政府购买公共服务生成于"国家—社会"的宏观背景之中，约束着社会组织的路径选择，也形成了差异化的购买合约。而这种合约往往是一种关系性合约，它嵌入在社会关系与制度之中，合约起点和终点都无法精确地加以确定。④

Bel 和 Fageda（2006）通过元回归分析财政压力和政治因素是促使地方政府公共服务民营化的普遍动因，但规模和财政能力不同的政府在民营化倾向程度也有差异，小城镇政府更容易受到财政压力、规模经济与政治因素的影响，相对地，意识形态因素则对大城市公共服务供给产生影响，一般来说，右翼领导人更愿意市场自由配置资源，因此更赞同民营化，而左翼则相反。⑤Warner 和 Hefetz（2008）根据ICMA（International City/County Management Association）调查资料尝试探究公私合营供给动因在 1992—2002 年是否发生变化，据此

① Oliver Hart, Andrei Shleifer and Robert W. Vishny, 1997, The Proper Scope of Government: Theory and an Application to Prisons, The Quarterly Journal of Economics, Vol.112, No.4(Nov., 1997), pp.1127—1161.

② Cohen, S.2008: The Responsible Contract Manager: Protecting the Pubulic Internet in an Outsourced Word. Washington, DC: Georgetown University Press. p.20.

③ ［美］戴维·奥斯本，特德·盖布勒.改革政府.上海：上海译文出版社，2006：19.

④ Macneil I. R., "The Many Futures of Contracts", Southern California Law Review, Vol.47, Number 1, 1974.

⑤ Germà Bel, Xavier Fageda. Factors Explaining Local Privatization: a Meta-regression Analysis. SÈRIE DE DOCUMENTS DE TREBALL DEL CREAP, 2006, Vol.3, pp.456—480.

作出有关政府规模、政府管理能力、财政诱因、市场竞争程度、交易
成本、逆指标、市民满意度的七个变量因素的假设推断，通过普罗比
模型发现政府规模、财政诱因、交易成本、雇员反对（Opposition）
与市民满意度是相关关系，与政府管理能力、市场竞争性无关。换言
之，大规模、有志于降低财政支出、雇员反对越激烈与更注重市民满
意度的政府越倾向采取公私合营的混合供给方式，而市政执行官专业
能力与市场竞争性由于受其他外在因素干扰并没有显示出倾向性。
Fernandez，Ryu 和 Brudney（2008）注意到进入 21 世纪，关于政治
动因对公共服务合同外包的激励研究很少，学者开始更多强调在规划
和监管两方面的管理动因，那么政治动因在合同外包供给模式兴起的
21 世纪是否一直发挥激励作用？Fernandez 等通过 ICMA2002 年对美
国 298 个郡 985 个市政府实证调查发现政治动因像 20 世纪 80 年代、
90 年代一样仍起到推动合同外包增长的作用，其中政府需求与雇员
的反对是主要的因素。[①]不同于 Fernandez 从政治角度，Freyens
（2008）则是选择从经济角度出发，以澳大利亚公共政策与主流社会
经济研究为数据基础，探究宏观、中观与微观经济三层级对合同外
包模式的促进或阻碍作用，认为合同外包模式和缔约方的选择、服
务价格的确定等与三层级经济改革有密切关系，受经济环境影响很
大，不断变化的经济环境推动了对新服务提供模式的试验，但这些创
新方法带来的效率提高可能以服务质量为代价。[②]Levin（2010）提出
美国市政府治理结构的差异会造成民营化倾向不同，通过 1 043 个市
政府涉及 64 种公共服务调查结果证明议会—经理制相较于市长—议
会制更倾向公共服务供给民营化。[③]Warner（2012）基于 21 世纪以来

[①]　Sergio Fernandez，Jay Eungha Ryu，Jeffrey L. Brudney，Exploring Variations in Contracting for Services Among American Local Governments：Do Politics Still Matter? *The American Review of Public Administration*，2008，Vol.38，pp.439—462.

[②]　Sergio Fernandez，Jay Eungha Ryu，Jeffrey L. Brudney，Exploring Variations in Contracting for Services Among American Local Governments：Do Politics Still Matter? *The American Review of Public Administration*，2008，Vol.38，pp.439—462.

[③]　Levin J.，Tadelis S. Contracting for Government Services：Theory and Evidence from U.S. Cities. *The Journal of Industrial Economics*，2010，58(3)：507—541.

公共服务供给的三个新风向探讨了公共服务民营化的前景，认为民营化不只是出于成本考虑，还应纳入服务质量、市场有效竞争、市民监督，以此实现最优价值（best value）；新公共管理浪潮退却，政府应重塑公共服务能力；以服务整合促进整合改革逐渐成为共识，要开始提倡加强在公共服务领域的政府间合作。①Rkein（2012）采用解释性案例研究方法，证明以市场为基础的考核管理制度在公共服务供给中未能达到预期目标，是因为它是在不支持市场管理做法的社会经济背景下推行的，因此向公众提供服务仍然是要出于社会需要，而不是经济需要。②顾客价值是社会需要的一个重要标准，Aliakbarlou，Wilkinson 和 Costello（2018）注意到顾客价值是公共服务合同外包中的重要评价因素，构建 26 个二级指标与 3 个一级指标，通过对八家合同外包组织进行调查，得出提供服务的时效、成本与质量不再是独有的评价标准，对环境的影响、服务承诺、创造性、专业性等因素也是顾客价值标准，这为合同外包组织提升公共服务满意度提供了理论指导。③

（二）公共服务民营化的模式

国外学术界关于公共服务民营化的模式讨论历经四十多年的实践与理论积累，大致形成四种供给模式：一是合同外包，即政府把自身的承担的一些服务职能通过委托、代理、签订合约的形式外包给营利组织、非营利组织与其他地方政府，政府提供财政支持与进行监管，承包方负责公共服务与产品的提供；二是完全私有化，鼓励和吸引私人资本投入到某些原本政府公共职能覆盖的领域，如教育、医疗卫生

---

①　Mildred E. Warner. Privatization and Urban Governance: the Continuing Challenges of Efficiency, *Voice and Integration*. *Cities*, 2012, Vol.29, S38—S43.

②　Ali Rkein, Brian Andrew. Public Sector Commercial Orientation and the Social Contract: a Study of Performance Management in a Non-competitive Environment. *Pacific Accounting Review 2012*, Vol.24, No.3, pp.292—313.

③　Sadegh Aliakbarlou, Suzanne Wilkinson, Seosamh B. Costello. Rethinking Client Value within Construction Contracting Services. *International Journal of Managing Projects in Business*, 2018, Vol.11, No.4, pp.1007—1025.

等；三是公私合营，即 PPP (Public-Private Patnership)，私人部门与政府以特许权协议为基础建立合作伙伴关系，明确双方权利和义务的非盈利和非公益的合作模式；四是俱乐部形式，是使社区承担区域公共服务的供给责任一个非竞争但排他的封闭式会员内部福利供给。

Alkhafaji（1993）认为公共服务民营化就是政府与私人部门作用在公共服务供给中此消彼长的过程，他认为民营化有三种途径：一是政府直接出售资产，二是合同外包，私人部门与政府签订合约，提供公共服务和产品；三是实行付款凭单制度（voucher system），政府为符合资格的公民提供票证，如粮票、廉价租房票。①但 Alkhafaji 没有对三种民营化途径进行优劣分析，Bachiller（2017）综合 1986—2014 年 60 个研究民营化模式与绩效之间关系的数据包，得出绩效会受民营化模式影响但与国家的发展水平无关，公私合营模式比完全私有化与付款凭单制度模式更有利于绩效的提高。②Warner 和 Hefetz（2008）将美国 1992—1997 与 1997—2002 年城市公共服务供给方式的变化情况制成两个数据串进行对比分析，发现美国城市公共服务供给方式在政府直接供给、公私合营与完全合同化三种方式动态变化，表现出公私合营供给方式稳步增长，完全合同外包供给方式减少，政府直接供给始终占据一半比例的总态势。③Bird 和 Slack（2007）提出鉴于欧洲各国许多地方政府自治程度极高，但人口相对较少，企业有较少的缔结合约的意愿，因此在公共服务供给上可以与附近其他地方政府合作，从而实现规模经济效益。④但是 Hefetz 和 Warner（2012）

---

① Abbass F. Alkhafaji. Privatization: an Overview. *Journal of Organizational Change Management*, 1993, Vol.6, Issue: 3, pp.24—42.

② Patricia Bachiller. A Meta-analysis of the Impact of Privatization on Firm Performance. *Management Decision*, 2017, Vol.55, Issue: 1, pp.178—202.

③ Mildred E. Warner, Amir Hefetz. Managing Markets for Public Service: The Role of Mixed Public—Private Delivery of City Services. *Managing Markets for Public Service*, 2008.

④ Bird R.M., Slack E. An Approach to Metropolitan Governance and Fifinance. *Environment and Planning C: Government and Policy*, 2007, Vol.25, pp.729—755.

对城市公共服务供给从市场方案角度对比了政府—政府与政府—企业两种合同外包对效率、规模经济与市民话语权三个因素的体现，发现两种合同外包都具有有限适用性。[①]Brook（2004）从市场经济竞争的角度出发将民营化分为五种模式，从而提供了一个相对完整模式框架：一是完全私有化，政府将公共资产出售给私人部门同时转移服务职能；二是经营私有化，政府部门始终拥有资产的所有权，主要应用在体育领域，如在旺季交由私人部门经营，但淡季归还政府部门；三是合同外包，政府投入财政资金，由签约方提供服务和产品，如城市固体垃圾处理；四是特许经营，是政府的授益行为，私人部门可垄断特许经营的公共服务供给，收益来自用户付费，如有线电视收费；五是开放竞争，类似市场经济的完全竞争，但这类模式不适用于某些公共服务，如当同一城市一条街道有几个私人部门都是经营垃圾处理，这会降低效率。[②]Warner（2011）提出俱乐部产品（Club goods）形式在城市公共服务供给的可发展模式，即推行公共服务社区化，让社区、居民参与公共服务供给，具体分为三种模式：一是共同利益团体（CIDs，common interest development），比较典型的是美国的住房协会（HOA），二是商业改良协会（BIDs，business improvement districts），是商业中心租户针对购物环境的维护、改善所组成的协会，三是经济开发区（EDZs，economic development zones），类似于我国的经济特区，政府为入驻企业提供税收等优惠。[③]

（三）公共服务民营化的风险及克服策略

Potts（1999）对捷克、波兰和俄罗斯公共服务民营化的失败经

[①] Amir Hefetz, Mildred E Warner. Privatization and Intermunicipal Contracting: the US Local Government Experience 1992—2007. *Environment and Planning C: Government and Policy*, 2012, volume 30, pp.675—692.

[②] Richard C. Brooks. Privatization of Government Services: an Overview and Review of the Literature. *Journal of Public Budgeting, Accounting & Financial Management*, 2004, Vol.16, Issue: 4, pp.467—491.

[③] Mildred E. Warner. Club Goods and Local Government. *Journal of the American Planning Association*, 2011, Vol.77:2, pp.155—166.

验进行总结，认为在没有足够的社会保障安全网的社会进行迅速的私有化不太可能产生根本性变革而且是危险的。[1]Prizzia（2001）提到公共服务民营化在全球范围普及，人们只认识到民营化的高效率低成本等短视经济优势，并以此为公共服务质量的衡量标准，忽视了受民营化影响的利益团体，造成社会正义的失衡，认为民营化利弊共存，提出评估公共服务质量应该综合考虑经济和社会效益两大因素。[2]但Parker（2003）通过对英国民营化数据分析认为评估民营化经济效益是困难的，因为这受所有权、竞争、管制与技术革新的影响。[3]不过Hodge 和 Greve（2005）则直接指出公共服务民营化的经济和财政效益存不存在尚有待商榷，具有很大的不确定性。[4]因为从短期来看，私人部门资金投入公共服务供给是解决了财政预算窘境，使政府财政支出减少（Sadka，2007；Hall，2008b；Morallos and Amekudzi，2008），但是长期来看，政府之后付给私人部门的报酬（补贴、资本支出与最低收入保证等）容易使未来财政陷入危机，因为私人部门的贷款成本相对政府部门贷款时的低息或无息成本更高（Sadka，2007）。[5]Warner（2011）指出俱乐部形式在公共服务供给上卓有成效，是对 PPP 和合同外包模式的有效补充，但其本质是会员内部福利共享，这可以使社区或团体内部同质性增强，但是具有强烈的排他性，从而造成整体异质化，容易产生分裂式城市化（splintering urban-

---

①　Nick Pott. Privatisation: a False Hope. *The International Journal of Public Sector Management*, 1999, Vol.12, No.5, pp.388—409.

②　Ross Prizzia. Privatization and Social Responsibility: a Critical Evaluation of Economic Performance. *The International Journal of Public Sector Management*, 2001, Vol.14, No.6, pp.450—464.

③　David Parker. Performance, Risk and Strategy in Privatised, Regulated Industries: The UK's Experience. *The International Journal of Public Sector Management*, 2003, Vol.16, No.1, pp.75—100.

④　Hodge G., Greve, C. *The Challenge of Public-Private Partnerships: Learning from International Experience*. Edward ElgarPublishing Ltd., Cheltenham. 2005.

⑤　Sadka, E. Public-private Partnerships—a Public Economics Perspective. *CESifo Economic Studies*, 2007, Vol.53, No.3, pp.466—490.

ism）现象。①Keating（2013）通过比较使用 PPP 模式运营的澳大利亚弗里图曼港和美国印第安纳州收费公路两个案例，认为由于获得特许作为公共服务的唯一提供者时会产生垄断效率低下的问题，每个 PPP 合作伙伴都倾向于推卸责任，因此建议除非商品或服务在某种程度上被定性为公共产品，否则不应考虑 PPP 模型，且在相关合同中必须建立适当的制裁。②Young（2008）通过调查上世纪 90 年代澳大利亚最大的公共医疗卫生外包合同过程和结果，发现失败原因主要在于服务质量、文化共享、合同管理等问题上。③雷人（Leiren）等（2016）通过对 2015 年挪威政府在城市道路和公园维护中采用 PPP 模式的相关数据进行分析，也发现 PPP 模式供给公共服务缺乏竞争使服务成本潜在增长，而且造成服务满意度低的问题。④在某些城市公共服务供给上，发展中国家采用 PPP 模式，Assiamah，Asamoah 和 Kyeremeh（2017）比较加纳和印度在城市固体垃圾处理服务供给的案例，发现两者都缺乏足够的开放性、透明度和相关利益者参与，政府对合作伙伴监管不足，导致服务质量难以保证。⑤Levin（2010）认为公共服务民营化可能产生的监管困难、灵活性缺乏、竞争性差与

---

① Mildred E. Warner. Club Goods and Local Government. *Journal of the American Planning Association*, 2011, Vol.77:2, pp.155—166.

② Barry Keating, Maryann Keating. Private Firms, Public Entities, and Microeconomic Incentives: Public Private Partnerships（PPPs）in Australia and the USA. *International Journal of Organizational Analysis*, 2013, Vol.21, No.2, pp.176—197.

③ Suzanne Young. Outsourcing in Public Health: a Case Study of Contract Failure and its Aftermath. *Journal of Health, Organization and Management*, 2008, Vol.22, No.5, pp.446—464.

④ Merethe Dotterud Leiren, Andrej Christian Lindholst, Ingjerd Solfjeld, Thomas Barfoed Randrup. Capability versus Efficiency: Contracting out Park and Road Services in Norway. *International Journal of Public Sector Management*, 2016, Vol.29, Issue: 5, pp.474—487.

⑤ Emmanuel Yeboah-Assiamah, Kwame Asamoah, Thomas Agyekum Kyeremeh. Decades of Public-private Partnership in Solid Waste Management: a literature Analysis of Key Lessons Drawn from Ghana and India. *Management of Environmental Quality: An International Journal*, 2017, Vol.28, Issue: 1, pp.78—93.

服务质量难以保障问题会阻碍民营化的进一步发展。①Mahamid（2012）从民营化私人部门的角度出来，探究致使巴勒斯坦约旦河西岸民营化失败的原因，认为服务和产品成本不稳定、政府部门结款延迟、合同外包经验缺乏、边际收益低和区域封闭、流动性差五大原因使该区域民营化受到阻碍，虽然从个案出发具有一定局限性，但反映了公共服务民营化在人口较稀疏、经济发展较滞后地区的有限适用性公共管理者是公共服务政策的制定者及其执行者，为此，他们的素质和能力如何，直接关乎整个购买服务决策的成效。②哈佛学者 Steven Kelman 对于凯特尔和其他学者提出来的合同管理者应承担的任务和责任进行了批评。当然，他批评的并非这些著作本身，只是提出了凯特尔的书已经出版了 10 余年，从 20 世纪 90 年代到今天，相关的文献和真实的世界都已经发生了变化。因为有如此多的代理机构做什么和供给什么越来越依赖与第三方机构签订的合同，为此成功的合同制也成为了代理成功的一个核心部分。很多的代理机构像国防部、能源部、国家航天局和太空行政部门，也在公共产品和服务方面进行了大量的预算开支，这三个部门分别是 46％，94％和 78％。③他将合同管理者应该具备的能力总结为以下几点：制定战略和设定目标；激励合同承包商以饱满的热情和公共目的为宗旨开展工作；绩效管理；在合同承包商和终极使用者之间进行横向管理；与上级机构之间的纵向管理；管理同外部环境的关系，包括参加专业会议等。约翰斯通（Johnston）和荣姆泽克（Romzek）通过案例调研发现，在五种情况下政府

---

① Levin J., Tadelis S. Contracting for Government Services: Theory and Evidence from U.S. Cities. *The Journal of Industrial Economics*, 2010, 58(3):507—541.

② Ibrahim Mahamid. Factors Affecting Contractor's Business Failure: Contractors' Perspective. *Engineering, Construction and Architectural Management*, 2012, Vol. 19, No.3, pp.269—285.

③ Kelman, S. (2002) strategic contracting management, in J. Donahue and J. Nye Jr. (eds.) Market-based Governance. supplyside, Demand side, Upside and Downside Washington, DC: Brookings 2002:89.

对服务合同的管理尤其困难：第一，私人获益的比例降低；第二，对产出的衡量困难；第三，对产出进行衡量的时间长；第四，产出是无形的；第五，供应方（竞争）减少。以这五个标准来衡量，公共服务中的社会服务将面临合同管理的极大复杂性。[1]

一旦受过合同管理培训的公共管理者缺乏，并且在涉及独立的政策领域，政府作为物品与服务的精明购买者的能力就会受到削弱。除此以外，目标多样化的争议、竞争动机的不同以及政治与官僚现实也进一步限制了公共管理者能力的发挥，这些能力包括管理合同关系以及对欺诈、浪费和滥用职权等行为进行监督。[2]布朗（Brown T.）和波托斯基（M. Potoski）（2003）两位作者以早期凯特尔所进行的研究为基础，提出合同管理能力需要多个变量，并且将合同制管理自身作为一个课题，旨在从实证上构建政府合同制理论的基础。[3]卡斯滕·格里夫（Carsten Greve）认为合同管理能力的影响因素可以从过程变量和制度变量两个角度来进行分析：过程变量包括：可行性评估能力、沟通能力、执行能力、寻求和重塑市场的能力、网络管理能力、评估和控制能力以及责任能力。制度变量则包括：影响规范和期望的能力、制定和执行规则的能力、阐明历史制度背景的能力、为组织的合同管理分配责任的能力。合同观念里在公共部门的多个层次中都有所存在：在单个组织层次、组织间以及中央政府层次。建立和维持合同管理能力是一项既包括也超越地方政府个别组织的任务。[4]他进一步发展了凯尔曼（Kelman）的"战略合同制"的概念，并且罗列出了公共服务合同外包所需的以下几种技能：政治合同能力、战

---

[1]　Joce lyn M. Jonhston，B rbara S. Rom zek. Contracting and Accountability in State Medicaid Reform：[13] Van slyke, D (2003) The mythology of privatization in contracting for social services. *Public Administration Review* 63(3)：296—315.

[2]　Van slyke, D. (2003) The mythology of privatization in contracting for social services，*Public Administration Rwview* 63(3)：296—315.

[3]　Brown T. and M. Potoski contract management capacity in municipal and county government，*Public Administration Review* 66(3)：323—331.

[4]　Greve，Carsten. *Contracting for public services*. London：New York，2008：64.

略合同管理能力、控制合同能力、核心能力、基本能力。除了这些能力以外，还需要一些后备能力，包括：法定合同技能、人力资源技能、咨询技能、核心技能①。政府可以建设合同管理能力。政府可以围绕战略合同制概念，做出有关组织构建的决策，进而在此领域内进行资源投资。即使政府没有制定出全面合同战略，而只是选择建立一个有助于合同管理的分立的单元，投资仍然可能发生。这种战略的反对者担心采纳这样一种战略是否太理性了，并且政治因素是否会破坏组织激励机制。②"投资于可行性评估、执行和评估能力的政府虽然不能免于那些削弱合同绩效的问题，但是，这些政府在避免发生这些威胁和防止全方位的合同灾难方面将处于有利位置。"③

(四) 政府与社会组织关系研究

国家的存在虽然是必要的，但是它的无限发展会窒息市民社会的活力。因此，国家在什么范围内活动，是市民社会理论所要解决的基本问题。④非营利组织研究专家萨拉蒙教授对于它的兴起做出了如下阐释："如果说代议制政府是 18 世纪的伟大社会发明，官僚政治是 19 世纪的伟大发明，那么可以说，有组织的私人志愿活动也即大量的公民社会组织代表了 20 世纪最伟大的社会创新。"⑤公民社会组织发轫伊始，就在经济与社会发展的各个领域中起到了重要的作用。正如有的学者所言："公民社会"连同民主和市场构成发展学派万应妙药的"魔力三重唱"，它出现于 20 世纪 80 年代，现在已成为治疗 20 世纪 90 年代诸种病症流行的常用处方。公民社会是经济领域中市场和政治领域中民主的社会学意义上的对应物。它对于古老而乏味的

---

① Greve, Carsten. *Contracting for public services*. London：New York，2008：88.

② Greve, Carsten. *Contracting for public services*. London：New York，2008：63.

③ Brown T. and M. Potoski contract management capacity in municipal and country government，*Public Administration Review* 66(3)：162.

④ 吴惕安，俞可平，当代西方国家理论评析.西安：陕西人民出版社，1994：371.

⑤ [美]萨拉蒙.公民社会部门.转引自公民社会与第三部门.北京：社会科学文献出版社 2000：257.

"国家—市场"的二分法来说是一个有价值的分析上的补充。①在现代
社会的组织结构中，政府、市场、第三部门在公共服务供给和资源配
置方面都发挥着重要的作用。但是在公共产品和公共服务的供给上，
存在着普遍的政府失灵和市场失灵。很多学者以这两者的失灵作为解
释非营利组织生存和发展的原因。如最早提出这一理论的伯顿·韦斯
布罗德（1974）。伍德（Wood）认为，合作治理中每一个参与者都从
他人那里获得其所需并贡献其所有，以此来建立互惠互利的关系，参
与者的任何收益都取决于这种互利互益行为。②20 世纪 70 年代兴起的
委托—代理理论也曾一度成为学者们用来诠释第三部门生存与作用空
间的一种理论。治理和善治的兴起和发展为国家与社会的关系分析提
供了一种新的政治分析框架。治理理论认为，第三部门和私营机构将
与政府一起成为现代治理中不可忽视的一维，构成政府治理的多中心
结构。它们将和政府共同管理公共事务、提供公共物品和公共服务，
并承担相应的责任，这些组织的权力也将得到社会和公民的认可。非营
利组织的学者发展出的有关国家与第三部门的合作伙伴关系理论
（Salamon，1995）。萨拉蒙认为当前流行的市场失灵、政府失灵和志愿
失灵理论存在着无法预计政府与非营利组织合作的缺陷，因为这种解
释方法是以两者相互对立的观点来探讨双方关系的，因而他转向了对
两者关系探讨的新视角—第三方治理。美国学者朱迪恩·坦德勒指出，
非政府组织经常将自己与政府相对照，从而界定自己。政府被说成是
大而僵化的、没有灵活性的、官僚主义的、等级森严的以及无法接触
到穷人的。不管怎样说，非政府组织和政府之间的关系经常是错综复
杂的。③萨德尔（Saidel）进一步对政府与社会组织所分别拥有的资源

①　［英］戈登·怀特.公民社会、民主化和发展.转引自公民社会与第三部门.北京：社
会科学文献出版社，2000:33.

②　Wood D.J., Gray B. Toward a comprehensive theory of collaboration. *The Journal
of Applied Behavioral Science*，1991，27(2):139—162.

③　朱迪恩·坦德勒.变私人志愿组织为发展机构：评价问题. USAID Program Evaluation
Discussion Paper no Washington，DC：Agency for International Development，1982.

进行了总结，其认为服务传递能力、信息、政治支持或正当性等是社会组织所拥有的资源，而政府所拥有的资源主要包括财政收入、信息（专家与技术的支持）、政治支持或正当性、非立法政策的可及性等。①埃莉诺·奥斯特罗姆（Elinor Ostrom）认为，由非政府组织等自主组织提供公共服务交易成本低，人们彼此之间相互信任，组织制度认可度高，是一种有效的公共服务供给制度形式。②美国学者保罗·斯特里滕（Paul Stretten）指出，政府与非政府组织间的合作奠定于以下几点联系：第一，非政府组织的计划与政府的宏观经济政策之间有联系。第二，一个非政府组织的计划经常是由政府来提供的，反之亦然。第三，非政府组织财政收入的大部分而且越来越多地直接或间接地来自政府、多国银行的捐赠和发达国家。第四，非政府组织有时也会被政府接管或将其扩展。第五，非政府组织可以对政府的政策制定人施加各种各样的影响。③现代主体是通过法律和管理来建构的。法律与管理并不是分离和矛盾的。事实上，它们是完全相容的；它们相互限制，相互依存。它们在永恒的张力中联结在一起。当然，关键在于它们是相互依存的，他们巧妙地整合在一起。就此而言，他们是同一活动的不同形式：保全国家和市民社会。法律和管理是一种媒介，通过这种媒介，国家建构、调整、编排和隔离市民社会的机体。④

萨拉蒙（Salamon，1995）曾一针见血地指出非营利组织相较于政府在公共服务供给的作用，他说非营利组织以其"固有的浪漫主义价值"与"独特的美德和能力"，促进人们生活的重大变化，但同时

① Saidel，Judith R. Resource Interdependence：The Relationship between State Agencies and Nonprofit Organizations. *Public Administration Review*，1991，51(6).

② ［美］埃莉诺·奥斯特罗姆：《公共事物的治理之道》，余逊达等译，上海：上海三联书店，2000：51.

③ 保罗·斯特里滕.非政府组织与发展.何增科主编.公民社会与第三部门.北京：社会科学文献出版社，2000：337—340.

④ ［英］马克·尼奥克里尔斯.管理市民社会.北京：商务印书馆，2008：213.

他认为非营利组织与官僚机构有着同样的局限性，尤其是当它们的规模扩大和组织复杂性增加时，表现出反应迟钝、笨重、常规化、缺乏协调性的后果以及无法应对灵活性和有效性之间、基层控制和行政问责之间、短期响应和长期组织维护之间的紧张关系。伴随着新公共管理浪潮的到来，政府与非营利组织的关系更趋平等、独立。①奥斯丁（Austin，2003）指出 1996 年的美国国家福利改革导致权力和责任从国家政府向下转移到地方政府，最终转移将到非政府组织，并且公共服务民营化与权力下放的这一新力量正在重新塑造非营利组织与政府的关系。②实际上，政府已经成为非营利人类服务机构的唯一最重要的收入来源，远远超过了作为生机来源地私人捐赠和服务收费。简而言之，政府与非营利组织的合作，已经成为这个国家人类服务供给系统的支柱，成为私人部门生存的主要资金来源。③斯特鲁伊克（Struyk，2002）从政府与非营利组织之间合同外包关系的角度，强调地方政府与非营利组织之间的关系是契约关系，即这两种实体都有很强的身份，并且明显是独立的。换言之，对于外包的论据是服务提供的效率，而不是对非营利组织—地方政府关系的一个更普遍的改善，这可能产生重要的民间社会效益。但是他也指出在东欧独联体地区，地方政府将社会服务外包是例外、不受欢迎的。④Bryan Evans，Ted Richmond and John Shields（2005）通过探究新自由治理结构对英美国家非营利组织财务、问责与人力资源的影响，发现对非营利组织

① Salamon L. Partners in Public Service: Government-Nonprofit Relations in the Modern Welfare State.1995, Baltimore, MD: Johns Hopkins University Press, p.262.

② Michael J. Austin. The Changing Relationship Between Nonprofit Organizations and Public Social Service Agencies in the Era of Welfare Reform. Nonprofit and Voluntary Sector Quarterly, 2003, vol.32(1):97—114.

③ ［美］萨拉蒙.公共服务中的伙伴——现代福利国家中政府与非营利组织的关系.北京：商务印书馆，2008:35.

④ Struyk Raymond J. Nonprofit Organizations as Contracted Local Social Service Providers in Eastern Europe and the Commonwealth of Independent States. *Public Administration and Development*., 2002, 22:429.

而言，新自由主义重组会导致非营利活动商业化。随着非营利组织与政府控制的合同挂钩，非营利组织自主权将丧失，同时影响非专业服务的质量与特点，削弱其"社区导向"，增强"市场导向"，非营利组织越来越多地成为国家出资人控制的"合同仆人"。①科斯顿（Coston，1998）则从动态关系发展过程角度，以萨拉蒙关于政府与非营利组织关系分类的研究成果为基础，提出社区部门与政府关系的类型和模式。根据这个模型，政府和非营利组织可以被置于一个持续不断发展的整合体，从压制和竞争关系一端开始，经过竞争、订约、第三方政府（the third part government）、合作（cooperation）和互补关系，最后再归于合作（collaberation）一端形成关系模型的闭合环。②后续也有一些学者提出不同的分类，但始终没有脱离科斯顿（Coston）定义的内容。如 Najam（2000）③、Brown 和 Ryan（2003）④ 等。Brinkerhoff（2002）综合政府与非营利组织合作关系在文献与实践层面的研究，将两者理想的合作关系类型定义为：伙伴关系是不同行动者之间的一种动态关系，基于双方商定的目标，通过每个合作伙伴各自的比较优势对最合理的劳动分工的共同理解来实现。伙伴关系是相互影响的，在协同作用和各自独立之间保持谨慎平衡，这包括相互尊重、平等参与决策、相互问责和透明度。而且促进伙伴关系既是实现效率和有效性目标的一种解决方案，也是其价值原则所界定的最适当的关系。⑤

---

① Bryan Evans, Ted Richmond, John Shields; Structuring Neoliberal Governance: The Nonprofit Sector, Emerging New Modes of Control and the Marketisation of Service Delivery; *Policy and Society*, 2005, 24:1, 73—97.

② Coston J.M. A Model and Typology of Government-NGO Relationships. *Non-profit and Voluntary Sector Quarterly*, 1998, 27(3):358—382.

③ Najam A. The Four C's of Government Third Sector-Government Relations. *Nonprofit Management and Leadership*, 2000, 10(4):375—396.

④ Brown K.A., N.F. Ryan. Redefining Government: Community Relations through Service Agreements. *The Journal of Contemporary Issues in Business and Government*, 2003, 9(1):15—24.

⑤ Jennifer M. Brinkerhoff. Government—Nonprofit Partnership: a Defining Framework. *Public Administration and Development*, 2002, 22(3):19—30.

　　但是也有一些学者认为政府与非营利组织之间并非平等的关系。更多地表现为政府占据强势、支配地位，而非营利组织是弱势、屈从和依赖的。如 Verschuere 和 Corte（2012）实证调查了取自比利时255 个从事社会福利提供的非营利组织的大量样本，认为参与公共资助福利项目的非营利组织（NPO）面临着在战略决策过程中保持自主性的挑战，即公共资源依赖确实对非营利组织对组织自治水平的认知产生了负面影响。①Benevolenski 和 Toepler（2016）所做的关于俄罗斯政府对非营利组织支持的研究表明，政府对非营利组织拥有绝对的支配权，并不是所谓的"平等协商"姿态，运用政策和立法工具进行打击或支持。2001 年通过的《俄罗斯税法》，剥夺了俄罗斯非政府组织的大部分税收特权，这意味着 20 世纪 90 年代以来"仁慈的不干涉"时期结束。俄罗斯政府加强了对非营利组织的控制，尤其针对非政府组织和外国资金在邻国颜色革命中所起的作用以及对俄罗斯安全和主权的威胁。②Cho 和 Gillespie（2006）通过资源依赖理论认为自愿部门的弱点与政府的优势很好地对应，因此政府和非营利组织能自愿建立交流合作关系，以获得实现目标所需的资源。因为政府缺乏直接的服务提供能力，需要寻求有这种能力的非营利组织；而非营利组织缺乏金融资本，寻求政府资助以帮助实现服务交付目标。因此两者在某种程度上是相互依赖的。但由于承包主体的多样性和可选择性，非营利组织自身并非是政府选择的唯一，因此 Cho 和 Gillespie 的资源依赖理论解释两者平等和互补关系并不具有说服力。③Barbieri 和

　　① Bram Verschuere，Joris De Corte. The Impact of Public Resource Dependence on the Autonomy of NPOs in Their Strategic Decision Making. *Nonprofit and Voluntary Sector Quarterly*，2012，12（4）：1—19.

　　② Vladimir B. Benevolenski，Stefan Toepler. Modernising Social Service Delivery in Russia：Evolving Government Support for Non-profit Organisations. *Development in Practice*，2017，27（1）：64—76.

　　③ Sungsook Cho，David F. Gillespie. A Conceptual Model Exploring the Dynamics of Government—Nonprofit Service Delivery. *Nonprofit and Voluntary Sector Quarterly*，2006，vol.35，pp.493—509.

Salvatore（2010）则从一个效益角度，运用交易成本经济学、激励理论、企业产权理论和公私区分理论等多个研究主流观点，界定了服务的两个维度——激励与政治权威，并对不同组织（公共部门、非营利组织与私营部门）的能力进行了分析，认为当公共服务具有低激励与低政治权威特性时，公共部门应该将此公共服务供给移交给非营利组织。①私人非营利组织的存在，是为了提供一定范围内的、被社区的某一部分人而不是大多数人需要的集体物品。由此可以认为，社区越多样化，非营利部门可能就越大。关于政社关系这一议题，西方学者认为政府和社会间存在着"压制、敌对、竞争、契约订立、第三方政府、合作、互补和协作"等八种关系形态。②

通过对国外大量关于政社合作关系的研究，发现政府之所以选择社会组织作为公共服务供给的伙伴，既是由于两者有共同的目标追求，更是由于社会组织之间充分的竞争能够实现效率的提升。国外将关注点放在合同外包过程中政府与社会组织的竞争机制，前提在于这些国家已经存在成熟的公民社会，社会组织具有明确的独立于政府之外的地位，政府对社会组织给予了高度信任。国外政府向社会组织购买服务有较为系统的政策和法律体系，因而这方面的实践较为成熟。从总体上看，国外早期研究更注重相关基础理论的研究、政府与社会组织关系的研究；后期则更注重案例研究和实证研究。

第三节　政府购买服务制度实践中政社关系的意义探究

政社关系的研究纵贯古今，政府购买服务的制度探索正在行进，

---

① Dario Barbieri, Domenico Salvatore. Incentive Power and Authority Types: towards a Model of Public Service Delivery. *International Review of Administrative Sciences*, 2010, Vol.76(2):347—365.

② Coston J.M.A., "Model and Typology of Government—NGO Relationships," *Nonprofit and Voluntary Sector Quarterly*, 1998, 27(3), pp.358—382.

在服务购买的制度实践中探究政社关系，既具有理论意义，还具有实践价值。

一、理论意义

对任何研究国家与社会的关系的人而言，理论构建都是一个必不可少的手段。因为理论构建可以使纵贯古今的支离破碎的知识形成体系，同时它有助于形成有关两者关系的预言或者假设，而后通过实证考证和经验研究检验这些预言或者假设。

(一) 深化了对治理理论的认识

现代公共行政在其发展过程中所表现出来的对理性与效率的过于崇尚，曾经为人类社会的发展与进步做出了巨大的贡献。但是也正是这些被认为对机构管理效率具有贡献力的因素却带来了无奈的后果。治理理论就是在这样的背景下产生的。治理理论的兴起及其在实践中不断发展演变出来的治理形式，为公共服务供给模式的变迁提供了充足的养分。而推陈出新的政府购买服务实践，也深化和证实了治理理论。伴随着世界各地政府管理活动的深入，治理理论的形式也发生了很多的转变，并出现了很多的提法：第三方治理、合同制治理、网络化治理、整体性治理等。这些治理形式的共同点是强调治理主体的多中心化、治理机制的网络化、治理方式的协同化。政府购买公共服务，积聚了社会资本，强调了公共和私人机构之间大量的责任共享，以及公共部门和私人作用的大量混合，实现了第三方治理；政府购买公共服务是一种"政府承担、定项委托、合同管理、评估兑现"的新型的政府提供公共服务的方式，它的核心意义是公共服务提供的契约化，政府与社会组织之间构成平等、独立的契约双方；政府购买公共服务过程是对政府角色和地位的重新界定的过程，在这个过程中，"政府的核心职责不再集中于管理人员和项目，而在于组织各种资源以创造公共价值；政府的角色不再是公共服务的直接供给者，而应该作为一种公共价值的促动者，在具有现代政府特质的由多元组织、多级政府和多种部门组成的关系网中发挥作用。"①当前我国正处于转型时期，公共行政实践面临众多挑战，公共行政学科要想得到学界和社会的广泛认同，就必须有效地反映当前真实的公共行政实践，并为解决实践中的问题提供有益的理论指导。公共行政的反思与批判精神尚显不足。这不仅需要严谨、科学的实证研究，也需要建设性的规范理论。

(二) 为实现公共服务供给模式的创新提供相应的理论支撑

在全球化的背景下，20 世纪 70 年代以来，各国政府纷纷通过行政改革来重新定位政府职能，提高政府行政效率和服务质量。在这场从"生产者社会"向"顾客社会"转变的静悄悄的革命中，政府的职能也实现了由划桨到掌舵再到服务的转变。"和谐社会"战略目标的提出和"服务型政府"治理理念的确立，使得公共服务供给模式的创新成为我国社会发展的必然要求。为此，公共服务供给主体为满足相关对象的公共服务需求，在公共服务供给的方式上实现创新，为公众提供更加公平、有效、快捷的公共服务。为了使公共服务供给模式创新持续、有序进行，首要的任务就是正确认识公共服务创新的属性。任何公共服务方式创新都是有关主体"双向互动"的结果，在这个意义上，公共服务方式创新的主体是多元的。这种多元性体现在：政府、市场主体和社会主体的公共服务方式创新。社会组织参与服务型政府建设，其主要方式是通过购买公共服务参与基层治理。②

现阶段，西方国家在公共物品或服务供应的总趋势是，更多地依靠非政府的民间机构，更少地依赖政府来满足公众的需求。民营化的广泛发展打破了政府是唯一提供公共物品和服务主体的神话，使公共物品和服务的有效提供，不仅在理论而且在实践上发生了巨大的变

---

① ［美］斯蒂芬·格德史密斯，威廉·艾格斯.网络化治理：公共部门的新形态.孙迎春译，北京：北京大学出版社，2008：7—21.

② 薛立强、杨书文."双向互动"视角下的公共服务方式创新——中国经验的总结.中国行政管理，2010(7).

化。政府为什么可以不包揽公共物品和服务的生产与提供，公私伙伴关系为什么可以生产与提供部分公共服务，传统的理论认为，由于公共物品和服务的非排他性和非竞争性特点，公共服务天然应该由政府来提供，供给公共服务是政府的天职。在公共服务的提供上"政府失灵"和"市场失灵"同时存在。各国的实践证明，单一的公共服务的提供机制的制度安排，无法实现其充分供应和可持续发展。即使政府不断增加对公共服务的投入，其供给与需求的矛盾仍无法从根本上解决。西方国家公共服务民营化的广泛发展，为解决公共服务供应不足、提高人民的满意度，寻找到了有效的途径。

二、实践意义

事情往往是这样，不知何时，象征意义超越了现实意义。尽管人们试图将研究重点放置在纯粹的技术问题上，但反观之，都是徒劳之举。因为，毕竟我们生活在一个"悖论"的时代。作为一种制度创新实践和公共服务供给模式创新，服务购买制度实践有利于政府转变职能、促进社会组织发展。

（一）政府购买服务有利于促进我国政府转型和政府职能转变

人类的政治生活在很大程度上是由人性决定的，即由我们是人这一事实来决定。①政府购买服务是在新时期我国政府转型的大背景之下产生的。当前，将建设服务型政府作为政府转型的目标模式已经成为学术界和实务界的共识。为全社会提供良好的社会福利保障是现代政府公共服务职能的一项重要内容。在社会福利服务领域，单纯地强调政府直接生产公共产品，本质上还属于传统政府统揽服务的模式。生产公共服务交由营利机构和非政府组织行使，更符合社会分工最优化的要求，将这部分具体事务交由政府承担实际上也意味着政府职能的"越位"。

---

① ［美］弗兰克·古德诺.政治与行政——政府之研究.北京：北京大学出版社，2012：7.

政府购买服务可以有效促进政府不断转变职能，从统包统揽的"全能政府"转向政社分离、政府职责更加明晰的"有限政府"。通过政府购买服务，政府由公共服务的直接提供者，变为公共服务政策的制定者、购买者和监督者，实现了社会权力的回归和政府角色的转换。①对政府购买公共服务展开研究是转变政府职能，建设公共服务型政府的现实需要。在我国计划经济时代，国家通过行政体系以及作为其延伸的企事业单位承担着各种公共服务的供给。这种局面伴随着以市场化为导向的经济体制改革和与之相适应的政府职能转变发生了巨大变化。一方面，国家改变了计划时代对公共服务大包大揽的垄断特性，转移出很多公共服务职能；另一方面，公共服务需求日趋多样化和精细化，有限的公共服务供给与人民群众日益增长的需要之间的矛盾越来越突出。

(二) 政府购买服务有利于促进社会组织发展，推进多元主体共治局面的形成

社会治理中两种主要的理性：工具理性和价值理性。在社会治理体系的转型过程中，首先要解决工具理性挤压和价值理性遮蔽的问题。国家与社会的分离是一条基本路线，它也使得公共领域和私人领域区分开来。政府购买公共服务，使公民作为政府行政行为的相对方，在社会公共服务的提供和实施中享有更多的参与权和发言权。这使政府和公民之间的关系不仅局限为管理与被管理的关系，同时还增加了服务与被服务的关系、服务与监督的关系。通过这种形式，不仅为非营利性组织和民营企业的发展创造了广阔的空间，还为建立公共部门与私营部门、非政府组织的合作性伙伴关系提供了坚实的基础。政府在提供公共服务时应当以公民为中心，围绕着社会的公共需要来提供公共服务。政府供给能力的有限性决定了全社会的公共需要仅依靠政府供给是很难得到满足的，必须借助社会的共同力量才能实现。

---

① 刘庆元，温颖娜.政府购买社工服务中的机构诉求.社会工作，2007(11).

特别是近年来，西方治理理论在政府管理中引入后，善治并不意味着只有通过政府才能实现。迈克尔·巴雷泽把善治归纳为公民价值体现："它与传统官僚制范式不同，它更多地体现了对公民集体价值这一问题做更多的调查、更明确的讨论、更有效地商榷，暗示了社会自治的要求和能力。"①罗茨则从过程角度描绘了善治的愿景，他认为"只有将市场的激励机制和私人部门的管理手段引入政府的公共服务，从而建立以信任为基础的社会网络，形成政府与民间、公共部门与私人部门之间的互动，才能真正形成善治的模式。"②治理理论则强调多中心的治理，在公共服务领域要求政府和各种非政府组织共同来完成公共服务的提供。公共服务作为公共物品，具有非排他性和非竞争性的特征，在实际生活中还存在着大量的准公共物品，对这一部分公共物品可以改变其供给机制，将原来由政府负责提供的一部分公共服务通过市场化的方式来供给。这里的市场化的方式不仅包括营利性组织，同时还包括非营利性组织，并且越来越倾向于后者。"非营利组织弥补'市场失灵'和'政府失灵'，具有分担部分社会管理职能、促进公益的特点，具有良好的自适应性，起到连接政府与企业两类主体的作用，是公共事业中不可或缺的重要组成。"③政府购买需要有更多的社会组织来参与，同时政府购买又给这些社会组织以更好的发展机会。所以说，政府购买公共服务可以促进社会组织发展，实现公共服务主体的多元化。

第四节　研究方法与研究框架

一、研究方法

研究方法是论证和分析问题的基础性因素，对于政府购买公共服

---

① ［美］迈克尔.巴泽雷.突破官僚制：政府管理的新愿景.北京：中国人民大学出版社，2002:133.

② 俞可平主编.治理与善治.北京：社会科学文献出版社，2000:91.

③ 李冬妍.加强政府与非营利组织合作伙伴关系的财税政策探析.财贸经济，2008(10).

务制度实践中的政社关系，本研究的方法也是多样的，体现在如下方面：

(一) 文献分析法

文献分析法是本研究中最为基本的方法，主要通过查询期刊、著作和 INTERNET 等，对国内外有关政府向社会组织购买服务研究的文献进行检索，重点检索和梳理了国内外学术界有关政府购买服务的模式、政府向社会组织购买服务等相关的文献和研究成果，同时也参考阅读了国外学者有关合同制治理等方面的专著以及相关的期刊。

(二) 实证分析法

自 2009 年 10 月，笔者参与《上海城市管理中政府购买服务新模式研究》以来，跟随课题组对政府购买公共服务的实践模式进行了相关的调研，重点选取了上海市的街道和乡镇进行实地调查研究，对上海市政府购买岗位和购买项目的两种模式有了更深的认识，切实地增强了作者对于本课题研究的认识与体会，也是在调研的过程之中，为本书的研究准备了相应的资料与数据。

(三) 比较研究法

比较研究法就是事物、群体间的相似性或相异程度进行研究与判断的方法，一般选取两个或两个以上有联系的事物进行研究考察，识别其异同，从而探求普遍规律与特殊规律的方法。本书以公共服务合同外包的差异性和同一性为基础，通过将西方国家的公共服务合同外包与我国的政府购买服务进行比较，阐释和分析我国政府购买服务的改进路径和方向。由于经济发展水平和政治文化等因素的影响，我国政府购买服务的制度探索不论从理论上还是实践上都起步较晚，西方发达国家在此之前进行了有益的探索，因此本书将我国地方政府公共服务与西方发达国家地方政府公共服务加以比较，以期吸收其经验，克服其不足之处，为我国地方政府提高服务购买能力提供借鉴。

(四) 历史制度主义分析方法

历史制度主义源于古典的政治经济学、马克思的唯物主义和韦伯的比较制度分析。历史制度主义是在对政治系统论、结构功能主义、理性选择制度主义、社会学制度主义以及旧制度研究等理论的批判和继承过程中形成的。它的核心思想是，指引政策的制度体现了历史的经验，政策制定与制度变迁带有路径依赖色彩。本文中在阐释和分析政社关系发展演变以及政府购买服务的制度变迁中，大量地使用了历史制度主义研究方法。

二、 研究框架与创新点

公共服务领域的市场化改革是西方国家行政改革的主旨导向，政府购买服务则是我国公共服务民营化改革的中国探索，在这场改革背后，沉淀了厚重的文化底蕴，也折射出了中国地方政府的制度创新实践。本书的研究思路和创新点都围绕着服务购买的改革意蕴展开。

（一）研究框架

研究思路主要是依据社会治理的要求，对于政府与社会之间的关系进行厘清和界定，在着手这项工作之前，逻辑主线是顺着公共领域与私人领域的分离和融合，随之产生的政社关系在不同时段的历时性进行考察。依循上述"总体思路"，本文的逻辑结构除绪论和尾论以外，主要涵括五个部分，也即五章。

绪论主要是从研究的背景和意义、基本概念阐释、研究方法、研究框架等方面全面呈现本文的研究思路。研究背景从国际和国内、宏观和微观的角度分析我国政府购买服务制度探索的社会背景。基本概念则将与政府购买服务相关的公共服务、政府购买服务等概念都做了介绍和阐释，并将与服务购买相关的概念进行了对比。研究方法具体到文章中所使用的每一种方法的内涵和在文章中的适用性。创新点则从选题、内容、方法等几个方面做了阐释和分析。

第一章：研究综述。政府购买服务在国外被称之为"公共服务合同外包"。西方国家在多年的服务外包实践中既积累了丰富的实地经验，也取得了丰硕的研究成果。国外研究现状以公共服务合同外包为主要研究内容,梳理了国外关于服务外包以及在服务外包过程中合作伙伴选择的相关文献,并对合同管理能力和政府与非营利组织关系的内容进行了相关的文献述评。国内的文献研究从政府与社会组织关系、政府购买服务、政府购买服务的内部化三个方面来开展。

第二章:历史书写与现实关照:我国政社关系的发展演变。本章从历时性的角度考察了政府与社会组织关系的发展演变,将公民社会理论和法团主义理论作为理论脉络,梳理了国家与社会关系的历史脉络。在宏观的理论框架指导下,中国的政社关系颇具特色地形成了中国范式。总体性社会背景下的国家涵盖社会、以及现代社会背景下的政社合作关系的确立,无不折射出我国政社关系的特殊发展轨迹。政社关系的基本趋势是从政府全能主义走向"强政府、强社会"的政社协同。

第三章:权力共享与契约治理:政府购买服务的制度变迁。本章主要从制度变迁的角度考察我国政府购买服务制度的建立和发展过程,我国社会转型的速率,越发考验政府与社会之间的协同能力。政府购买服务实现了从政府垄断到政府购买的服务供给模式创新,在服务外包的过程中,政府的角色定位为"精明的购买者",而非服务的提供者。合同治理的原理和理论贯穿于服务购买的全过程,但我国的政治现实是,政社关系的异化发展—非对称依赖关系。"体制内购买"违背了合同制管理的原则,也不利于服务购买绩效的提升。

第四章:服务购买制度实践的政社依赖关系的发生机理。我国服务购买的制度实践中,独具特色地形成了政社依赖关系。梳理政社依赖关系的发生机理方能清晰定位两者未来路向。为此需要追溯政社依赖关系的理论根源、探究政社依赖关系的文化背景、了解政社依赖关系的现实动因。这种政社关系的发生机理主要体现在:历史维度的政治文化原因,现实层面的压力型体制模式,国际经验的"行政权社会化"的治理变革,心理效应中的关系强度影响合同绩效。但是这种政社依赖关系不利于合作绩效的提升,因此要从逻辑起点、发展方向、行动指南、合作形态等方面为政社关系指明应然路向。

　　第五章：公共服务购买场域中的政社依赖关系的制度逻辑。制度是现代社会治理的基本途径，它对社会治理施加影响的必要选择就是制度具有影响行为的"适当性逻辑"，而治理主体的多元化是现代社会治理的典型特征。行动者的性质及其行动模式，都是由制度建构的并受其制约的。公共服务购买是一个政府与多元行为主体相互博弈的场域，这些行为主体遵循着既定的制度逻辑，但每种制度逻辑本身意味着理性，因此制度逻辑之间的冲突可能会让行为主体无所适从。服务购买场域中的行动者需要在多重制度逻辑综合作用的情况下，采取有效的冲突应对策略，以达致现代社会治理的目标。

　　第六章：政府购买服务中政社依赖关系的话语分析。解读这种主流话语的建构逻辑、阐释话语转向的发展趋势有利于深入了解两者关系的政治生态。话语体系的生成逻辑根源在于社会语言与社会实践的双向形塑，而作为话语体系的建构者的政府和受到话语体系的影响的社会组织则成为了话语体系的利益相关者。为了实现话语转向，需要做好以下几方面的工作：掌握话语情境的变迁是进行话语转向的现实要求，了解话语建构模式的变化是进行话语转向的逻辑起点，解读话语形式是进行话语转向的基本要求，把握话语诉求是开展话语转向的终极目标。

　　第七章：服务购买实践中政社关系的制度重构。政府购买服务制度因其合作治理、共同生产的制度优势成为了我国公共服务改革的模式选择。但新时代对政府购买服务制度的制度设计、制度创新、制度绩效提出了更高的要求。而我国政府购买服务的制度化水平滞后于现代化进程。为此，需要从语言范式、行动模式、改革策略、参与文化等方面进行制度优化，为新时代中国特色社会主义实践探索提供制度范本。

　　(二) 研究创新点

　　创新是科学研究的本质所在。本书的创新尝试主要表现为以下四个方面：

第一，**选题的创新**。通过对中国知网等学术期刊的搜索获知，目前国内学术界以制度主义和话语理论为角度探讨"政社依赖关系"的选题较为少见。而这一选题在推进公共服务改革和社会治理创新的当代中国，具有重要的现实意义和理论价值。以此为研究选题，显然具有创新性和针对性。

第二，**研究方法的创新**。本书运用制度主义和话语理论的学术思想，对政府购买服务中的政社依赖关系问题进行了原理探究，以回应和深化规范分析中所得出的结论，为后续政策建议的探讨提供了支撑。这种尝试具有一定的创新性。

第三，**学术见解的创新**。本书致力于探索两大理论研究流派，制度主义和话语理论，共同勾勒出政社依赖关系的画面。通过制度主义研究范式中关于制度逻辑等要素的分析，话语理论关于话语意志等结构的分析，搭建起两种分析工具与政社依赖关系的桥梁，通过这些结构要素的优化耦合来考察政府与社会的协同机制，其学术见解在国内学界也有创新性。

第四，**对策建议的创新**。本书基于制度逻辑和话语理论提出的改善政社依赖关系的发展路径，反思性的话语范式、开放性的行动模式、渐进式的改革策略和参与型的公民文化是未来建构契约式政社关系的发展方向和努力路径。这些发展路径既有较强的针对性，又有较强的创新性。

第二章
历史书写与现实关照:
我国政社关系的发展演变

　　政府与社会组织的关系是现代政府行政管理需要处理的一个基本关系,这种关系也是政府与社会关系的一种重要的外在表现形式。社会组织对政府的高度依赖是长期形成的。正如柏金斯所言,中国的现在是中国过去的延续;中国在最近几十年中发生了巨大变化,但是中国的历史依然映照着中国的今天,"过去"的影子可以见诸众多方面。只有从历史的长期发展的角度出发,才能真正了解今天的中国经济奇迹。①改革开放后,中国社会经历了从总体性支配向技术治理的转变(渠敬东等,2009)。这种转变为政社关系的重塑提供了社会背景。

第一节　概念阐释

　　在任何学术研究和政治实践中,一个不容忽视的事实就是,哪里有不同的概念,哪里就有不同的信仰,哪里也就有不同的行为和实践。因此,理解概念的变化主要是理解政治的变化,而理解政治的变化主要是理解概念的变化。②在政府购买社会组织公共服务以及服务购买进程中的政社关系议题研究中,公共服务的概念是所有概念认知的起点,因为"公共服务是什么"的概念界定决定了政府购买服务的

---

① Dwight Perkins, *Chinas Modern Economy in Historical Perspective*, Stanford: Stanford University Press, 1975, p.1.

② [美]特伦斯·鲍尔.政治创新与概念变革.朱进东译,南京:译林出版社,2013:20.

范围和界限，也同时框定了服务购买进程中的政社关系。

一、公共服务的概念阐释

在解释"公共服务"的概念之前，首先需要对"公共"一词的释义进行廓清。新公共行政学代表人物弗雷德里克森提出了关于"公共"的五个论点：第一，"公共"是利益集团：多元主义的观点。公共体现在利益集团的相互作用过程之中。在公共行政的实践领域，也不乏多元主义的拥护者。专业化是公共行政的一项关键原则，政府行政机构都是专业设计的。有效的利益集团会在特定的专业化的政府机构中寻求自身的支持者。利益集团和公共机构如影随形，相伴而存，在立法过程中相互寻求对方的友好支持与合作，形成所谓的"铁三角"。第二，"公共"是理性选择者（公共选择的观点）；个人主义是把多元主义与公共选择联系在一起的纽带。第三，"公共"是被代表者（立法的观点）。第四，"公共"是顾客（服务提供的观点）。第五，"公共"是公民。① 在很大程度上，有关"公共"的问题似乎更是一个由地域性特征决定的问题，而非——我们通常贴在自上而下的命令途径上的标签——科层制。② 公共产品的概念早已有之，属于来源于西方的"舶来"术语，与"私人产品"对应，并在政治实践中得到了较好的实施。"公共产品"这一概念最早可以追溯到霍布斯关于"国家提供公共产品是其基本职能"方面的论述。公共物品理论最直接和最有意义的贡献则来自现代福利经济学代表人物之一 P.萨缪尔森。1954 年，他在《经济学与统计评论》上发表《公共支出的纯粹理论》中给出了"公共物品"的严格定义：纯粹的公共物品是每个人消费这种物品不会导致别人对该物品消费的减少。他认为，某种私人物品的总消费量等于全部消费者对私人物品消费的综合，而公共物品的消费总量则等于任何一位消费者的消费总量。③ 公共产品具有利

---

① ［美］弗雷德里克森.公共行政的精神.北京：中国人民大学出版社，2003：29—34.

② ［美］全钟燮.公共行政的社会建构：解释与批判.北京：北京大学出版社，2008：序言.

③ Samuel Son, Paul A. The Pure Theory of Public Expenditures. *Review of Economics and Statistics*.36(November). 1954. 387—389.

益共享性，即便是那些不想购买此服务的人，也不会被排除在希望购买此类服务的人所创造的利益之外。消费的非竞争性和非排他性就成为公共物品在消费中的两个本质特征。美国学者曼瑟尔·奥尔森在《集体行动的逻辑》一书中，对公共物品给出了一个规范性的定义："任何物品，如果一个集团中的任何个人能够消费它，它就不能不被该集团中的其他人消费，这类物品便属于公共物品。"①由于在现实中还存在许多"萨缪尔森归纳"不能完全包容的一部分特殊性公共消费的情况，后来的公共选择学派代表人物布坎南对其做了重要修补。他在 1965 年发表的《俱乐部的经济理论》中明确指出：根据萨缪尔森的定义所导出的公共物品是"纯公共物品"，而完全由市场来决定的物品是"纯私人物品"。这只是问题的两个极端，现实世界中，大量存在的是介于公共物品和私人物品之间的商品，称作准公共物品或混合物品。②

相较于公共产品，公共服务概念更为侧重于无形的服务，而这种公共服务的兴起离不开特定的社会背景。新公共服务理论和服务型政府的建设为公共服务的概念运用提供了更为肥沃的土壤。虽然"服务型政府"就其内涵和外延来说起源于西方，但是在西方学者的著作和政府文本中并没有这一概念的明确表述。对当代西方行政改革的基本实践模式，西方学者有不同的看法：奥斯本和盖布勒在《改革政府》一书中将服务型政府表达为"企业化政府"模式；英国学者费利耶等人在《行动中的新公共管理》一书中，将服务型政府称为"公共服务取向模式"；美国著名公共管理学者彼德斯在《政府未来的治理模式》一书中提出了四种治理模式："市场化政府模式、参与型政府模式、灵活性政府模式、解除规制政府模式"。登哈特在《新公共服务理论》中，指出政府的职能是服务，而非掌舵。这些学者都对公共服务改革

①　[美] 曼瑟尔·奥尔森.集体行动的逻辑.北京：生活·读书·新知三联书店，1995.13.
②　James M. Buchanan. An Economic Theory of Clubs. *Economics*. 32（February），1965. 1—14.

模式进行了分析和探讨，也阐明了政府职能转变的重要性，但都没有直接提到"服务型政府"。尽管如此，西方国家行政改革号角的吹响和公共服务制度创新的实践为学者们的理论研究提供了不竭的动力。

关于公共服务的含义，不同的学者有不同的观点和看法，没有统一的标准。从公共服务的一般属性方面来界定是较为普遍的定义方法。公共服务"通常指建立在一定社会共识基础上，一国全体公民不论其种族、收入和地位差异如何，都应公平、普遍享有的服务"①。公共服务指政府为满足社会公共需要而提供的产品与服务的总称，它是由以政府机关为主的公共部门生产的、供全社会所有公民共同消费、平等享受的社会产品。从范围看，公共服务不仅包含通常所说的公共产品（具有非竞争性和非排他性的物品），而且也包括那些市场供应不足的产品和服务。广义的公共服务还包括制度安排、法律、产权保护、宏观经济社会政策等。陈庆云和丁元竹认为公共服务"是指那些不以营利（不以追求利润最大化）为目的，旨在有效地增进公平，推进合理分配，协调公共利益的调控活动。"②夏书章提出，"如果认定公共管理就是服务，领导也是服务的话，那么，包括政府和非政府公共管理在内的公共管理及其领导，就更理所当然的就是公共服务。这样说，完全是因为公共管理更具有普遍的经常的持久的特别重要意义"。③在中国语境中，"公共服务"一词是作为政府的一项重要职能提出并运用的。从政府职能的角度理解"公共服务"，有助于明确政府的职责范围，清晰界定政府与市场、社会的权利义务关系；同时也有助于厘清公共服务与其他政府职能的区别，改变部门职能交叉、权责脱节和效率不高的问题。温家宝总理指出，公共服务"就是提供公共产品和服务，包括加强城乡公共设施建设，发展社会就业、

---

① 陈昌盛，蔡跃洲.中国政府公共服务：体制变迁与地区综合评估.北京：中国社会科学出版社 2006:6.

② 陈庆云.公共管理基本模式初探.中国行政管理，2000(8).

③ 夏书章.公共服务.中国行政管理，2003(3).

社会保障服务和教育、科技、文化、卫生、体育等公共事业，发布公共信息等，为社会公众生活和参与社会经济、政治、文化活动提供保障和创造条件，努力建设服务型政府。"①公共服务作为政府的重要职能之一，就是"为了满足与社会上每个人都有利益关系的公共需求，体现社会上绝大多数人的偏好，保障社会每个人最基本福祉，国家运用权力从事的职责活动"。②通常认为，现代社会中的公共服务，是指政府运用公共权力和公共资源向公民（及其被监护的未成年子女等）所提供的各项服务。公共服务包括科学、文化、教育卫生等无形产品，也包括基础设施、道路交通等有形产品。③李军鹏教授认为，公共服务指政府为满足社会公共需要而提供的产品与服务的总称，它是由以政府机关为主的公共部门生产的、供全社会所有公民共同消费、平等享受的社会产品。理解公共服务概念有两个基本点：一是满足社会公共需要，二是公民平等享受。他把公共服务分为维护性公共服务、经济性公共服务、社会性公共服务三种。维护性公共服务是政府公共服务职能的基础，它包括维护市场经济秩序、保护财产权利和公民权利、保卫国家安全和社会安全等等。经济性公共服务，是指政府为促进经济发展而提供的公共服务。社会性公共服务是政府公共服务职能的主体，是西方发达国家政府职能的主要内容，主要包括如下方面的内容：教育公共服务、社会保障公共服务、医疗卫生公共服务、环境保护、公用事业等。④持同一观点的还有迟福林，他从功能方面把公共服务分为三大类：维护性公共服务，如国家安全、行政管理和国防外交等；经济性公共服务，如国家社会各类基础设施建设、维护公平的市场竞争秩序等；社会性公共服务，如就业、社会保障、教育、

---

　　① 温家宝.在省部级主要领导干部"树立和落实科学发展观"专题研究班结业式上的讲话四.人民日报，2004 年 3 月 1 日.

　　② 于凤荣.论公共服务的本质：秩序与正义.理论探讨，2008(2).

　　③ 王浦劬，萨拉蒙.政府向社会组织购买服务：中国与全球经验分析.北京：北京大学出版社，2010:6.

　　④ 李军鹏.公共服务型政府建设指南.北京：中共党史出版社，2005:19—22.

科技、卫生、体育等。公共服务从性质方面也可分成三大类：监督管理型公共服务，如国家行政管理；纯公共服务，如义务基础教育、公共医疗卫生、环境保护；准公共服务，如新闻出版、文化体育等。①

二、政府购买服务的概念阐释

政府购买公共服务决策即回答"是否购买""如何购买""向谁购买"等核心问题，以明确政府购买公共服务的内容、方式、对象、规模等关键要素。"政府购买服务"起源于西方国家，是一个与西方社会福利制度相关、并且随着新公共管理运动的兴起而得以迅速发展的公共服务运行模式。政府购买服务具有多重含义，领域广泛，牵涉面广，目前没有统一的概念和定义。最初学者们是从社会福利领域中来探讨公共服务合同外包的。从这个角度来进行研究的学者们将社会福利领域中的服务购买行为视为是政府购买制度实践的初步探索。政府购买服务（Purchase of Services）是源于 50 多年前西方国家的一项社会福利制度方面的改革，是指政府在社会福利的预算中拿出经费，向社会各类提供社会公共服务的社会服务机构，直接拨款资助服务或公开招标购买社会服务。②政府购买服务是帮助弱势人群的福利方式。政府购买服务是社会福利体系中的一个有特色的方面，它是指政府在社会福利的预算中，拿出经费，向社会各类提供社会公共服务的社会服务机构，直接拨款购买服务或公开招标购买社会服务。在做法方面，政府首先向社会公布社会福利服务的预算，并公布政府购买服务的价格、服务的数量和与服务要求相关的各项质量指标。那些从事社会公共服务的非营利部门、社会服务组织，社会福利服务组织，将通过投标的方式，在中标后拿到政府购买服务的拨款，并按照政府的要求完成服务。③政府购买服务，在美国被称为购买服务合同或合同外

---

① 迟福林.门槛：政府转型与改革攻坚.北京：中国经济出版社，2005：22.
② 罗观翠，王军芳.政府购买服务的香港经验和内地发展探讨.学习与实践，2008(9).
③ 田玉荣.社会福利制度中的"政府购买服务".社区，2005(7).

包，在我国香港则与社会福利服务资助或外判含义类似，在我国内地一般称之为政府购买服务。政府购买服务是欧美国家的社会福利制度改革的产物，反映了政府在社会福利中的作用和地位的变化，体现了福利价值和福利理念的变迁。①

随后，很多研究者将服务购买的领域不断扩宽，延伸至宏观的社会管理领域。"政府购买服务"（POSC，Purchase of Service Contracting）是指政府将原来由自己直接举办的、为社会发展和人民生活提供服务的事项，通过"购买"服务等方式交由社会组织来承接，是一种"政府承担、定向委托、合同管理、评估兑现"的新型的公共服务提供方式。②政府购买社会组织公共服务是一种财政资金的转移支付方式。政府为了应该要完成的公共服务目标，采取的是运用公开招标等各种方式建立起契约关系，由社会组织来代其提供公共服务，政府就支付其相应资金的模式。它并不是政府放弃了服务提供者的角色或未履行提供公共服务的义务，而是采用了一种具有创新性的方式来更好地向社会公众提供公共服务。总之，它的核心是购买公共服务机制中政府与社会组织的契约关系，这是一种双方共同建立的平等自愿、互利共赢的民事关系。购买公共服务是指根据预先订立的合同（协议）或赋予的特许权，由政府财政提供资金并由政府向服务供应者购买其提供（生产）的商品、服务或公共设施，以满足使用者服务需求的一种制度安排和实施机制。③政府购买社会组织的公共服务是一种国家行为，是指国家的有关的职能部门把一些不是政府行政管理方面的事务性的工作和不是管理性的辅助职能交给具有同样能力的社会组织来承担，然后根据公共服务的好坏付给社会组织一定的报酬。④政府向社会组织购买服务，是当前政府加强社会服务供给、加快社会事

① 许芸.从政府包办到政府购买——中国社会福利服务供给的新路径.南京社会科学 2009(7).

② 赵立波.完善政府购买服务机制，推进民间组织发展.行政论坛，2009(2).

③ 彭浩.借鉴发达国家经验，推进政府购买公共服务.财政研究，2010(7).

④ 康晓光，冯利.中国第三部门观察报告.北京：社会科学文献出版社，2011.

业转型的一项制度设计与实践尝试，是促进政府职能转变、提升公众生活体验、构建人民满意的服务型政府的重要抓手，集中体现了新时代背景下"共建、共治、共享、共赢"社会治理理念，是当代中国政社关系调整与社会治理体制转型的重要步骤。[①]

　　政府购买服务的制度实践要早于和优于政策文件。一些地区已经出台的相关文件对政府购买服务的界定有所不同，如，《北京市海淀区人民政府关于政府购买公共服务的指导意见（试行）》（2006年）这样界定："政府将为社会发展和人民日常生活提供服务的事项交由政府主办的事业单位或有资质的社会组织等服务提供者来完成，并根据其提供服务的数量和质量，按照一定的标准进行评估后支付服务费用的做法。"又如，《浦东新区关于政府购买公共服务的实施意见（试行）》（2007年）则定义为："政府将原来由政府直接举办的、为社会发展和人民日常生活提供服务的事项交给有资质的社会组织来完成，并根据社会组织提供服务的数量和质量，按照一定的标准进行评估后支付服务费用，是一种'政府承担、定向委托、合同管理、评估兑现'的新型政府提供公共服务方式。"在最新的《政府购买服务管理办法（征求意见稿）》（2018.06.26）中规定了应当纳入政府购买服务指导性目录的公共服务事项主要有四大类分别是：基本公共服务、社会管理性服务、行业管理与协调性服务、技术性服务。其中社会管理性服务主要包括社区治理、社会组织孵化培育、社会工作服务、法律援助、防灾救灾、人民调解、社区矫正、流动人口管理、安置帮教、志愿服务运营管理、公共公益宣传等领域适合采取市场化方式提供的服务事项。

　　综合以上学者的观点，政府购买公共服务就是公共服务社会化的一种主要实现形式。作为公共服务供给的一种方式，政府购买公共服

---

　　① 潘建雷."强政府、大社会"：政府向社会组织购买服务的实践与思考.地方治理研究，2019(2).

务是指政府机关及公共部门为开展业务活动或向社会提供公共物品和公共服务的需要，遵循法定程序、方式和采购目录，将原来由自己直接承担或政府通过事业单位承担、为社会发展和人民生活提供服务的公共服务事项，以合同方式交给有资质的社会组织来完成，并根据其提供服务的数量和质量，按照一定的标准进行评估后支付服务费用的做法。这是一种"政府承担、定项委托、合同管理、评估兑现"的新型的政府提供公共服务的方式，它的核心意义是公共服务提供的契约化，政府与社会组织之间构成平等、独立的契约双方。政府购买公共服务的内涵可以从以下几方面来理解：

其一，从性质来看，政府购买服务是一种"政府承担、定向委托、合同管理、评估兑现"的新型的公共服务提供方式，其实质是引入竞争机制和契约化管理，实现公共服务供给主体的多元化。政府购买服务是政府与市场相结合的一种有效途径。北京市海淀区的相关规定把政府主办的事业单位也列入政府购买服务的提供方，范围太广。政府主办的事业单位特别是公益类事业单位，直接是由公共财政作后盾的，它是代表政府提供公共服务的，不应该列入政府购买服务的范畴。但是，政府主办的事业单位（包括政府机关）通过劳务派遣、合同管理等市场运作手段吸纳编外人员协助提供公共服务，即通常所说的购买岗位，则属于政府购买服务的范畴。

其二，从服务购买的对象来看，政府购买服务的对象不应该限定社会组织，也包括企业等各类市场主体（包括个人），其主要特点是公共服务的供给主体是多元的，但又在政府的调控范围之内。当然，由于政府购买服务突出公益性质，其购买对象虽然不限于社会组织，但由于社会组织实质上是公益性、非营利性组织，与企业追求利润最大化的特性有很大的不同，更易于取得社会和公民的信任，它们自然也就成为政府购买服务的最主要的供应方。但也不应该将企业等各类市场主体排除在外，比如，市政绿化养护、大型会展和文艺演出等，往往是从相关企业购买的。

　　其三，从政府购买服务目的来看，在于通过公共服务的社会化、市场化途径，有效处理好公共供给与公共需求的关系，增强公众在公共服务中的选择权，满足人民群众日益增长的公共服务需求。政府是公共服务的提供者，但不一定是生产者；是规则的制定者和执行的监管者，而不一定是直接操作者。"政府通过事先制订好的相关法律、市场规划与合同条款，充分发挥社会活力，调动更多社会资源或资金用于公共服务领域的建设与管理，让政府将主要精力放在供给和管理涉及公共利益的具有非竞争性和非排他性的经常设施产品和服务，以保证公共利益的最大化，降低公共服务运营和管理成本，提高公共服务的运营效率和质量，形成政府与社会良性互动、共同治理的格局。"①

三、政府购买公共服务与相关概念的关系

（一）政府购买公共服务与政府采购

　　政府采购是指"各级国家机关、事业单位和团体组织，使用财政性资金采购依法制定的集中采购目录以内的或者采购限额标准以上的货物、工程和服务的行为。"②政府采购包括政府购买公共服务，但并不仅仅限于政府购买公共服务，它还包括货物、工程等采购。政府购买公共服务是政府采购的一部分，所以在发达国家，政府购买服务行为一般都是由《政府采购法》以及相关的法律法规加以规范的。我国《政府采购法》将政府采购规定为"以合同方式有偿取得货物、工程和服务的行为"，其中，服务是指"除货物和工程以外的其他政府采购对象"。但在细化的《政府采购品目分类表》中，印刷出版、咨询、信息服务、维修、保险、租赁、交通车辆维护、会议、培训、物业等十大类服务项目都是针对行政部门的后勤服务，并不包括面向公民的服务。2010年初《政府采购法实施条例》（征求意见稿）中将服务规

---

① 唐铁汉，袁曙宏.公共服务创新.北京：国家行政学院出版社，2007：252.
② 杨灿明，李景友.政府采购问题研究.经济科学出版社，2004：3.

定为"各类专业服务、信息网络开发服务、金融保险服务、运输服务，以及维修与维护服务"等，仍然没能包括由公民消费的服务。更为重要的是，政府购买公共服务与政府采购在目的、标的物、供应方、程序等多个方面都存在本质性区别，事实上也不宜以现行《政府采购法》作为依据。①在西方发达国家，政府购买服务一般由"政府采购法"加以规范。然而，我国《政府采购法》将政府采购规定为"以合同方式有偿取得货物、工程和服务的行为"，其中，服务是指"除货物和工程以外的其他政府采购对象"。在《政府采购品目分类表》中，这类"服务"都是针对政府部门的后勤服务，并不包括面向公民的服务。在现实操作中，政府购买服务一般是按照《劳动合同法》来进行合同管理的。这样一种概括，它是一种"政府承担、定向委托、合同管理、评估兑现"的新型的公共服务提供模式。

(二) 政府购买公共服务与公共服务民营化

政府购买服务是中国特色的公共服务民营化。两者的实质和目标是一样的，都是通过服务外包的形式，达到转变政府职能和提高服务质量的目的。民营化大师萨瓦斯认为，将购买者与服务提供者分离是可能的，购买者是决定生产何种产品的一方，而提供者则是交付协商一致的产品和结果的一方。公共服务的提供者指派消费者给生产者，或选择服务的生产者，提供者通常是政府单位。但政府不要垄断公共物品的生产过程，美国著名民营化专家萨瓦斯认为，对于公共服务，生产者可以是公共部门和私人部门，提供者也可以是公共部门和私人部门（表1）。因此，应采取多种形式如通过签约外包、租赁、托管等方式在政府和私人或企业之间签订合同，让私人或企业按照政府的意图或合同来提供公共物品，以最大限度地提高公共物品的供给效率。②

---

① 周俊.政府购买公共服务的风险及其防范.中国行政管理，2010(6).
② [美] E.S.萨瓦斯.民营化与公私部门的伙伴关系.周志忍等译，北京：中国人民大学出版社，2002:70.

生产者	安排者	
	公共部门	私人部门
公共部门	政府服务 政府间协议	政府出售
私人部门	合同承包 特许经营 补助	自由市场 志愿服务 自我服务 凭单制

表 E.S.萨瓦斯著：《民营化与公私部门的伙伴关系》，周志忍等译，北京：中国人民大学出版社，2002 年版，第 70 页。

他在《民营化与公私部门的伙伴关系》一书中指出，可从 3 种意义上使用公私伙伴关系这一术语：一是广义界定，指公共和私营部门共同参与生产与提供物品和服务的任何安排，如合同承包、特许经营等；二是指一些复杂的、多方参与并被民营化的基础设施项目；三是指企业、社会贤达和地方政府官员为了改善城市状况而进行的一种正式合作。[①]公共服务民营化主要包括三层含义：

第一，将公共服务的决策与执行分开，即政府的职能更多的是掌舵，而不是划桨。形式上虽表现为决策与执行的分开，但在实际效果上是建立起以市场具体运作为依托，以政府宏观掌控为基础的新型治理模式。奥斯本和盖布勒认为，政府应该起掌舵而不是划桨的作用，"成功的组织是把高层管理和具体操作分开——这使得政府基本上作为一个精明的买家来工作，以能够完成自己政策目标的方式利用各种生产厂商"。

第二，公共服务市场化要破除单中心的原则。要打破原有的公共服务垄断局面，实施多中心原则，跳出市场失灵靠政府，政府失灵靠市场的二元论。充分发挥社会力量，充分利用公民的社会自治能力来实现社会资源的多中心优化配置，多个供给者相互竞争，共同发展。

---

① ［美］E.S.萨瓦斯.民营化与公私部门的伙伴关系.周志忍等译，北京：中国人民大学出版社，2002：105.

第三，市场检验和顾客导向。在公共服务多元格局下，各提供主体为争夺市场展开激烈竞争，其结果是充分以顾客为导向，公共服务的消费者有在多元的供给主体间选择的权利和用以选择的资源，以竞争督促各个部门提高服务质量。而在这种选择过程中，市场检验是主要的评判标准和衡量尺度。

第二节 历史书写：政府与社会组织关系的分期表达

历史研究经常会成为一种政治书写，这个中的缘由大部分归咎于做此政治书写的人的主观意识形态。为了使得政府与社会组织的依赖关系的历史根基更加深厚，部分学者甚至有选择性地呈现历史书写，独特的语言、制度惯例等表现出特殊的政治重要性，从而使社会组织对于政府的依赖变得更加政治化。从这个意义上看，政社依赖关系的历史根基并不单纯植根于历史，还与思想家的学术贡献密不可分。将自己的历史遭遇投射到现实的情感基调中来，如何处理好历史与现实的关系，因为有些时候历史可能会成为一种主观倾向非常明显的选择性记忆。国家与社会的关系研究一直以来是政治学、社会学及行政管理等领域研究的重要内容，但是，随着社会科学的不断发展，在国家与社会的研究运用中，不再简单地分析国家或者社会，而是更加注重国家与社会之间的混合区域，这个区域可以理解为国家通过各种组织、职能和行为不断嵌入社会，也可以理解为社会通过自身活力反作用于国家，这种嵌入与反馈的过程形象地展示了国家与社会之间关系的变化与互动。公共利益概念只是在一定时代才走到政治争论的前台，在这样的时代，共同体与个体及群体关注点的关系正在发生着某些变化，这些变化和政治自由主义和经济个人主义联系在一起。政社关系复杂性的根源，不仅在于经验现象的庞杂性和范畴类型的变异性，更在于它跟许多的政治现象一样，对它的分析不可能坚持严格的价值中立。造成文明洗心革面的唯一重要的变化，是影响到思想、观念和信仰的变化。而在这些重要变化中，竞争观念和创新意识是第一位的。竞争营造了一种旨在鼓励服务提供者在方案设计和服务交付方面进行创新的环境。认同、预期和需求产生了权力的权威性，并且形成了对于权力结构和权力实践的同意。权力依赖于强制这一事实并不排除在权力情境中权力自身不能部分地作为选择的结果。①只要关于政社关系的概念是明确的，作为价值表现的人类行为，政社依赖关系就能够被判定是否是合理的行为。形成中的势力均衡的两极模式更可能是因为其他价值和制度的两极分布所致。相互依赖的脆弱性程度取决于各行为体获得替代选择的相对能力及其付出的代价。②规范行为是以目的为指导的，因此隐藏着价值的蕴涵；政策中包括的需求和预期都是和价值有关的。为了避免依赖，社会组织必须使国家资助与其他资助来源相对平衡。

一、 政社关系的理论脉络与内容逻辑

社会的理想不是在求索一种完善而没有变化的制度性的乌托邦形态，而是在探求一种精神生活的知识，以及这种知识的无限制的和谐增长所需要的永无断绝的动力。在西方研究体系中，对"政社关系"的直接研究，一直是被隐匿在"国家与社会关系"的整体研究中的。为此，要研究和分析政社关系，首先需要对国家与社会的关系进行探究。综合看来，在长期的发展演变过程中，公民社会理论和法团主义理论解释力较强。

(一) 公民社会理论

从人类的本性出发，结社或者集体生活是人类应对外在环境的有效选择。公民社会同人类历史一样久远。当人们以彼此聚合的形式，

---

① ［美］哈罗德·D.拉斯韦尔，亚伯拉罕·卡普兰.权力与社会——一项政治研究的框架.上海：上海世纪出版集团，2012：101.
② ［美］罗伯特·基欧汉，约瑟夫奈.权力与相互依赖.洪华译，北京：北京大学出版社，2012：13.

并通过辩论和联合行动的方式来达到解决某些社会问题的时候，社会就产生了。"公民社会"的概念源远流长，国外很多学者都对这一概念进行了阐释与解读。最早的关于这一概念的阐释可以追溯到古希腊的政治学家亚里士多德，后经由启蒙思想家洛克、卢梭的历史转变和意义推移，使得国家与社会一体化逐步发展成了两个不同的领域。而其理论源流可以追溯到法国著名思想家托克维尔，强调的是社会组织相对于政府的自主性质、独立性质以及社会组织制约政府权力的民主价值。这一概念之所以流行也要首先归因于对其多样化的解释。一般来讲，对于这个概念的界定是从实证与规范的视角来进行的。规范性的解释主要是将公民社会与一定的价值观和理想联系起来，而且主要以价值导向为标准来衡量对于公民社会的归属程度。早在马克思的著作中提出的"市民社会"概念就包含了现代意义上的公民社会的价值观。虽然在马克思和恩格斯的著作中并没有做出关于公民社会的论述，但他们的国家与社会分离的阐释则为公民社会的产生提供了一种解读。依据他们的理论，公民社会与国家的分离是与经济自由主义和劳动分工相联系的，他们对剩余产品与市场给予了高度的重视。对这两位学者而言，公民社会与国家的分离不是一种政治意义上的分离，而是意识形态的分离。科恩认为，公民社会是 20 世纪早期英国多元论者著作的核心主题，他们认为公民社会授予的自由必须由国家来加以调节和平衡。意大利学者葛兰西是一个以卓越智慧来解释公民社会概念的人，他把社会分为公民社会和政治社会两个层次，两者是有明显区别的，公民社会指称的是所有所谓的个人组织，而政治社会则指的是包括军队、法庭在内的行政机构。当然，国家与社会的泾渭分明并不必然意味着两者之间没有重叠和渗透，事实上，公民社会不仅与国家领域、还与市场组织相互竞争、彼此关联、保持平衡。应该说，这一时期对国家与公民社会的关系都是以人类本性的不同概念来区分的。怀特（White et al, 1996）把公民社会概念理解为两个基本的层面，亦即社会层面的公民社会和政治层面的公民社会。

　　张健（2009）指出西方公民社会经历了三个不同发展阶段，具体体现为"三次大的分离"，第一次是公民社会同野蛮社会的分离，以城市文明出现为标志，完成于希腊罗马时代；第二次是公民社会同政治国家的分离，以代议制政治的形成为标志，完成于 17、18 世纪；第三次是公民社会同经济社会的分离，当代西方社会正试图完成这一过程。基于这一过程的认识，我国学者认为中国也必须经历这三个阶段，当前中国正处于第二个阶段。①作为一个政治与社会科学的术语，公民社会这一概念是在 20 世纪 70 年代末期 80 年代早期的欧洲国家的社会运动中得以突出的，随后由于其对国家权力的制衡作用和对自由民主的倡导，"公民社会"这一理论扩展到世界其他地区。公民社会是国家政治领域和市场经济领域之外的民间公共领域。它是古老的国家—市场的二分法的价值分析上的有益补充。公民社会组织介于公共领域与私人领域的第三领域，它主要包括个体、群体、协会、集团和组织的各种社团主动性的活动，它最主要的特征就是相对于国家的独立性和自主性。公民社会的核心观点就是社会应独立于国家而存在，它主张公民保留结社传统与参与志愿行为，它还强调公民对国家政治生活的参与，强大的公民社会成为了捍卫公民利益的重要武器。这一理论主要探讨的是国家与社会的关系，在现代政治体系中，国家的主要组织形式是政府，因此该理论主要关注的是政府与社会之间的关系。在那些权力和权威关系抑制了民主和有效的社会政策发展的地方，公民社会的力量更为突出。一个自主的公民社会被认为是抵御国家权力的重要屏障。公民社会首要的价值在于其能抵挡国家权力的潜在扩张。行政权力自身具有膨胀性的特征，这种自我膨胀又分为两种情况：一个是正常状态下的结构功能的正常发展，行政权力的自上而下的放射结构、权力行使者自身产生的扩大权力的本能冲动、行政权力客体的范围增加，在这三种因素的综合作用下，行政权力的扩张就

———————

① 张健.公民社会：概念的语言分析及解释框架.文史哲，2009，(3).

不可避免。特别是到了现代社会，行政权力的扩张更是突飞猛进，从而导致了 20 世纪一种独特的政治现象——行政国家。权力的肆意扩张带来了权力滥用等负面效应，以及对公民私欲的巨大侵犯。公民社会是独立于政治国家而存在的人类关系网络。公民社会和公共领域通过授权为公民提供了探究新思想的潜力和社会创新的可能性，因此，它们能够形成一种强大的社会力量来反对或支持政府政策。人们在世界上看到的是，无论国家还是市场，在使个人以长期的、建设性的方式使用自然资源系统方面，都未取得成功。而许多社群的人们借助于既不同于国家也不同于市场的制度安排，却在一个较长的时间内，对某些资源系统成功地实行了适度治理。

　　关于中国能否建构公民社会存在着两种对立的意见：一种意见认为，公民社会产生于西方独特的政治文化背景和社会发展模式，公民社会理论只是西方语境下的一种特殊话语，中国不存在生成公民社会的历史传统和现实土壤，公民社会理论并不适合于分析中国的国家与社会的关系和指导中国"国家与社会"关系调整的实践。另一种意见认为，公民社会理论具有超地域、跨文化的普遍意义和价值，中国的特殊性只能说明中国公民社会建构的道路之曲折和艰难，并不意味着中国不能建构具有自己特殊样式的公民社会；中国的经济发展、政治改革和社会转型以及伴随"中国模式"而生的"民间组织"、"公民意识"的勃发和萌生事象，必然导致中国公民社会的自主发育和培植。[①]持有第一种观点的，如秦晖（1999）指出中国大共同体本位是区别于西方小共同体本位的传统政治文化结构。许纪霖（2003）以"中国公共领域的本土传统"为命题，分析了儒家思想对中国社会影响，从而异于西方的公共领域建构之路。

(二) 法团主义理论

　　在西方政治思想发展史上，法团主义的概念较为悠久。法团主义

---

　　① 李武装.中国晚近二十多年公民社会理论研究述评与学理透视. 文史哲.2013，(06).

作为一种理论在欧洲国家兴起旨在提供一种不同于多元主义的国家与社会关系模式。历史文化的契合，现实改革的迫切需要，研究者的目光慢慢地被引向法团主义理论。不同于市民社会强调社会对抗国家，法团主义主要从国家整合社会的角度审视现实。作为一种特别关注结构变迁的理论体系，法团主义认为，在经济与社会结构变迁的形势下，国家应发挥积极作用，尊重社会分工的客观事实，以组织化的功能团体为单元对社会力量进行重新整合，构建有序的利益表达、利益聚合、利益传输及利益配置方式，避免因过度竞争造成显失公平的利益格局。法团主义理论模式是 20 世纪 70 年代经由西方学者斯密特系统概括出来的。施密特将法团主义看作是一套能够从利益代表的实践中观察到的、独特的制度特性。因此，法团主义可以被定义为一种利益代表的系统。这个系统的组成单位被组织到数量有限的，具有单一的、强制的、非竞争性关系的、等级制的、功能分化等特征的各个部门之中。这些部门得到国家的承认或者授权成立（如果不是由国家直接创建的话），并被授予其在各自领域中垄断利益代表的地位。作为交换条件，国家对于这些部门的领袖选择和需求表达享有一定程度的控制权。从施密特的界定中，我们可以发现，"法团主义不是关于行动，而是关于结构的学说，它的目的是要提供社会结构的若干理念类型，这些类型特指社会不同部分的制度化关系，其重心在集团行为和体制的关系"。法团主义强调的是社会组织与政府之间制度化的联系渠道，以及功能性组织利益代表的垄断性地位和与之相伴随的政府所施加的控制，其主要价值目标在于维护社会秩序和追求社会公正。[1]

托克维尔在其《旧制度与大革命》里阐释的另外一个学术传统——国家主义，则在 20 世纪 80 年代被国家中心主义者所重新拾起。自 20 世纪 80 年代末开始，法团主义（corporatism）逐渐成为分析中国国家—社会关系的重要理论视角。中国国家—社会关系的制度安排呈

---

[1]　唐文玉.如何审视中国社会组织与政府关系.公共行政评论，2012(4).

现出明显的国家法团主义特征。从这个意义上说，尽管法团主义产生于欧洲资本主义社会，但独特的理论主张和视野，也可以适用于中国问题的研究。改革开放之后，我国的国家—社会关系正在经历深刻转型，国家开始从社会、经济领域中主动退出，同时社会领域逐步分化、社会力量持续增强。中国国家—社会关系转型的复杂性，造成了单一理论必然无法适用于所有现实的状况。市民社会视角因其过度强调组织自主性以及社会—政府之间的制约制衡关系，就显得过于单薄。相比于市民社会视角，法团主义因为与东亚政治传统及其社会性质具有较高的亲和关系，从而成为解释东亚社会、经济发展的重要理论。法团主义模式与中国改革的渐进特征相协调。法团主义模式的政治发展强调变化性与连续性的统一，而不是与过去彻底决裂。在法团主义模式下，各种新兴团体不断被整合进国家的政治结构中，但这并不是以摧毁传统的社会团体为条件的，而是以各种团体以及国家之间的合作、谈判、协商和妥协实现的。法团主义提供了一种相对平稳、缓和的发展模式。在法团主义制度安排之下，社会组织与政府之间得以形成稳定的互补合作关系，从而实现国家—社会相互依赖、合作共赢的局面。从"法团主义"理论的内涵可以看出，它强调的是国家与社会之间的一种相互制约又相互合作、相互独立又彼此依赖的关系。也就是说，法团主义在强调国家与社会间合作关系的前提下，并不否定各种社会组织的相对独立性。它注重社会通过制度化的渠道对国家的监督、控制与参与，同时也注重国家对各种社会团体的保护与促进。①中国国家与社会关系的变革始终是在法团主义的框架内展开，而且由于国家对社会保持强大的控制能力，这一框架始终呈现国家法团主义的特征。从比较的视野来看，中国社团空间的开放走上法团主义而不是多元主义的道路，同东亚的传统是契合的。实际上，在许多东亚国家，国家与社会关系的基本形态是法团主义，强国家对弱社会

---

① ［美］乔·萨托利.民主新论.冯克利，阎克文译，北京：东方出版社，1993：282.

是共同的特征。①

二、 国家与社会关系

对于国家的理解林林总总，不一而足。国家的本质就存在于他身上。用一个定义来说，这就是一大群人相互订立信约、每人都对它的行为授权，以便使它能按其认为有利于大家的和平与共同防卫的方式运用全体的力量和手段的一个人格。承当这一人格的人就称为主权者，并被说成是具有主权，其余的每一个人都是他的臣民。②在国家出现之前，受生产力水平、文化水平和社会组织能力等因素的限制，人类社会的群体组织规模都比较小，在这些原始社会的群体组织中，不存在中央与地方关系生存的土壤。随着人类社会发展到一定阶段，产生了国家。但早期的奴隶制国家由于所辖的地域面积狭小，人口稀少，王权控制的范围有限，行政事务简单。在政治学中，使用得比较多的是马克斯·韦伯对国家的定义："国家是在某个特定的地域范围内，能够（成功地）要求对合法的强制力进行垄断的人类共同体。"在这里，地域性、强制力与合法性成为国家的三个基本构成要素，并且从不同方面分别把国家与人类的其他组织形式区分开来。从根本上说，这个定义与传统的国家三要素（领土、主权与人民）理论并无任何矛盾之处。韦伯的上述定义表明，国家是一种以强制力即暴力作为最终手段而对其成员进行管理的机构，但这种强制力或者暴力必须是合法的，也就是说在通常情况下能够为它的绝大多数成员所接受。在某种意义上，国家的这种垄断特性，忽视了权威存在分离和争议的情形，也过分强调了国家的自主性和国家能力，这对后发展国家的解释力极为不足。这也是韦伯"理想型国家"和"理性的国家"之间的差距。米格代尔提出了一个不同于韦伯的关于国家的定义。国家是一个

---

① 顾昕.公民社会发展的法团主义之道——能促型国家与国家和社会的相互增权.浙江学刊，2004(6).

② ［英］霍布斯.利维坦.黎思复，黎廷弼译，北京：北京大学出版社，1986；129.

权力的场域，其标志是使用暴力和威胁使用暴力，并为以下两个方面
所形塑：（1）一个领土内具有凝聚性和控制力的、代表生活于领土之
上的民众组织的观念；（2）国家各个组成部分的实际实践。①真实的
国家由观念和实践塑造。国家的观念是一个富有统治力的、经过整合
的、自主的实体，它在一定疆域内控制所有规则的制定，或者直接通
过其所设机构或是间接依靠其他权威组织—企业、家庭、俱乐部及其
他—授权，而制定某种限定性的规则。虽然国家的权威仍是核心依
据，但相较于韦伯，这是一种强调观念与实践双重因素的更加"理性
化"的概念。如果有人能展示国家甚至优于这一最可取的无政府状
态，优于这一能合理期望的最好的自然状态；或者展示国家将通过一
系列不违反任何道德约束的步骤产生，如果它的产生将是一种改善，
这就提供了国家存在的一个合理基础，这一理性基础就将证明国家是
正当的。②现代国家必须为其人民的思想和感情而存在，不是作为一
个直接观察的证据，而是作为一个心灵的实体、一个象征、一个化
身、或一个抽象概念。

　　国家与社会之间的关系在人类历史的长河中表现出一种变动不居
的特点，这种变化不仅体现在纵向的制度选择过程中，而且也表现在
横向的制度模式的形成过程中，从而塑造了中西方历史上的"德治"、
"人治"、"法治"等不同的制度模式。自国家产生以来，国家与社会
就构成了一个矛盾体，这一对矛盾体的运动、发展和变化在不同的地
域和一定的历史时期表现出自身的特征，这些特征反映到人们的观念
中就产生了对国家与社会关系的不同理解，也使得两者的关系成为了
人类发展史上永恒的主题。要了解我国国家与社会的关系，关键在于
厘清二者的权力边界和能力范围。按照启蒙学者的说法，市民社会代

---

　　①　［美］乔尔·S.米格代尔.社会中的国家：国家与社会如何相互改变与相互构成.李
杨等译，南京：江苏人民出版社，2013:16.
　　②　［美］罗伯特·诺齐克.无政府、国家与乌托邦.何怀宏译，北京：中国社会科学出
版社，1991:13.

表了个性、欲望和自由，因而是人类永恒的生命源泉。国家代表了普遍意志、理性和强制。国家的存在虽然是必要的，但是它的无限发展会窒息市民社会的活力。因此，国家在什么范围内活动，是市民社会理论所要解决的基本问题。基恩认为，在西方思想史上曾经出现过五种关于国家活动界限的理论模式。第一种是安全国家。主张这种模式的有布丹、霍布斯和斯宾诺莎等人。他们认为国家是对无政府状态的直接否定。国家作为社会成员之间的契约，保证了他们免遭战争或自相残杀之苦。在这个模式中，市民社会与国家是等同的。第二种是立宪国家。洛克、康德和福格森等人主张这种模式。在他们看来，国家以公法的形式表述了社会原有的自然机制，因此国家是对自然社会的完善和补充。在这种模式中，国家和市民社会之间的界限是含糊的。第三种是潘恩的最小国家。这种模式第一次把国家和市民社会直接对立起来。国家源于恶，是对我们恶本性的惩罚。市民社会（等同于自然社会）则是一种恩泽，它源于我们的自然需要。两者是一种逆反关系。市民社会越完善，它建立政府的机会越小。第四种是黑格尔的普遍国家。在黑格尔看来，国家和市民社会分别代表了人类社会组织发展的两个高低不同的阶段和层次。国家超越和保存了市民社会，它包含了市民社会的积极要素，并把市民社会带入到了一个更高的协调的整体之中。第五种是托克维尔和约翰·密尔的民主国家。在这种模式中，国家和市民社会是两个相互依赖和彼此独立的实体。一方面，国家获得了干预社会的全面职能。另一方面，市民社会仍然拥有充分的自主性和多元性，它独立于国家，同时通过分权控制国家。①

（一）国家与社会的分离

国家这一概念取决于两种边界的理解，即国土边界，国家与社会其他因素的分离。社会与国家是两种不同形式的人类组织形式，有着不同的角色定位和功能分工。认识到这种区别，是在政府与社会的关

---

① 吴惕安，俞可平.当代西方国家理论评析.西安：陕西人民出版社，1994：372.

系中为政府定位的前提。政府与社会的区别主要体现在以下三个方面：

第一，政府是普遍性的领域，社会是特殊性的领域。根据马克思的观点，在一定历史发展阶段上，社会是特殊利益的场所，在这种特殊利益之中，存在着普遍利益。但是，社会的普遍利益是不可能由社会自己来协调和维持的。正是由于私人利益与公共利益之间的这种矛盾，才要求有一个代表普遍利益的实体出现，这个实体就是政府。因此，在近代社会，政府就是以公共的面目而存在的，并使这个具有普遍性的公共利益与私人利益相脱离的独立形式而存在。这样一来，政府就成为社会普遍利益和普遍意志的代表。从本质上来说，政府并不是一个独立的利益实体，政府自身并不存在特殊的利益要求。

第二，政府是自为性领域，社会是自在性领域。政府作为公共权力的机关，它的一切活动都不是任意的，而是自觉地通过一系列法律制度使社会活动限制在一定的秩序内。近代以来，政府自为性程度的一个显著标志就是政治民主化程度。通过政治民主化，政府的政治行为得到规范，政府对社会的管理有合法的依据，并依法受到约束。认定政府是自为性领域，是从政府的一般要求出发的。然而，认定社会是自在性领域，则是以社会在现有条件下的性质为尺度的。在现有的社会条件下，社会中存在着各种不同的甚至对立的利益集团，而每一个特殊利益集团都是根据自己的利益要求来从事社会活动，由此使社会处在任意的、自发的状态中。尽管在现代社会中，存在着大量的社会中介组织，但社会的行为准则不像政府法律那么具有强制的作用，而只具有约定的作用。[①]

第三，政府是政治领域，社会是经济领域。政府一切活动最主要的特征就是在他的政治性质，在政府领域中，一切社会关系都主要的以政治关系的形式存在，社会矛盾主要表现为政治斗争，公共行政也主要是以政治强制的形式出现的。虽然在今天，政府的经济职能越来

---

① 乔耀章.政府理论.苏州：苏州大学出版社，2003：149—150.

越突出，政府通过各种手段来干预经济，但是政府干预经济并不意味着它已经成为了一个经济的领域，相反，政府干预经济的行为正是一种政治行为，不仅因为这种干预是政治对经济的干预，而且是政治社会化的一种形式，即政府已经把关系国民生活大计的经济发展问题纳入政治考虑之中。如果说政治是政府的主要职能，那么经济就是社会的主要职能。社会活动的基础是经济活动，社会的基本关系是经济关系，社会发展的基本规律是经济规律。政府与社会的关系从某种意义上说，就是政治与经济的关系。国家不仅是分离于社会的，而且是居高临下的。①

(二) 国家与社会的一体化

虽然政府与社会作为两个独立的领域各自发挥作用，但是无论在西方还是东方的历史上，都曾出现过社会被国家覆盖的情形，社会与国家呈现一体化状态，国家机构代替了社会组织，国家权力支配着整个社会的运行。国家的特征是拥有强势且相对自主的政府结构，其根本是试图将一种基于强制且限制性的多元主义的利益代表系统强加给社会。"国家与社会的界限并不是凝固不变的，在不同的社会环境之下，在不同的历史时期，原来处于国家范畴之内的实体与关系可能转移到国家的界限之外，而进入社会的范畴；同时，人们也可以发现一种反向的运动，即原来处于社会范畴之内的实体与关系又进入了国家的范畴。"②

政府与社会的区分源于国家的产生。国家的产生又直接导致了以下两个结论：一是作为社会主体的人随着社会发展被区分为统治阶级和被统治阶级或市民阶级，统治阶级从社会主体中分离出来，上升为权利主体也即政府主体；二是政府通过公共行政使统治阶级的权力固定化、合法化，统治阶级对市民阶级的控制是通过其意志执行系统——政府对社会的控制来实现的，这样就使社会从属于政府。因此，政府与社会的关系表现为"政府本位"或"官本位"。与之相适应，政府

---

① 乔耀章.政府理论.苏州：苏州大学出版社，2003：151.
② 唐士其.国家与社会的关系.北京：北京大学出版社，1998：191—192.

公共行政的价值取向也必然是政府本位。①

　　根据历史还原论的观点：政府来源于社会，是以社会为基础的和由社会决定的。但是，这仅仅是就政府的来源所做出的解释，或者说是对政府性质的一般规定。在现实生活中，政府与社会的关系决不像理论规定得那么简单。在当代中国，这一问题的存在表现在两个方面：一是社会自主性的缺失，其结果就是经济发展表现出被动性，社会缺乏应有的活力；同时社会权利主体不能对公共权力的运行进行有效的监督和制约。二是国家权威性的不足，在政治生活中的表现就是国家政策在执行过程中的被变通，大量存在的分利集团对国家整体利益的吞噬以及诸侯经济对中央财力的分割等现象，而这些都容易形成软政权，不利于社会和国家的稳定。②

　　政府是任性、坚强且自私的人们能够协作共生的手段。当基于自身利益且由市场所支配的私人行为被证明是不适当的时候，政府活动的必要性就产生了。政府作为公共权力的主体，公共利益的代表，其公共权力的基础是人民，人民是公共权力的合法来源，政府以保护人民的合法权益，促进社会公共福祉为目标。作为公共利益的代表才能从更广泛的领域以更强有力的制度去保障每个人的应得，调整每个人的应得，去惩治每个人的应得。从政府创设的初衷看，"人是有理性的，人创造政府的宗旨是为个人能够过上理性的正义的社会生活。因此，政府的根本目的是创造和保护公民或社会的'公正幸福'（公共利益），这是一个政治体系正义与否的根本标准。"③政府既是保护个人权利的需要也是进行公共管理，推进社会公共事务管理的要求。这种责任是历史赋予的。政府作为掌握公共权力的实体，把自我存在的公共性作为至高无上的原则，政府的组织和运作都要无条件地体现出其公共性，而且这个实体不追求自己独立的利益要求和政治愿望，也

---

① 乔耀章.政府理论.苏州：苏州大学出版社，2003：151.
② 孙晓莉.中国现代化进程中的国家与社会.北京：中国社会科学出版社，2001：37.
③ 施雪华.政府权能理论.杭州：浙江人民出版社，1998：1.

不是任何一个社会机体的利益要求和政治愿望的代表，它所体现出来的是整个社会的公共利益和政治追求。这是政府公开的宣言。政府作为公共权力的主体，他手中掌握着大量的、其他机构无法掌握的公共资源，拥有凌驾于社会之上的强制力，它还拥有一套科学系统的管理体系；可以通过政府的强制力和权威手段对资源进行分配和整合，从而对社会利益和社会关系进行调节，它制定公共政策、规范公共治理、决定性地影响着公共治理的结果。它具有能力协调社会利益关系、解决社会矛盾，而其他社会机构都不具备这样的功能。

在政府与社会相互需要期间，有一个主从关系，这种关系可以概括为：建立在社会民主基础上的政府积极干预社会的关系，或民主制约下的主导干预关系。一方面，政府的理论基础是社会民主论，即主权在民论。由于政府是人民手中的工具，因此决定了：其一，政府是"为民的"，目的是给人民办事，行动必须听命于人民；其二，它是"民参的"，既然给人民办事，办的是人民的事，人民自然应该参与进来，不仅参与，有时甚至是"决定"；其三，它是"共和的"，主要是指政府工作人员内部的共和，这是整个国家的民主机制向机构内部转化的结果，它反对那种个人说了算的高度集权体制，并对长期以来实际流行的工作人员是领导者工具的观念提出了挑战；其四，它是"民管的"，因为既然是人民手中的工具，人民自然应该监督他、控制他，对它违背民意的行为能够纠正，对不合适的工作人员能够撤换，对违背法律或纪律的工作人员能够惩罚或处罚。另一方面，政府在一系列社会工作中又不能消极被动，完全等待人民的"指挥"。他应该以一种主动精神积极开展工作。在这方面，单从社会民主理论是找不到根据的。从积极政府来说，对政府的要求应该是：第一，主动适应社会，发挥"创制"精神。政府应该积极对社会进行探索、研究，发现社会的内在需求，并主动提出办法、实现服务。第二，要对社会发挥"使能够"作用。应帮助社会提高自己各方面的运行能力，为社会运行创造各种条件，使社会能够更好的自我生存与发展。第三，调控社会，抑制社会中坏的东西，保持社会的公平与公正。它来源于对现实人性的思考，并确认现实的人不是完美的。这一点，正如资产阶级政治家早已看清楚的：政府本身若不是对人性的最大耻辱，又是什么呢？如果人都是天使，就不需要任何政府了。如果是天使统治人，就不需要对政府有任何外来的或内在的控制了。第四，引导社会。这基于真理往往在少数人手里的理论。在正常机制下，政府工作人员是社会精选的先进分子，它们理应对社会事务看得深些、远些，而对社会起引导作用，这是减少社会发展成本的需要。第五，聚合与整合社会，即由政府发挥一种核心或中介作用，把社会的上层部分或个人力量聚合在一起，获得规模效应与 $1+1>2$ 的整体效应，从而促进社会更快地发展。以上两方面缺一不可。一方面，政府要服从、服侍社会，并被社会管住，即社会对政府的制约，需要民主；另一方面，政府又要发挥积极主动精神，创造性地为民办事，即政府管理社会，需要集中。事实上，政府只讲民主，让社会权力充分发展，而政府则完全处于一种"听命"状态，绝不是一种好的社会运行机制。[1]真正好的国家与社会的关系模式应该是既能发挥国家在重要时刻的协调作用，又能保证社会的独立性与自主性。国家与社会既相互独立又互相依存，始终保持良好的互动与合作，在动态过程中保持恒定的有机统一是最佳选择。

第三节　现实关照：社会组织的崛起及公共事务治理结构的变迁

公民社会是一种道德社会秩序，因为在公民社会中人与人平等、自由、尊重地相互对待和交往。这就是具有经典意义的公民社会理念。经典公民社会理念对于我们今天在中国建设公民社会的意义在于，在坚持公民社会、争取公民权利、公民社会活动自主、独立的同

---

[1]　乔耀章.政府理论.苏州：苏州大学出版社，2003：151—152.

时，应当充分重视社会亲和力的问题，其中就包括以人的自由和保护弱者为本的承诺和信任、正派的习俗道德、同情和宽容等等。这些都是经典公民社会的理想。伴随着新公共管理运动、重塑政府运动等引发的公共部门民营化、企业化浪潮，公私部门伙伴关系、治理与善治等逐渐成为国际公共管理学界的热点研究问题。在描述多元组织或网络的互动模式时，"治理"一词或许是一种最佳的、最能得到人们普遍接受的隐喻。①善治是使公共利益最大化的社会管理过程。善治的本质特征在于它是政府与公民对公共生活的合作管理，是政治国家与公民社会的一种新颖关系，两者的最佳状态。善治实际上是国家权力向社会的回归，善治的过程就是一个还政于民的过程。善治表示国家与社会或者说政府与公民之间的良好合作，从全社会的范围看，善治离不开政府，更离不开公民。从某个小范围的社群来看，可以没有政府统治，但是不能没有公共管理。善治有赖于公民自愿的合作和对权威的自觉认同，没有公民的积极参与和合作，至多只有善政，而不会有善治。所以善治的基础与其说是国家或者政府，还不如说是在公民或者民间社会。从这个意义上说，公民社会是善治的现实基础，没有一个健全和发达的公民社会，就不可能有真正的善治。②

一、 公民社会组织的发展与公共服务供给

如果说在"早发"国家的现代化过程中，其主要推动力量来自"市民社会"，在现代化水平达到一定阶段后国家（政府）才开始发挥越来越重要的作用的话，那么，"后发"国家在现代化进程的起始时期，国家（政府）就发挥了重要和广泛的作用。中国作为后发现代化国家，亨廷顿的"强大政府论"非常有助于解释中国现代化的发展历程。亨廷顿在《变革社会中的政治秩序》开篇就指出，各国之间最重

---

① ［美］弗雷德里克森.公共行政的精神.北京：中国人民大学出版社，2003：79.
② 俞可平.治理与善治.北京：社会科学文献出版社，2000：11.

要的政治分野，不在于他们政府的形式，而在于政府的有效程度。有些国家政通人和，具有合法性、组织性、有效性和稳定性，另一些国家在政治上则缺乏这种素质。这两类国家之间的差异要比民主国家与独裁国家之间的差异更大。这里表明了他对国家的分类，一是民主与独裁之分，另一类是强大政府与衰微政府。他接着举例说明英国、美国和苏联都属于有效的政府形式，他们虽然政府的组织形式不同，但是他们都享有公民的忠诚，从而有能力去开发资源，征用民力，创制并贯彻政策。①政府因其公共政策制定者和公共权力行使者的身份而具有了权威性，这种权威供给模式是市场和社会组织所无法取代的。这种供给模式以政府作为主体，是较为传统的一种模式。这种制度安排的考量基点是公共服务的特性以及政府的角色定位。一般表现为提供与生产的不可分离，国家在公共服务的供给中全权负责，扮演着资金供应者、生产安排者和具体的服务生产者合一的角色。契约论者认为，政府的权力是公民让渡的结果，获取公众的支持是政府增强自身合法性的重要举措，提供公共服务、满足公民需求也成为了稳固合法性基础的应然之举。

随着 20 世纪后期全球化进程的加快和行政生态的深刻变化，这一隐喻的出现，要求进行一场公共管理多个层面、多个领域的系统变革。"全能政府"模式以及在很长一段时间内甚嚣尘上的"政府万能论"造就了权威主义的管理模式。政府作为公共权力的载体，长期以来一直在公共事务领域扮演着主要角色，甚至被认为是公共事务治理的唯一负责人。它不仅通过税收成为社会主要资源的主要占有者和分配者、合法暴力的使用者、公民权利、公平、正义的维护者，而且事实上负有管理社会、维护公共秩序、公共安全的责任，所以政府作为公共事务治理的主导者具有法理的和经验的依据。政府在多元权力互

---

① ［美］亨廷顿.变革社会中的政治秩序.王冠华等译，上海：上海人民出版社，2008：1.

动中具有统领和决定作用。同样不容忽视的事实是，政府作为追求自身利益最大化的理性经济人，它制定的政策也没法实现"帕累托最优"。甚至在某些情况下，政府的行政干预导致市场运行规律的无序，不利于效率的提高。同时，政府的寻租行为和内部性扩张也带来了各种政府决策的无效或者低效。因此，"政府失灵"成为了不容争议的事实。

在我国的传统观念中，公共服务供给是政府的基本职责。随着治理理念的深入和社会治理模式的变迁，社会组织在经济与社会发展中发挥了重要作用。公民通过社会组织而不是政府来获取自己需要的公共产品和公共服务，这种间接的服务供给模式可能会使公民对公共服务的来源产生混淆。现代社会的组织结构是由政府部门、企业部门和非营利部门三部分组成的。政府是社会中心，承担管理全社会的职能；企业是商品生产中心，承担着向全社会提供生存、发展资料的职能；非营利组织是介于政府和市场之间起中介作用的公益性社会组织。政府、市场、第三部门在公共服务供给和资源配置方面都发挥着重要的作用，而且各自有着自己的合适最有效的范围。为此，通过运用"第三方治理"，实现优劣互补，是加大公共服务供给数量、提升公共服务供给质量、优化公共服务供给结构的有效选择。著名学者托克维尔在《论美国的民主》一书中所言："参与社会的管理并讨论管理的问题，是美国人的最大事情，而且可以说是他们所知道的唯一乐趣。如果叫他们只忙于私事，他们的生存就将有一半失去乐趣；他们将会在日常生活中感到无限空虚，觉得有难以忍受的痛苦"。[1]人们所想要的和需要的并不一定是更多的政府，而是更多的治理——这意味着政府组织、准政府组织、非营利性组织、承包组织、志愿组织等各种组织广泛地参与公共事务的管理。[2]非营利组织的产生与公民社会

---

① ［法］托克维尔.论美国的民主（下卷）.北京：商务印书馆，2006：278.
② ［美］乔治·弗雷德里克森.公共行政的精神.北京：中国人民大学出版社，2003：7.

的兴起密切相关，非营利组织既是公民社会的主要组织实体，也是公民社会文化价值特征的主要倡导者、传播者，防止、削弱或补救政府与市场对公共利益的侵犯是非营利组织的重要使命。此外，非营利组织不以利润最大化为组织目标，公民是政府与非营利组织共同的服务对象，促进公共利益的最大化是两者的共同追求和重要任务，共同的价值理念是政府与非营利组织良性互动的根本基础。西方发达国家，尤其是美国的情况也证明了这点。相对其他国家来说，这些国家的政府给予非营利组织比较多的支持而比较少地干预它们的行动。

　　在当下实践语境中凸显出来的这样一个学术话题，撇开专横残暴的政府和主张自由的政府之间的区别不说，一个政府与另一个政府的最大区别在于，是用市场取代政府，还是用政府取代市场的程度。政府与市场的关系既是政治学又是经济学的核心问题，它对计划制度和市场制度来说同样重要。作为资源配置的"无形之手"，市场运用价值规律和竞争规则引导资源的流动，从而产生优化资源配置的效果。但市场经济本身如同一把双刃剑，具有其经济和道德上的两面性：在经济上，它既是激活效率的自由之源，可以创造空前丰富的物质财富，也可能造成资源和财富的巨大浪费；既具有原始的市场公正的"天然"性格，也可能因这种天性而导致日益扩大的弱肉强食和贫富差距。[1]市场机制在加速经济发展的同时，无情割断了原有的个人与社会群体之间的伦理纽带。个人成为市场中追逐自身最大化利益的独立个体。然而，他们无法得到传统社会中群体的支持而不得不依靠自身的力量。现代社会的各种风险使得个人越来越难以承担保护与发展自己的全部责任。当快速发展的"市场社会"破坏了所有安全网络，就会给社会带来毁灭性灾害。这就是为什么在社会财富大量涌现的同时，人们却感到如此不稳定的原因。在这种背景下，必然会产生反向运动。越来越多的人，也包括政府的决策者都在逐渐反思，市场只能

---

[1]　万俊人.论市场经济的道德维度.中国社会科学，2000(2).

作为提高人们福祉的手段，将手段当做目的就是本末倒置。因为将人类和自然当成商品且价格完全由市场来决定显然是错误的，这与人的生命和自然是神圣的理念相违背，而且不可调和。因此，市场是必要的，但市场必须"嵌入"在社会之中。世界银行 1997 年发展报告《变革世界中的政府》曾深刻地指出："在几乎所有的社会中，有钱有势者的需要和偏好在官方的目标和优先考虑中得到充分体现。但对于那些为使权力中心听到其呼声而奋斗的穷人和处于社会边缘的人们而言，这种情况却十分罕见。因此，这类人和其他影响力弱小的集团并没有从公共政策和服务中受益，即便那些最应当从中受益的人也是如此。"①

二、 社会组织在现代公共事务治理中的价值

托克维尔指出，在统治人类社会的法则中，有一条明确清晰的法则，如果人们想保持文明或变得文明的话，就要改善和提高处理相互关系的艺术，而且这种改善和提高的速度要和地位平等的速度相同。②"公共"和"私人"这两个词都是现代的产物。在现代社会形态中，国家与公民社会得以共同发展，并且这一发展是一个相关联的转型过程。矛盾的是，这一过程得以发生的条件却是国家对日常生活诸多方面的行为施加影响的能力。公民社会是作为国家权力对日常生活的渗透之"另一面"而被建构起来的。正像美国学者梅里亚姆所言："人民是一切正当政治权力的基础这个命题在当时简直没有争论，由于一切人生来都有同样的天赋权利，一切合法政府必须以个人同意为根据，因此人民大众显然是国家的基础。无论何种主权非经人民同意批准，都无法存在或继续存在。因此，人民所固有的和不可剥夺的主权就被认为是一个其有效性无可争辩的政治原则——一个无懈可击

---

① 世界银行发展报告.变革世界中的政府.北京：中国财政经济出版社，1997：110.

② ［美］亨廷顿.变革社会中的政治秩序.王冠华等译，上海：上海人民出版社，2008：52.

的前提。尽管这个学说经常被引用，但很少有人对它进行科学的探讨；确实，它被一致公认到这个地步，以致再对这个问题苦心议论似乎是多余的了。"①

　　在现代社会里，结社科学是所有科学之母，其他一切的进步实系于这门科学的发展。如果社会和经济变革破坏和摧毁了社会的传统结社基础，那么新的政治发展依赖于建立新的结社基础。②在国际上，拥有社会组织的多寡已成为衡量一个国家和谐程度的重要标志。随着社会公共事务向多样化和复杂化方向发展，政府在公共物品和服务提供方面显得力不从心，难以满足民众的多样化需求，在公共事务处理上处于一种心有余而力不足的状态中。社会组织是不以营利为目的且具有正式组织形式，具有一定的自治性、志愿性、公益性或互益性的非政府系统社会组织。非政府性、非营利性、自治性、志愿性、公益性是非营利组织的基本特征，是区别于其他社会组织的本质属性和主要衡量标准。现代社会中，无论是发达国家还是发展中国家，非营利组织都致力于各种社会问题的解决，并且在权益保护、慈善救济、扶贫发展、社区服务经济、中介等领域中，发挥着日益重要的职能作用，非营利组织已经发展成为解决社会问题的又一基本组织形式。

　　自20世纪90年代以来，伴随着中国改革开放的历史进程和全球结社浪潮，中国社会涌现出以社会民间力量为主导，以非政府性、非营利性、社会性为特征的组织形式，并以迅猛之势快速发展起来。这些组织被冠以"非政府组织"、"非营利组织"、"社会组织"、"民间组织"、"第三部门"等多种称谓。党的十七大报告中提出要重视社会组织建设和管理。这里的社会组织，即政府和企业之外，面向社会提供专门领域公共服务的法人实体。这是对传统的非政府组织、非营利组

---

　　① ［美］梅里亚姆.美国政治学说史.朱曾汶译，北京：商务印书馆，1988：29.
　　② ［美］亨廷顿.变革社会中的政治秩序.王冠华等译，上海：上海人民出版社，2008：24.

织、第三部门或民间组织等概念的进一步提炼和超越，是用社会主义理论深刻认识这类组织的基本属性、主要特征而形成的科学概括。[①]服务型政府强调政府与公民的良好互动与合作，但是这种合作必须依赖一定的组织载体来发挥政府与公民之间中介桥梁的作用。代表公民社会利益的非营利组织的存在恰好解决了政府与公民之间交易成本高的问题，为实现彼此的合作提供了条件，而且非营利组织也是影响政府决策的重要因素和推动政府改革的重要动力源泉。许多非营利组织具有丰富的专业知识，并逐步承担起政府智囊的角色，因而能对政府的决策产生重要影响。同时，它也是政府改革的外部推动力。[②]公共利益仅仅依靠政府是难以充分实现的。而作为弥补政府失灵与市场失灵的制度创新的非营利组织，可以在一定程度上满足社会的公众需求，甚至是某些利益群体的特殊需求。因而，政府要解决社会公共物品的满足问题，必须以公共利益为核心，拓展公共事务管理的主体范围，调动非营利组织的参与热情。政府扩大非营利组织在公共服务领域的作用空间，旨在打破公共服务的政府垄断，利用非营利组织的职能优势来弥补政府的职能不足，减轻政府公共服务的投资压力，降低公共服务的成本，以有效地回应和满足公众的需求。传统管理模式下，政府行政无法有效地回应日益增多的公众需求，第三部门包括民间的非营利性组织能够提供有效的、低成本的、高质量的公共物品和公共服务。治理是在管理者多元化的背景下进行的，必须在国家与社会的合作中才能使得这一过程能够成为有效政府管理过程。在这样一种社会、政治制度条件下，在多中心治理的现实中，政府与非营利组织存在竞争但不对抗，彼此都致力于公共事务的治理；存在合作但不干预，政府在不得不支持的同时，尊重非营利组织的相对独立性和合法权利。"公共事务责任分担，不仅仅是扩大了社会责任的覆盖面，

---

① 李学举.用十七大精神统一思想，充分发挥社会组织在现代化建设中的重要作用.中国社会组织 2008 年年鉴.北京：中国社会出版社，2008.

② 王卓君.政府公共服务职能与服务型政府研究.广州：广东人民出版社，2009:117.

实质上是开发利用了高品质的社会资源，大大增加了公共物品和公共服务的有效供给量，给飞速发展变化的社会添加了新的生机和活力。"①

治理应该赋予共同体一种意义，而不具排他性的公共权力一般来说最有资格去引发对话和建立合作伙伴关系，将自己作为集体行动的催化剂。最成功地领导了经济发展的国家便是有能力围绕共同的方案组织和动员所有行动的国家。②为了实现公共事务管理的改革与创新，政府有必要在制度上和宏观环境上创造利益共享的局面，政府应该在税收上实行优惠的政策，财政上实行资助的政策，项目上实行引导的政策，舆论上加大倡导的力度，使更多人走出私人生活领域，乐于与他人合作交往，更多的人乐于投资与社会公共事务，承担社会公共事务。在公共事务中，个人权利、非营利组织权利与政府的权利相互平等、待遇互惠、利益共享，这样才能不断增进社会公共利益，社会发展与个人发展的空间也才会越来越广阔。社会组织在公共事务治理结构中发挥着如下重要作用：

(一) 构筑和维持社会网络

社会组织坚持自助、互助、助人的原则和自主解决社会问题的精神，可以减少市场机制的负面效果，超越国家机构的官僚作风，更能够得到公民的支持和认可，有利于培养人们的互助协作精神和社会责任感。它培育了公民参与网络，网络有利于协调和沟通，减少了机会主义的发生，也容易产生公共舆论，公共舆论是复杂社会中建立信任的必要基础。公民广泛参与的社团可以弥合社会裂缝，整合不同价值观的人们，促进宽容、合作和互惠。戴维·米勒认为，人类的一切社会关系都可以通过身份的认同加以认识。个人不仅有追求自身利益最大化的动机，还有寻求共同体生活和被认同的需要。由于制度的僵化

---

① 王敏，王乐夫.公共事务的责任分担与利益共享——公共事务管理体制改革与开放的思考.学术研究，2001(11).

② ［法］皮埃尔·卡蓝默.破碎的民主——试论治理的革命.高凌瀚，北京：生活·读书·新知三联书店，2005：157.

和滞后往往造成个人无法从制度中得到即时的满足。在这个制度断档时段上，中间层的作用就凸现出来。[①]

(二) 表达与整合民众利益

现代社会是一个社会结构和利益群体明显分化的社会，各种利益诉求的表达、利益矛盾和利益冲突，往往成为一种常规性的社会现象。通过比较成熟的居于国家与民众之间的社会组织的利益表达和聚合，不仅能够整合民众离散化的利益表达与诉求，把形成共识的组织化的团体利益诉求有组织地传达给政府，为政府决策反映民意提供依据，而且还能提供一个制度化的国家与社会间利益协商的平台与机制，释放了公民利益实现而产生的冲动，化解了公民与政府之间的张力，从而舒缓国家与社会之间的摩擦与矛盾。通过社会公益活动和政策倡议活动，既实现了对政府所从事的社会建设和社会管理工作有益的补充，又以组织的集体力量弥补了公民个体力量在利益表达方面的不足。

(三) 倡导社会公益，营造参与氛围

社会组织可以利用内部建立起来的契约性规则，对一定范围内社会群体的行为进行规范、约束和指导，并对其他社会群体产生辐射影响，培育社会成员的诚信意识，建立起社会公德的制度基础。通过社会开展的公益活动，人们可以学习和实践公共道德，掌握文明生活的规则，懂得与他人友好相处的方法，关心共同利益，积极参与社会生活，提高自身的修养，进而在全社会形成良好的道德风尚，提高全社会的道德水平。因此，社会组织可以在民众中起到很好的榜样示范作用，培育良好的社会主义道德诚信。社会组织所倡导的自治理念与志愿精神，为公民参与创造了良好的文化环境。平等而独立的公民是实现公民参与的基础。通过公民社会的充分发展及现代合格公民的培养这些文化与制度层面的建设，可以营造法律政策环境、重塑国家权力

---

① 李惠斌，杨雪冬编.社会资本与社会发展.北京：社会科学文献出版社，2000：12.

结构、由单一政府选择转向政府和社会共同选择，以促进服务型政府
与社会组织的良性互动，最终建立两者间平等、互助、协调的友好伙
伴关系，实现对社会的有效治理。

(四) 有效监督政府，实现政府与民众关系的互动

"没有社会制约的国家权力总是危险的和不可取的，它是对专制
主义的放纵。"①对国家权力的有效制衡，是实现社会和谐的重要保
障。托克维尔提出著名的"以社会制约权力"思想，他指出，一个由
各种独立的、自主的社团组成的多元社会可以对权力构成一种"社会
的制衡"。②社会权力作为与国家权力相抗衡的重要力量便成为政治学
界关注的焦点。社会组织作为社会力量的重要载体，可以将一个个分
散、孤立的个体，特别是弱势群体组织起来，引导民众在制度化范围
内积极参政，形成一种能够对公共权力进行有效监督的社会权力，以
达到政府与公民的良性互动，避免公民直接与国家的对抗。即使政府
某项政策引发了民众的不满，社会组织也是缓冲地带，能够起到及时
疏导群众中的不满情绪、释放社会中积累起来的各种冲突因素的作
用。进而防止不稳定因素的积聚和蔓延，从而使各种矛盾和冲突在理
性、法制的范围内得到化解，达到社会和谐。公民社会组织作为各种
政治团体的构成和政治团体内部改革的核心，对政治领导们和政府机
构直接和间接施加压力。同时，这些志愿组织也提供相应的服务，这
些服务或者导致政治疏远或者成为国家核心计划。从正式的民主程序
来看，没有公民社会志愿的义务活动，民主是无法想象的。

---

① J.C.亚历山大.国家与市民社会——一种社会理论的研究路径.北京：中央编译出版
社，1996：210.

② ［法］托克维尔.论美国的民主（上卷）.北京：商务印书馆，1996：67.

第三章
权力共享与契约治理：
政府购买服务的制度变迁

在任何社会中，意义非凡的社会变迁都会随之带来不同价值观和行为准则的涌现。这些价值观和行为准则往往具有反向效应，威胁着国家的凝聚力。社会公众的变迁和在公众中产生的新的非国家形式的法律能够改变国家的结构和国家构建的根本方式。而国家反过来也会通过新法律的实施和整合其他可能彼此相异的社会法律，又能够改变社会。在这种双重转化过程中，国家与公众所认可的正确行为与价值联系了起来，从而从共享的价值中获得了至关重要的合法性。

第一节　从政府垄断到政府购买：
公共服务供给模式的制度变迁

公共服务购买是在全球化和信息化的国际背景下，我国地方政府在公共服务供给领域的创新举措。公共服务购买模式的选择并非凭空产生的，而是在遵循制度变迁的既定规律基础上，结合中国政治实践的现实情境下，由政策制定者精心设计出来的。这种服务供给模式的选择和确定既是中国公共政策模型中一以贯之的渐进决策的延续，也是制度主义传统在公共政策领域的践行。为提升治理实效，中央在《关于全面深化改革若干重大问题的决定》中明确提出要"创新社会治理体制，改进社会治理方式，以网格化管理、社会化服务为方向，健全基层综合服务管理平台"。《中共中央关于全面深化改革若干重大问题的决定》同时提出要创新社会治理体制，激发社会组织活力，重点培育和优先发展的社会组织成立时直接依法申请登记，不需要再找主管部门。我国社会组织登记管理体制正由原来的"重登记、轻管理"、"重控制、轻服务"向"宽进严监"转变。2000年初，中央层面意识到社会中广泛存在和不断增长的非法组织已经危害了我国政治、经济、社会稳定和发展。基于国家管理和社会安定出发，中央目的明确地对社会组织进行了全面清理整顿。如在2005年颁布了《民办非企业单位年度检查办法》，在2006年和2010年分别颁布和修订了《基金会年度检查办法》。自2013年国务院出台《关于政府向社会力量购买服务的指导意见》以来，中央相关部委及各地相继出台如《政府购买公共服务指导性目录》、《政府购买公共服务实施办法》等具体实施政策。政府购买公共服务，正在发展成为一种重要的公共服务供给途径。十八届三中全会指出："经济体制改革是全面深化改革的重点，核心问题是处理好政府和市场的关系，使市场在资源配置中起决定性作用和更好发挥政府作用。"进一步处理好政府和市场关系，实际上就是要处理好在资源配置中市场起决定性作用还是政府起决定性作用这个问题。政府购买服务也是市场机制充分发挥作用的制度探索。

一、政府购买服务的现实动因

肇始于西方发达国家的公共服务民营化运动，因其对市场化和自由化取向的坚持，成为20世纪70年代很多国家行政改革的风向标。经济全球化进程的加快和中国改革开放政策的推进，加速了我国融入世界改革进程的步伐。20世纪80年代，中国部分地区，如上海等城市开始探索公共服务市场化改革。政府购买服务就是在以下几个因素综合作用下产生的：

（一）新公共管理运动影响的行政改革探索

公共行政存在于社会生活中，它并不是在社会中孤立的存在。为了应对社会的挑战，政府不断地改进其政策方针和行政管理，但是，一国的政府活动也受到全球政治和其他问题的深刻影响。随着新问题在社会或全球范围内出现，政策制定者们和执行者们依据他们自己的理解、知识和经验对这些新问题进行解释。通过与其他政策制定者和执行者进行交流，他们给社会形势赋予了新的涵义，并采取了一系列行动措施。[①]肇始于 20 世纪 70 年代的新公共管理运动被称为"范式革命"。这场最初作为欧洲现象的民营化改革迅速蔓延开来，成为很多国家行政改革的战略选择。以企业家的精神改革政府、以契约制的规则重塑政府有助于驱散官僚制的不散阴魂，改变政府万能的不老神话，从而践行现代公共行政精神，真正实现公民治理。在这场蔚然成风的"典范革命"背后，蕴含的是重塑政府的理念变迁和机制选择。新公共管理运动以自由化和市场化为价值取向，以等级制和官僚制为批判对象，以竞争机制和效率准则为基本准则，实现"让管理者来管理"的价值追求。而要达致这些目标，政府的社会角色必须发生变革，行政权社会化是管理模式变迁的题中应有之义。于是，民营化改革、私有化做法在风靡全球。政府公共服务领域市场化的改革取向，是西方发达国家 80 年代以来行政改革的主要趋势。其实质是将市场机制引入到公共服务领域，将原来由政府承担的部分公共职能推向市场，通过充分发挥市场优化配置公共资源的作用，以达到有效改善和提升公共服务的目的。从本质上说，公共服务市场化反映了公共服务供给领域政府职能的退缩和市场价值的回归。公共服务民营化是公共事务多中心治理框架下的积极创新。民营化不仅是一个管理工具，更是一个社会治理的基本战略。它根植于这样一些最基本的哲学或社会信念，即政府自身和自由健康社会中政府相对于其他社会组织的适当角色。可以说，所谓民营化是改善政府的要径和社会治理的基本战略。全球化将世界所有的国家集聚在一个大舞台上。每一个舞台上聚焦的无疑都是最为闪亮的妆容。而作为世界重要一极的中国，其行政

---

① 全钟燮.公共行政的社会建构：解释与批判.孙柏瑛等译.北京：北京大学出版社，2008：160.

改革的理念和步伐既需要亦步亦趋，也需要另辟蹊径。作为公共权力的行使者、公共利益的代表者、公共政策的制定者，政府最基本的职能就是供给公共产品和公共服务。为此，如何提升公共服务供给的质量与效率，也是政府一直追求的目标。20 世纪 80 年代以来，西方发达国家先后掀起了公共管理改革浪潮。各国政府纷纷通过行政改革来重新定位政府职能，提高政府行政效率和服务质量。"政府购买服务"就是在这种背景下兴起的。它起源于西方国家，符合市场机制、参与式管理和公民自主选择为特征的公共服务发展趋势。目前，这一制度在西方国家发展的较为成熟，中国地方政府的制度创新也日益发展起来。

（二）我国地方政府制度创新的动力

地方政府是一个国家政治制度的重要组成部分，不了解前者，就不能了解后者。在欧美，地方政府被视为民主政治训练的场所、公民道德和意识培养的基地、切合公民需要的公共产品和服务的提供者、中央政府集权倾向的制衡者之一。[1]推进地方政府创新是国家治理体系和治理能力现代化的基础性工程，地方政府创新可持续与否直接影响着地方治理的成效。在政绩观的绩效考评体制下，中国地方政府制度创新具有了持续性和稳定性。国内研究者将其理解为地方政府创新韧性[2]。改革开放破除了总体性社会的藩篱，不单释放了社会活力，同时也给地方政府带来了一定的自主性空间。随着中央向地方"放权让利"和如今正在推进的"放管服"改革，我国地方政府不单是一个中央政策执行或落实的代理者，更是一个拥有自我主体意识的地方利益体。"创新"已经成为地方政府为解决集中化权力结构与地方治理复杂性的矛盾、单一性管理方式与日益差异化的公共诉求之间的矛盾而采取的一种应对策略。地方普遍面临着治理能力不

---

①　［美］文森特·奥斯特罗姆.美国地方政府.井敏，陈幽泓译，北京：北京大学出版社，2004：12.

②　地方政府创新韧性，是指地方政府创新经受内在或外在压力，仍然能够得以保存和延续。

足，在加强和创新社会治理的理念引导下，一些地方政府主动调适自我角色，开始寻求潜在社会合作者以更好地促进经济发展、供给公共服务。地方政府层面的实践创新具有扩散性，中国多采取试点—推广的政策扩散模式，当出现大量政策试点地区时，地方政府和中央政府上下联动的通路就被打开，地方政府也随之成为中央政策议程中的参与者，政策场域发生变化，政策垄断逐渐消弭。

(三) 政府实现职能转变的现实需要

政府职能是一种社会历史范畴，它随着社会经济的发展变化和需要而不断改变其范围和配置方式。从美日法等国家地方政府的职责看，地方政府对本地选民负责，而不是直接对中央政府负责，各级地方行政机关互不隶属，各司其职；地方政府不直接承担政治性职能，其主要职责是对当地与居民日常生活密切相关的社会事务提供公共管理和服务；地方政府承担经济职责较少，主要是通过提供良好的公共管理、基础设施，形成安定的社会秩序，为当地经济社会的可持续发展创造所需的环境。有限政府是指政府自身在规模、职能、权力和行为方式上受到法律和社会的严格限制和有效制约，其"有限"主要体现在：一是政府权力有限，即政府权力应受到法律和制度的约束，受到舆论和大众的监督；二是政府能力有限，即政府要明确自己的定位，不该管、管不了的事情要交给社会和市场来做；三是政府恰当行使职能，即科学合理地界定政府职能的边界，确保政府职能行使的科学性和有效性。有限政府适应了社会主义市场经济发展需求，与国家治理现代化的战略目标相一致，理应成为政府职能转变的目标指向。政治生活是一个互动的系统。在这一系统中，民众将其需要源源不断地输入到政治系统中，在其输入要求和支持的过程中，就表明了民众对政治的关心和参与。服务型政府体现了公共服务的提供从"以政府为中心的供给导向模式"向"以公民为中心的公共需求导向模式"的转变，其本质是实现从政府本位向公民本位转变，从政府本位向社会本位转变，从权力本位向权利本位转变。服务型政府建设是一项涉及行政理念、发展目标、治理模式、政策工具等方面的系统工程。要使服务型政府建设真正建立起来，就要将公民参与始终贯彻到服务型政府建设中来，以公民本位、社会本位为自足点，以社会和公众的需求为行政导向，建立真正的"民本"政府。服务的特征就在于对需求的一种持续不断的回应，它包括对服务客体需求的确认、满足和服务质量的一种反馈，因此服务型政府不仅仅表现为对政府服务的重视，而且也突出政府的回应性。"在治理过程中除了行政官员应扮演的角色外，也需要公民积极参与，故公民资格不应该是被动的由公民所认同的社群所给予，而是必须由公民本身在积极参与公共事务的行政中所构建。行政官僚在民主行政的治理过程中，最重要的任务就是必须提供给不同的公民适当的公共领域，以便公民参与自我建构的行动，也就是说政府机关本身就应当形成一个公民认同并能够参与的公共机构，在这种参与中培养公民资格。①

二、 政府向购买社会组织公共服务的发展历程

早在 1995 年，浦东新区社会发展局就决定，要把一个新建成的综合性市民社区活动中心委托于上海基督教青年会进行管理，基础设施费用由政府支出。浦东新区政府打破了以往政府全盘投入管理的模式，采取了社会组织参与管理和供给公共服务的新模式，这是我国购买公共服务的最早实践，此举开创了我国政府购买社会组织公共服务的先河。随后，上海、湖南、广东、北京、浙江等多个省市的政府纷纷在特定的领域对购买社会组织公共服务进行了试点和探索。购买的范围几乎包含了全部的公共服务领域，如社区管理服务，养老服务，公共卫生服务，公共教育服务等。2003 年南京市鼓楼区政府展开了一次向社会组织购买居家养老服务的实践；2004 年广东佛山市南海区罗村镇政府购买了社会组织的社区公共服务；2005 年，江苏省无

---

① 常征."公共管理与公众参与"研讨会综述.中国行政管理，2001(9).

锡市政府开始在文化、旅游等部门试点实施购买公共服务；2007 年广州市政府支出 60 万元购买志愿者服务和湖南郴州通过教育基金会购买了部分教育服务项目；2011 年北京宣布购买 300 项公共服务，主要涉及助学教育，社会矛盾调解、助老扶残等与群众生活紧密关联的项目。2014 年天津市在六类公共服务中的多个公共服务项目向社会组织公开招标。这些探索和实践为我国公共服务购买模式建下了一定的实践基础，获取了宝贵的实践经验。

随着改革开放政策的深入，社会主义市场经济制度的确立，市场化的理念逐步深入人心。全面深化改革理念的提出，促进政府进一步简政放权，便利于民，加强社会自治，为社会组织获得成长与发展提供了良好的空间。根据国家统计局的统计，在过去的十年里，我国社会组织数量大幅上升，从 2006 年的 354 393 到 2015 年的 662 425，涨幅高达 86.92%，社会组织逐渐在我国崭露头角。以服务型政府为导向，注重公共服务领域的建设，强化服务民众的意识，公共服务的质量与效率在政府的职能转变背景下提出了更多的要求。政府购买公共服务可以有效帮助政府分担压力，更好地服务于民众，因而成为我国政府公共服务供给的新选择。

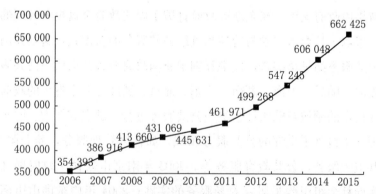

2006—2015 年我国社会组织个数增长图数据来源于中华人民共和国国家统计局。①

① 数据来源于中华人民共和国国家统计局，http://data.stats.gov.cn/easyquery.htm?cn = C01&zb = A0P0101&sj = 2015.

（一）政府购买社会组织公共服务的起步探索阶段

1995 年至 2002 年是政府购买社会组织公共服务的起步探索阶段，基本特征是购买内容范围小、购买模式单一，基本处于起步探索阶段。

20 世纪 80 年代初期，改革开放为社会组织的发展释放了大量的空间，各种学会、研究会以及协会在各级政府的支持、推动下，相继成立。从改革开放初到 1992 年，社会组织的发展经历了一个从无到有、从点到面、遍地开花的原始生长期①。社会组织由于改革开放政策的实施，从而得到了足够广阔的空间去快速发展、壮大自身的实力。民间组织的兴起为政府购买服务方式改革创新奠定了重要组织基础。在政府购买社会组织公共服务的起步探索的阶段中，上海是我国内地最早开展政府购买公共服务的城市。1995 年，上海市政府委托给上海基督教青年会管理综合性的市民社区活动中心——罗山市民会馆，以此为契机，打破了历史以来政府全面管理的固定模式，迈出了探索政府购买的新型公共服务提供模式的第一步。1998 年，政府向其购买养老服务，开创了独具特色的"罗山会馆"模式，由此拉开了我国政府向社会组织购买公共服务的序幕。到 2000 年，上海市卢湾区民政局购买了"居家养老服务"和"入住养老服务"，使养老服务模式日渐多样化，更有了"小型化"、"实用性"的趋势。

在这一阶段的服务购买实践中，政府购买社会组织公共服务实践规模较小，购买的主要内容也相对有限，主要以养老服务为主。同时，其购买模式单一，不存在竞争性，具有明显的非竞争性购买的特征。所谓的独立非竞争式购买是指购买主体之间并非通过招投标，而是通过指定、委托、协商等方式完成的购买行为。指定、委托的对象可以是政府成立的社会组织，也可以是真正民间意义上的社会组织②。

①　王名.我国社会组织发展的历史及趋势.新华文摘，2009(16).
②　韩俊魁.当前我国非政府组织参与政府购买服务的模式比较.经济社会体制比较，2009(6).

尽管承接罗山会馆的青年基督教会在与政府关系上不具有依赖关系，是相互独立的，但购买程序上不存在竞争，属于独立非竞争式购买。

(二) 政府购买社会组织公共服务的试点推进阶段

2003 年至 2008 年是政府购买社会组织公共服务的试点推进阶段，其基本特征是推行该项改革的城市日益增加，购买内容扩大，购买模式发生转变，独立竞争性购买模式开始受到青睐。据测算，在 2001 年至 2004 年间，我国公共服务的生产和递送中有 20% 至 30% 是由间接受政府雇佣的人员完成的，平均约有 1/4 的财政报酬支出是支付给政府系统外的人员，我国政府购买服务已达到较高水平[1]。在 2003 年，南京市鼓楼区开展了政府购买服务、社会组织具体运作的"居家养老服务网"工程，它也被称作是"适合我国国情的老年人居家养老新模式"。2004 年，上海市政府分别向新成立的"自强社会服务总社"、"新航社区服务总站"和"阳光社区青少年事务中心"这三家社团组织购买社区矫正人员、"失学、失业、失管"社区青少年和药物滥用人员的管理工作等多项相关社会服务。另外，浙江省宁波市海曙区政府为解决高龄、独居困难老人的养老问题向星光敬老协会购买了居家养老服务。从 2005 年开始，江苏省无锡市开展了较为广泛的政府购买公共服务的实践，涉及城市绿化、环卫保洁、居民养老、疾病防治等很多领域。2005 年 12 月底国务院扶贫办、亚洲开发银行、江西省扶贫办和中国扶贫基金会在人民大会堂举行政府与非政府组织（NGO）合作实施村级扶贫规划项目启动仪式，开创我国政府购买社会组织公共服务的竞争性购买模式。2007 年，广州市政府花费 60 万元购买了志愿服务项目。2008 年，广州市荔湾区政府向广州市大同社会工作服务中心购买了社区居民就业服务项目。

从以上案例可以总结出，在这一阶段，政府购买社会组织公共服

---

① 王名，乐园.中国民间组织参与公共服务购买的模式分析.中共浙江省委党校学报，2008(4).

务逐渐得到来自全国各地更多政府的关注与认同。同时在城市的制度实践中，对这一新模式的试点与探索也在陆续进行中，从而使政府购买公共服务的范围不断扩大，从刚开展时的养老服务逐渐扩大到医疗卫生、教育、计划生育、就业培训和社区服务等诸多领域，几乎涵盖了所有的公共服务领域，成为国内部分地区公共服务的主要改革方向之一，而且，上海、广东、江苏、北京、四川、浙江等地纷纷在政府向社会组织购买公共服务上做出了大胆的尝试并取得了一定的成效。另外，政府购买社会组织公共服务的模式趋向多样化，独立竞争性购买模式也逐渐进入世人眼帘，受到越来越多的青睐。所谓的独立竞争性购买模式指的是参与购买公共服务的社会组织与政府部门之间是彼此独立的关系，政府部门对于参与的社会组织的选择采用公开竞争的方式，彼此之间没有任何联系和依赖关系。政府通过公开招标的方式来选定适合竞争要求的社会组织，既做到了政府职能转变又能达到"花小钱办大事"的效果，体现了政府购买的原则和优势。

（三）政府购买社会组织公共服务的趋于成熟阶段（2009年—至今）

2009年以后政府购买社会组织公共服务在很多城市得以实践和应用，服务购买范围扩大，购买机制趋于成熟、这一阶段的基本特征表现购买内容细化，购买制度化程度提高，独立竞争性购买模式得以加强，很多地方政府以政策文件形式全面推行政府购买公共服务。2009年开始，上海市在全市范围内开展"社区公益招投标（创投）"项目，上海市颁布了《上海市民政局关于福利彩票公益金资助项目实施公益招投标的意见》，在全市开始推行社区公益服务招投标和公益创投。同一年，广州市将三大类17项职能通过授权、委托及其他方式转移给社会组织。2010年，杭州市下发指导意见，向社会组织购买八大类服务。自2010年开始，北京市将社会组织公益行动纳入民生服务领域，2011年北京市政府发布《政府购买社会组织服务项目指南》，首次将购买社会公共服务的类别细化，主要围绕社会基本公共服务、社会公益服务、社区便民服务、社会管理服务、社会建设决策研究及信息咨询服务五方面、40 个类别购买 300 个公共服务项目①。许多城市都出台了相关的法规政策对政府的购买行为加以规范，政府购买社会组织公共服务进入规范化发展阶段。2012 年，国家在 3 月发布《中央财政支持社会组织参与社会服务项目公告》，11月，民政部、财政部联合发布《关于政府购买社会工作服务的指导意见》。广东省在 2012 年出台《广东省推进政府向社会组织购买服务工作暂行办法》和《省级政府向社会组织购买服务目录》。2013 年，北京市计划安排 8 000 万元市社会建设专项资金，向社会组织购买 500个公共服务项目。北京市将政府对社会组织的部分监管功能转移给认定的 36 家枢纽型社会组织，后者拥有对本领域内其他社会组织的登记、审查和年检权责，从而将分散的社会组织聚集在枢纽型组织周围。同时，在购买服务方面，也将北京市社会建设专项资金的部分权力转移给这些枢纽型组织，由它们对所管辖的社会组织进行资格初审、指导、协调与宣传组织。政府希冀通过它们同时达到减轻政府管理负担和实现组织之间利益表达及政社沟通的效果。

在这一阶段中，我国政府购买社会组织公共服务继续快速发展，尤其是部分城市的实践不断走向成熟，主要表现为购买内容扩大且对服务类别加以细化，一些发展比较快速的一线城市，如上海、北京、深圳等在政府购买社会组织公共服务实践方面不断深入，基本上已经形成了各自的特色，而且购买模式方面都更倾向于独立选择竞争性购买模式。

同时，各地政府开始在政策、制度上推进政府购买社会组织公共服务，促进社会领域全面改革。由于缺乏相关的法律制度的保障，政府购买公共服务的规范化程度不足，很多城市都出台了相关的意见政

---

① 2011 年政府购买社会组织服务项目指南发布. 北京社会建设网. http://shgw.bjmy.gov.cn/page/default.asp?ID=566&pageID=16&Page=1，2011-03-16，2012-3-11.

策。2008 年，上海浦东新区政府制定了《政府购买公共服务实施意见》，对购买服务的具体内容和要求、政府和社会组织在购买活动中的义务、购买流程等内容都有了明确的指示。北京政府在 2011 年发布了《政府购买社会组织服务项目指南》，具体地将购买服务的范围进行分类，以及详细的说明。这些指导性的意见表明我国购买社会组织公共服务在不断深入发展。而且随着部分城市的购买实践的日趋成熟，政府购买服务也逐渐走向制度化、规范化。

近年来，中央政府对购买社会组织公共服务的模式越来越重视，中央发布的有关"政府购买服务"文件有 10 部。见下表：

表 3.1　历年中央发布的有关"政府购买服务"的文件①

时间	发文单位	文件名称	政策描述
2009-11-23	民政部	《民政部关于进一步推进和谐社区建设工作的意见》民发〔2009〕165 号	积极推进政府购买服务、社会化运作等方式
2011-3-23	国务院	《国务院关于分类推进事业单位改革的指导意见》	创新公益服务提供方式，完善购买服务机制
2011-5-28	发展改革委	发展改革委《关于 2011 年深化经济体制改革重点工作的意见》国发〔2011〕15 号	改革基本公共服务提供方式，扩大政府购买服务范围，推动提供主体和提供方式多样化
2011-7-15	民政部	民政部发布《中国慈善事业发展指导纲要（2011—2015 年）》	建立和实施政府购买服务制度，扩大政府购买服务的规模，拓展购买服务的领域
2011-12-20	国务院办公厅	国务院办公厅关于印发《社区服务体系建设规划（2011—2015 年）》国办发〔2011〕61 号	通过政府购买服务等方式，鼓励和支持社会力量广泛参与志愿服务活动

---

① 国务院发展研究中心社会发展研究部课题组.社会组织建设：现实、挑战与前景.北京：中国发展出版社，2011.

续表

时间	发文单位	文件名称	政策描述
2012-11-28	民政部、财政部	民政部 财政部《关于政府购买社会工作服务的指导意见》民发〔2012〕196号	建立健全政府购买社会工作服务制度，深入推进政府购买社会工作服务
2012-12-1	国务院	国务院关于印发《服务业发展"十二五"规划》国发〔2012〕62号	建立健全政府购买服务机制，增加政府采购服务产品的类别和数量
2013-3-10	国务院	《关于国务院机构改革和职能转变方案的说明》——2013年3月10日在第十二届全国人民代表大会第一次会议上	公平对待社会力量提供医疗卫生、教育、文化、群众健身、社区服务等公共服务，加大政府购买服务力度
2013-7-31	国务院	国务院《研究推进政府向社会力量购买公共服务》	将适合市场化方式提供的公共服务事项，交由具备条件、信誉良好的社会组织、机构和企业等承担
2013-9-26	国务院办公厅	国务院办公厅出台了《国务院办公厅关于政府向社会力量购买服务的指导意见》（国办发〔2013〕96号，以下简称《指导意见》）	尽快形成中央和地方共同推进购买服务工作的氛围和机制

　　虽然我国很多城市已经开始进行服务购买新模式的实践，并且取得了较好的成果，国家也越来越重视服务购买模式在公共服务中的作用，但是相对于发达国家而言，我国在这种购买模式的实践中仍然存在许多问题，如缺乏规范的购买程序，规模较小，制度不完善等。此外，从区域上来看，进行购买公共服务的地方政府大多集中在沿海发展较好的地区，而落后偏远地区对这种模式的了解甚少。因此需要总结问题，积极地寻求解决办法，从而更好地推进购买服务的发展。政府购买公共服务的实践从探索阶段发展到成熟阶段，必然要求实现从"被动购买"到"主动购买"、从"粗放购买"到"精准购买"、从

"单一同质化购买"到"多元化差异化购买"的有效变迁。①

第二节 政府购买服务的地方实践

中央和各地政府纷纷探索政府购买服务实践形式，并出台众多规范化文件指导政府购买社会组织服务。2012 年以来，国务院及其下属办公厅、财政部、民政部等中央部委制定和发布了《国家基本公共服务体系"十二五"规划》、《中央财政支持社会组织参与社会服务项目公告》、《关于政府向社会力量购买服务的指导意见》、《购买社会服务指导目录》、《政府购买服务管理办法》、《中华人民共和国采购法实施条例》、《关于通过政府购买服务支持社会组织培育发展的指导意见》等多种行政条文。在我国各地方政府开展了积极的探索与实验的过程中，结合当地的情况从而产生了许多的各具特色的政府购买公共服务的模式。其中很多城市的创新举措对地方政府的服务购买实践起到了一定的示范作用。

一、 政府主导，民间运作的"深圳模式"

深圳是我国社会工作的起源城市之一，早在 1992 年便建立了专门的协会开始探索如何运用社会工作的方式对于社会问题"防微杜渐"和"对症下药"，从而使得问题"迎刃而解"。十六届六中全会后，政府对于社区工作与社区建设给予了高度的重视，深圳政府积极响应并大力发展社区工作。2007 年，深圳政府专门派遣专业人员前往香港学习先进的社工理念。市委通过调研学习香港的经验与理念后，制定了《关于加强社会工作人才队伍建设推进社会工作发展的意见》，随后出台了相关七个与之相关的文件，简称为"1 + 7"制度，对于社会工作的具体实操，相关的管理制度作出了明确的规定，标志着深圳的社会

---

① 吉鹏，许开轶.大数据驱动下政府购买公共服务精准化：运行机理、现实困境与实现路径.当代世界与社会主义，2020(3).

工作正式步入了专业化、制度化的轨道。深圳的社会组织发展迅猛，截至 2015 年年底已有 10 100 家，自 2011—2015 年，年平均增幅接近 20%。

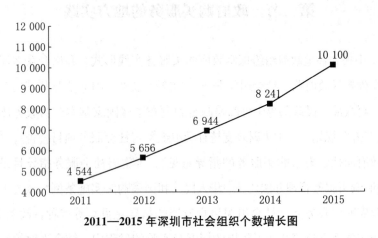

2011—2015 年深圳市社会组织个数增长图

数据来源于 2016 年深圳蓝皮书。①

相对于传统以政府主导为主，为了完成政府的任务，偏向于行政化的运作而言，深圳在探索政府购买公共服务的过程中，由于自身对于社会工作发展的偏重，又吸取了香港的社工经验与理念，在政府购买公共服务的模式上形成了自己独特的范式，购买行为重点突出民间化。因为只有民间化才能真正实现民间组织的社会作用和价值，否则民间组织就沦为"二政府"身份，结果会严重阻碍公民社会的培育和发展。政府主导，民间运作的"深圳模式"，主要具有以下几个方面的特点：

一是从政府购买服务主体的关系上来说，政府与社会组织双方主体地位独立平等，奠定了相互之间合作双赢的基础。在政府与社会组织的关系中，政府既明确了社会组织发展的支撑者、培育者以及合作者的角色定位，给予社会组织自我成长的空间，同时又保证了社会组织的独立自主。为了培育社会组织的发展，深圳政府在初期便确立了发展方向，通过"1 + 7"文件以及一些类相关制度的出台，为社会组

---

① 数据来源于深圳社会建设与发展报告（2016）.

织的发展构建了良好的发展平台。通过对于社区社会组织采取登记与备案的双轨体制，简化社工机构的成立手续，放开对于社会组织的登记管理以及对于社会组织等级资金门槛的降低（由原来的最低额度3万元到1万元）的相关规定。通过区级承担，市级补助，引导社会捐助等方式对于社会组织进行经济化的补助与财政扶持来维护、推动社会组织的民间运作。深圳政府对于社工机构的发展起到了重要的推动作用，为社工机构的发展提供了良好的环境。在"深圳模式"中，政府与社工机构相互独立，不存在依赖、依附关系。政府与社工机构不存在利益纠葛，不属于上下级关系，从而导致了购买过程的公平与透明，减少了"黑箱操作"，为政府购买营造了平等协商的氛围。

二是从政府购买的方式上看，采取竞标购买的方式，运用市场机制"择优选用"确保服务质量。在"深圳模式"中，政府采用公开竞标的手段来进行公共服务的购买，不同于传统政府委托或者依赖，充分运用市场竞争的机制，运用对外竞标的方式公平、公开地向社会上的社工组织进行统一购买。通过衡量社工机构的资质、报价、声誉等各方面因素做出综合的评价，从中"择优选用"。通过市场竞争，从而使得各社工机构保持危机感，从而促使机构产生服务改进的动力，进而使得服务质量不断地提高。

三是从政府购买的内容上看，将岗位购买与项目购买相结合，体现购买模式的灵动性。深圳政府在购买方式上采取了循序渐进"两步走"的方式。"第一步"：从岗位购买的协商方式再到招标方式。服务购买初期，由于缺乏岗位购买的经验，政府对于岗位购买进行试点实验。在政府主导下，采用协商的方式，先行在民政部门安排下设点33个岗位，随后在司法、民政、教育、残联等四个领域开展大规模的试点。在取得成功后，政府进一步地加以规范，并将范围增加至卫生、妇儿等十多个领域，将原先的双方的协商制度改为招标制度。"第二步"：政府开始对于项目购买的试验。具体运作方式由各区政府采购中心向社会发布各区所需社会工作服务立项组织竞标，中标机构提供服务，或者由民间社工机构上交项目申请政府从中审批选择，为其中优秀的立项方案拨付经费资助项目开发施行。①一般来说项目的周期为两年，政府在初期先行发放一定金额的资金，然后通过对于社工机构中期的评估结果，来决定是否对于该项目持续投入资金。但是由于项目购买具有一定的周期性以及存在不确定性，一旦无法获得项目，便会缺乏经济来源。因而深圳政府鼓励在岗的社工依据岗位开展项目的开发，结合岗位与项目，灵活地发挥其最大效用。

四是从政府购买的监督机制看，引入香港督导模式，多重监督。在政府购买公共服务的监督与评估环节，依托独特的地理位置，深圳引用了香港的督导带领当地督导成长的模式。通过香港督导来带领当地督导的发展，试点第一年便引进了 31 名香港督导，对于一线的社工工作者进行了实务的指导与建议。深圳市政府设立了相关制度，明确了由 1 名香港督导搭配 2 名见习督导再加上 4 名督导助理构成的督导团队，该团队对于 48 名社会工作人员进行培训与管理。通过对于香港社工理念的学习，督导模式的建立，深圳市增加了对于政府购买公共服务的监督途径，加强了本土社工人员的素质与能力，促进政府购买公共服务的良好运行。

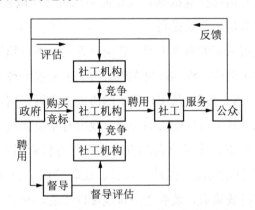

图 3.1　深圳政府购买公共服务模式图

---

① 毛喆玥.深圳"政府购买社工服务"模式及启示.贵州省社会科学界联合会.2011 年贵州省社会科学学术年会论文集.贵州省社会科学界联合会，2011:6.

二、 上海市政府购买公共服务的实践探索

上海作为特大型城市，正以较快的速度从工业社会向后工业社会转型，其发展定位是社会主义现代化国际大都市。近年来，上海经济增长和改革速度持续提升，人均 GDP 已经突破了 10 000 美元，各类社会组织和市场主体逐步成长，公共服务需求全面增长。同时，上海正处在改革发展的关键阶段，面临着经济转型和社会建设两大艰巨而繁重的任务，其公共服务的运转方式、供给模式也要紧跟经济社会发展的步伐。这一切，决定了特大型城市管理的复杂性、多元性的特点，需要借鉴国际先进经验，改革公共服务供给体制，创新公共服务供给方式，提高公共服务供给能力。目前，上海市各级政府及职能部门已经开展了内容丰富、层次多样、不同区县各有特色的政府购买公共服务实践。我国内地的政府购买服务首先产生于上海。政府购买公共服务在我国内地最早可以追溯到 1995 年。当时，上海市浦东新区社会发展局新建了罗山市民休闲中心，为了提高休闲中心管理绩效，该局不是单纯依靠街道办事处和居委会等传统的社区管理组织，而是通过协商，委托上海基督教青年会出面管理，并于 1998 年接受政府养老服务的委托。2000 年，为应对政府包办服务的弊端、提高社会福利服务的效益，上海率先在改革社会管理体制时提出并推行政府购买服务。卢湾区等六个区的 12 个街道开展了依托养老机构开展居家养老工作的试点工作。至此，政府购买服务第一次进入我国的实践领域，适用范围也只限于养老服务。2011 年，上海市投入 5 000 万元用于政府购买社会组织服务工作，今年又计划拿出 1 亿元用来拓展服务范围和项目内容。在购买服务的实践过程中，上海市不断进行体制机制创新，形成了以下几个特点：

(一) 突出购买岗位

政府购买服务一般分为购买岗位和购买项目两种模式。购买项目相当于国外的"公共服务合同外包"，即将项目外包给市场组织和社

会组织，以达到提升服务质量和效率的目的。在上海市政府购买服务的实践中，更多的是在政府系统内部购买岗位。这种模式又可以称为体制内吸式。在此模式中，资金基本上还是在政府体制内循环，人员进行社会招聘，项目由政府"给"而非公开招投标。政府大力支持这种模式的原因有三个：（1）参与这种购买服务的 NGO 是由政府主动成立的，其政治合法性很高。（2）资金仍在体制内运行，政府易于控制和使用资金。（3）在一定程度上可以解决部分令政府官员头疼的就业问题。尽管起到积极作用，但该模式也存在一些问题。如，资金仍然在体制内循环，无法解决有效监管和社会监督问题；参与购买的 NGO 主体仍然是政府职能的延伸，无法起到真正培育民间力量来解决基层社会问题的作用。

（二）注重制度建设

上海市政府先后出台了若干政策文件，为政府购买公共服务创设了良好的制度环境。近些年来，上海市政府出台了相应的政策来促进购买公共服务发展。如，2008 年 3 月，静安区政府在本市率先拟定了《政府购买社会组织公共服务项目合同示范文本》，统一了政府购买服务的流程和标准，强调对社会组织的资质审核和项目的绩效评估。市级有关部门和浦东新区已经出台的相关政策文件如下（见下表）：

表 3.2　上海市政府购买公共服务相关政策

发布日期	发文部门	发文标题	发文文号
2000-10-22	上海市民政局、上海市社会团体管理局	《关于对本市社会团体和民办非企业单位实行双重负责管理的若干意见（试行）》	沪民社综〔2000〕6号
2002-01-10	上海市人民政府办公厅	《关于本市促进行业协会发展的指导意见》	沪府办发〔2002〕1号
2002-11-25	上海市民政局、上海市劳动和社会保障局、上海市社会团体管理局	《上海市民政局、上海市劳动和社会保障局、上海市社会团体管理局关于社会团体和民办非企业单位专职人员社会保险问题的通知》	沪民社综〔2002〕8号

续表

发布日期	发文部门	发文标题	发文文号
2008-01-11	上海市民政局上海市劳动和社会保障局上海市社会团体管理局	《上海市民政局上海市劳动和社会保障局、上海市社会团体管理局关于在本市社会团体、基金会和民办非企业单位中建立年金制度若干问题的通知》	沪民社综〔2008〕1号
2009-03-24	上海市民政局	《上海市民政局关于在本市培育发展专业社会工作机构的通知》	沪民社工发〔2009〕1号
2009-04-25	上海市民政局	《上海市民政局关于福利彩票公益金资助项目实施公益招投标的意见》	沪民计发〔2009〕18号
2009-09-29	上海市人民政府办公厅	《上海市人民政府办公厅关于本市进一步加强政府采购管理工作的实施意见》	沪府办发〔2009〕38号

（三）拓宽购买领域

上海市购买服务的领域从交通协管、河道保洁、绿化、社区养老、纠纷调解等领域，逐步扩大到更多的领域进行政府购买服务措施。

表3.3　上海实行"政府购买服务"的领域和代表组织①

购买领域	社会组织代表
居家养老	金色港湾老年公寓/普陀区居家养老服务中心
民间纠纷调解	李琴民间调解工作室/柏万青志愿者工作室/蔡祥云人民调解工作室
青少年服务	上海市阳光社区青少年事务中心
文化教育	民办阳光海川学校/民办外高桥中学/民办行知中学/上海东方数字社区发展公司/成功教育管理咨询
就业帮扶	长征镇劳动力服务中心/4050工程/上海公益社工师事务所
慈善救助	阳光慈善救助服务社
司法矫正	自强社会服务总社
安老助老	江苏路街道老年协会/杏峰老人活动中心/爱晚亭敬老院
社区服务中心	上海市浦东新区罗山市民会馆/中致社区服务社/"金钥匙"社会事业发展中心

---

① 陆春萍.我国政府购买公共服务的制度化进程分析.华东理工大学学报（社会科学版）2010，（4）.

(四) 培育组织载体

随着社会组织在经济发展与社会管理的重要作用不断增强，如何有效地运用这支潜在的社会力量，使其更好地发挥效能，服务于社会，是需要管理者突破的新课题。上海市不仅经济发展走在全国前列，在培育发展社会组织方面，也在全国遥遥领先。上海市政府在购买服务的过程中，既重视对已存在的组织载体加以扶持和引导，同时也不断培育一些非营利性专业化的社会中介组织，并直接购买其服务。以浦东新区为例，政府以优质公办资源为"母体"，积极培育并支持成立了上海福山教育文化传播与管理咨询中心、上海东方之光学前教育咨询中心、上海冰厂田教育管理咨询中心等7个管理咨询类机构，接受浦东新区社会发展局（简称"社发局"）委托管理公办优质学校和薄弱学校。支持成立上海浦发教育评估中心等评估类教育民非机构，委托其论证东沟中学管理方案和新成立的民办幼儿园的招标投标文件等。成立浦东新区体育总会（社团法人性质），发挥行业管理作用，负责管理、指导区内各体育单项协会，组织开展有关体育协会、俱乐部的工作、活动等。

(五) 搭建信息平台

在信息化社会中，购买服务体制的运行需要信息技术的支撑与推动。2007年底，上海市正式启动建设全市一体化政府采购信息管理平台，其主要特征可以概括为"四全"。即"全覆盖、全流程、全上网、全透明"。全覆盖是从覆盖领域来讲，市区两级采购监督管理部门、采购人、集中采购机构和采购代理机构、评审专家和供应商等政府采购各类参与主体，实现全市采购资源共享，采购审批监管业务全市协同；全流程是指平台提供涵盖政府采购预算、审批、采购、支付和征信整个流程的全周期服务；全上网是指平台实现所有用户和所有政府采购活动网上作业，所有用户都可以通过网络完成各自业务；全透明是指平台实现所有采购流程、采购项目实施进度和用户在线操作信息全部透明化，实现在线实时监督和处罚功能；全市一体化是指市区两级政府采购管理模式和操作流程按照统一标准实施，并全部在信息管理平台上运行。

三、 政府购买服务的宁波做法

上海和深圳作为一线城市，其政府购买公共服务的实践在全国起到了示范效应，同时，浙江省宁波市也很早就探索政府购买居家养老服务，特别是宁波市海曙区的做法更是作为解决养老问题的成功案例，该区在为老服务中通过运用购买服务的做法，较好地解决了养老服务资源困境问题。

(一) 政府购买养老服务的背景

近年来，我国很多地方政府都承担着巨大的养老压力。老年人口增加，人口老龄化趋势加重。从养老方式来看，一般分为传统的家庭养老、机构养老和社会养老。家庭养老主要是指老年人依靠自己的子女解决养老问题，包括生活照料、日常护理和精神慰藉等，也正是因为家庭养老所能提供的精神慰藉等，使得这种养老方式在很长一段时间内都是中国人养老的主要选择。这一养老方式受到了家庭微型化的冲击，养老效果日益乏力。为了应对人口老龄化的风险，海曙区政府的政策焦点放到了机构养老上，每年政府投入大量的财政资金用于修建养老院等养老机构的建设上，但收效甚微，因为在中国人传统的孝道观念的影响下，机构养老被很多人解读为不孝顺。除此之外，机构自身的冷漠化、程式化的工作也降低了其自身的吸引力。同时，养老院没有足够的床位，老人没有足够的社会关系和足够的养老金到养老机构中去养老。对于"未富先老"的中国社会，探索一种成本低廉、不脱离家庭亲情、以社区为依托的居家养老方式，是政府解决民生问题的迫切需要。在政府转变职能、老龄化来势汹涌的形势下，机构养老模式越来越受到民众的质疑。居家养老由于其经济性、自由性及不脱离老人熟悉的生活环境的特点，仍是广大老年人的首选。

宁波市是比较发达的沿海城市，其人均生产总值位居国内前列，中国社科院组织的城市综合竞争力排名中，宁波一直稳居全国前十位。宁波市人口的老龄化程度正在快速加深。2018 年，老人数量较上年增加 6.2 万人，增幅 4.3%；人口老龄化比例较上年提高 0.8 个百分点；老人数量占总人口的 1/4，预计到 2025 年将占比 1/3。人口高龄化也明显加速。2018 年年底，全市 80 岁及以上高龄老人 21.8 万人，占老人总数的 14.4%；90 岁以上老人 2.9 万人，占老人总数的 1.9%。预计 2020 年和 2025 年，全市 80 周岁及以上户籍老人数将分别达到 30 万人、40 万人。截至 2019 年底，宁波市 60 周岁以上户籍人口为 155.96 万，占户籍总人口 25.6%，老龄化程度严重。海曙区系中共宁波市委、宁波市人民政府所在地，是宁波的核心行政和商务区。海曙区是全国首批社区卫生服务示范区。全区面积 29.4 平方公里，有常住人口 30.5 万，60 岁以上老年人 5.8 万，占全区总人口数的 19.67%。人口老龄化程度高于浙江省平均水平。其中，空巢独居的老年人有 2.5 万人，占老年人总数的 42.8%。海曙区老龄化发展趋势迅速，仅仅是进入新世纪的前五年，老年人占到总人口的比例就提升了七成。随着宁波市人口老龄化与高龄化的持续加重，截至 2013 年年末，宁波市户籍总人口数为 580.15 万人，60 岁及以上户籍老年人口为 118.7 万，占总人口的 20.47%，老龄化程度已远远超过国际标准，从而进入中度老龄化社会。且每年以不低于 4% 的速度增长。

宁波市海曙区较早就开展了政府向民间组织购买养老服务的尝试。自 2004 年 3 月份起，海曙区政府在其区范围内的 17 个社区进行居家养老服务工作的试点工作，2004 年 8 月，开展了对 17 个试点的抽样调查工作。从民众对试点工作的意见反馈和调查结论两个方面来看，居家养老服务在海曙区的政策实验还是初见成效的。于是从 2005 年 3 月起，该区决定在全区 63 个社区中对这一新型养老模式加以全面推广。海曙区还建设了 8 个综合服务功能的街道居家养老服务中心，12 家社区居家养老服务中心，总面积超过 4 400 平方米。2012 年，宁波市海曙区因其在居家养老服务工作中的成就获得"全国老年精神关爱十佳集体"的荣誉；获得"全国社区服务先进单位"的称号。2013 年，海曙区加快居家养老服务体系建设，新建 10 个服务站点。海曙区今年计划新建 10 个居家养老服务站点，让老年人在社区就能过上养老院的生活。

（二）政府购买养老服务的具体做法

1. 成立专门的机构承接养老服务

为了让老人安享晚年，海曙区坚持"以居家养老为基础、社区服务为依托、机构养老为补充"的服务方式。在海曙区的居家养老服务建设中，主要的服务承接者是海曙区星光敬老协会，它是国内较少的开展养老服务的非营利组织。星光敬老协会的成立始于政府倡导并且其管理和工作人员也大多来自政府部门。具体看来，这一组织主要的工作包括：第一，审定需要提供养老服务的对象。立足海曙区域实际，以失能、单身、独居老人为重点，适度扩大政府购买服务的受惠面。随着养老服务效果的日益突出，政府购买服务对象范围扩大到分散供养的"三无"老人，60 周岁以上独居烈属，60 周岁以上六等以上伤残军人，百岁老人，曾获得市级以上劳模称号的中度、重度失能或仅与残疾子女生活的老人，60 周岁以上困难的独居、空巢老年人或中度、重度失能老年人。以上人员享受每月 200 元政府购买服务补贴。但是在实际操作过程中，经常会出现信息失真的情况，为此，这一协会通过上门审核等方式，确定政府购买服务的享受对象的人员，增加政策的公信力。第二，商定居家养老服务的基本内容。服务的主要内容包括生活照料、医疗康复、精神慰藉等，每一个老人的具体服务内容则由服务员与老人共同商量确定。该协会对居家养老服务的网络和服务的改善具有一定的自主行动能力，如义工队伍的建设等。第三，检查和监督养老服务的质量。对组织所提供的服务进行跟踪检查，听取养老服务的使用者对其意见，进而保证服务质量。第四，培训服务员和志愿者。敬老协会每年组织为期 5 天的培训，主要是从业务能力、思想道德、基本技能等方面来进行，尤其强调对老年人心理的把握。

尽管敬老协会具有很浓重的行政色彩，但在承担政府委托的职能之外，星光敬老协会也期望能有自主权，并在居家养老服务的监督权上一度与民政部门存在着冲突，它的运行并不止于听命于政府，但这些内容并不包含在政府向其购买服务的内容中，事实上在其中星光敬老协会并没有太大的参与决策的空间，这部分是由于星光敬老协会的设立最初是由政府倡导而成，并且协会中的部分管理人员也来自政府部门的退休人员，不仅如此，星光敬老协会的活动资金大多来自政府购买服务，虽然协会有其超出政府要求范围的自主性的活动，但可以发现这些活动几乎都是不需要或是仅需很少支出的志愿性活动，进而造成了政府在一定程度上仍然难以完全将协会作为一个独立于其体系之外的个体看待。

2. 政府制定政策支持养老

2003 年区政府出台了《关于海曙区社会化居家养老工作的指导性意见》，对居家养老服务工作的各个方面提出了规范化和标准化的要求，并提出了"政府扶持、非营利组织运作、社会参与"的工作思路，在这种新型的社会化居家养老服务体系中，政府的角色定位为政策的制定者和规划者。2011 年，又出台了《宁波市海曙区关于进一步深化居家养老服务的实施意见》，拓展与区星光敬老协会的合作，最大限度地发挥社会组织在现阶段居家养老服务体系中的作用。在优化生活照料服务的基础上，创新载体，满足老年人活得有尊严、不孤独、心理满足的精神养老的需求。不断规范政府购买服务的准入机制，按照"公开、公平、公正"的原则确定享受政府购买服务对象，并逐级申报审批；规范资金结算机制，根据实际服务人数和规定服务时间划拨政府购买服务经费；建立政府购买服务评估体系，委托第三方，定期对政府购买服务受惠群体及家庭子女、服务人员等开展满意度指数测评。总结现有居家养老的运作方式，着力推进规范化、标准化建设。政府的这种扶持还体现在对敬老协会的财政资金划拨上，政府每年会拿出部分资金用于支持组织运作和开展社会动员工作，另外，还进行硬件设施建设，帮助组织开展专业的养老专业照顾工作和老年大学的研究工作。

第三节　政府购买服务过程中的政社依赖关系

自 20 世纪 80 年代，我国地方政府开始探索公共服务市场化改革。1995 年，上海市浦东新区尝试服务购买，自此，我国服务购买制度在中国大地风起云涌。固然，创新本来就意味着破旧，但创新的"范式革命"也需要指导。作为公共服务民营化的中国特色制度探索，公共服务购买遵循着合同制治理的指导原则，秉持着契约制精神的价值信念，追寻着有限性政府的本质目标，是政府与社会两方力量在现有社会结构条件和时空场域中全面互动的必然产物。政府购买服务作为一项整体性公共议程，需要符合契约精神、遵循合同原则。作为公共服务供给的新选择、政社合作的新模式，政府购买公共服务从来都是政府主导的过程，至于政府如何选择购买对象，标准如何设置等则处于政府购买服务研究的薄弱层次。因此需要从契约治理的角度来研究政府购买社会组织公共服务中的合作者选择问题，强调通过契约精神的实现，达成合作者选择的"特殊信任"到"制度信任"。

一、服务购买的契约式治理

合同过程的模式与传统的权力驱使的治理模式迥然不同。在传统的形式中，以权力为基础的治理是建立在规则、机构和政治等级之上的纵向模式，它指示行动、对违规者进行制裁，它用一些具体的责任制形式来限制那些治理者以及控制由它们领导的机构。①合同制治理

①　[美]菲利普·库珀.合同制治理：公共管理者面临的挑战与机遇.竺乾威等译，上海：复旦大学出版社，2007:51.

模式的兴起是对传统的科层制治理模式的批判与挑战，也是公共服务社会化的崭新途径。它倡导平等、合作等治理理念，运用市场机制和社会力量作为治理主体，通过营造良好的市场竞争环境，进而实现经济、效益、效率等目标。它的特点可以从以下几方面来分析：

(一) 权力运行路径的十字架

合同制治理的权力路径与官僚制治理最大的不同在于执行过程中权力和责任的移交。这种移交对象包括了政府和民间组织，从而导致了双重的复杂性。从纵向上看，由各级政府组成，包括中央—省—市三级组织以及下设的区县等机构，他们之间的关系主要是自上而下的政策执行。从横向上来看，这种"扩散的公共行动"体现的是政府与一些营利组织、非营利组织和社区组织的关系。这些参与执行的组织并不属于公共行政的范围，但是确实是分散在市民社会中的公共—私人行动的联合体。[①]作为谈判主体的政府，它能够使得谈判伙伴认识到，大众的普遍利益是如何有别于有组织的个人利益，当然，这种合法权力的使用必须考虑不同利益领域之间的合法性差异。不同的社会领域彼此互动，这些领域不同的历史根源和它们发展时机的差异深刻地塑造这些互动的性质，而这些互动显现了紧张、不和谐甚至是固有的动态。[②]

(二) 治理机制的网络化

科层式治理机制是金字塔的形式，信息传递遵循自上而下的原则，这种传播模式有利于政令统一和上传下达，但是在应对自上而下的信息传播时，则显得力不从心。而且这种模式也无法满足人们对信息的需求。合同制治理模式较好地适应了信息化社会的要求。在这种模式中，公共权力分散于网络之中，政府独享公共权力的治理局面被打破，公民个人以及其他组织共同参与到政府的治理活动中。这种多

---

① [美] 查尔斯·T.葛德塞尔.为官僚制正名——一场公共行政的辩论.上海：复旦大学出版社，2007：105.

② 王桢桢.科层制治理与合同制治理：模式比较与策略选择.学术研究，2010(7).

元参与的共治模式是一种以政府合作为基础的平行网络关系，政府、社会组织及公民个人并不存在严格的等级界限，彼此共享价值观念，通过点对点的交流方式进行合作，有利于不同行动者之间的交流与沟通。

(三) 治理主体的多元化

多中心政治体制的特点是存在多个决策中心，它们在形式上是相互独立的。但并不是所有的多中心体制必然是有效的。任何特定多中心体制的效率取决于操作关系与有效表现的理论上明确条件相一致的程度。这些有效表现的必要条件，一是不同政府单位与不同公益物品效应的规模相一致；二是在政府单位之间发展合作性的安排采取互利的共同行动；三是有另外的决策安排来处理和解决政府单位之间的冲突。①与统治相比，治理是一种内涵更为丰富的现象。它既包括政府机制，同时也包括非正式、非政府的机制，随着治理范围的扩大，各色人等和各类组织得以借助于这些机制满足各自的需要、并实现各自的愿望。治理就是这样一种规则体系：它依赖主体间重要的程度不亚于对正式颁布的宪法和宪章的依赖。更准确地说，治理是只有被多数人接受（或者至少被它所影响的那些最有权势的人接受）才会生效的规则体系；然而政府的政策即使受到普遍的反对，仍然能够付诸实施。在此意义上，治理在维护体系延续上具有重要的意义。治理指出自政府、但又不限于政府的一套社会公共机构和行为者的规则体系。各种公共的和私人的机构只要其行使的权力得到了公众的认可，就都可能成为各个不同层面上的权力中心。传统的科层制主张政府的单中心，而治理则强调多中心，作为政府合同外包的对象既可以是以追求利润为导向的市场组织，也可以是倡导社会公益的社会组织。

---

① ［美］迈克尔·麦金尼斯：多中心体制与地方公共经济，毛寿龙，李梅译，上海：上海三联书店，2000:69—70.

二、异化的发展：政社非对称依赖关系

政府购买社会组织公共服务本质上是一种契约治理，因此依据合同制的精神和原则对政府购买公共服务进行管理和约束是政府与社会组织良性互动关系构建的基础，也是提升公共服务供给质量和效率的保障，但在我国当前的购买服务实践中，社会组织对政府有强烈的依赖关系，这种依赖关系对于两者合作关系的构建、服务供给的提升都会产生影响。一旦政社合作关系的必要性被确定和认可，并有可能确定其大致轮廓和共同原则，接下来的问题就在于以什么方式进行了。非对称相互依赖是一种权力资源，从而将权力与资源联系起来。相互依赖并不意味着行为者的利益处于和谐状态或者权力关系不重要，在相互依赖关系中，相比行为者是独立或者自主的情况下，权力体现得更为明显。脆弱性相互依赖的衡量标准只能是，在一段时间内，行为有效适应变化了的环境做出调整应付的代价。脆弱性相互依赖意味着如果一方破坏了与另一方的关系，将会付出昂贵的代价。虽然在脆弱性相互依赖关系中，双方的依赖是不对称的，然而，不对称的相互依赖会导致双方付出不对称的代价。如果只是一方付出代价，而另一方没有付出代价，那么，这种关系就不是脆弱性相互依赖，而是依赖。脆弱性相互依赖本质上属于相互依赖范畴，应该被视为处于独立和依赖之间。这种政府与社会组织依赖关系的中断意味着双方都要付出代价。实践中，逐渐出现某些社会组织对政府的依附，这些社会组织和政府逐步形成一种命运共同体。有学者将政府与社会组织的合作模式归纳为以下三种：协同增效、服务替代和拾遗补缺。所谓协同增效，就是指政府与社会组织通过各自资源的付出，承担相应的责任，共同努力，进而实现以前无论是政府还是非营利组织都无法实现的公共服务目标。这时候两者是一种互补的关系。能够产生协同增效的合作类型，主要有以下三个合作层次：弱制度化协同、制度化协同和相互嵌入。所谓服务替代，是指政府将原本应由自身提供的服务，交由可以

在本领域更好发挥效应的非营利组织来做。在很长的一段时间里，中西方学者都认为社会组织所发挥的是"拾遗补缺"的作用。拾遗补缺意味着政府与非营利组织在公共服务上是相互补充的，两者存在一定程度上的沟通协调。这种模式由于缺乏真正意义上的互动，很难说是一种合作。这种模式根据非营利组织承担的公共服务性质又可以分为存量服务提供和增量服务提供。

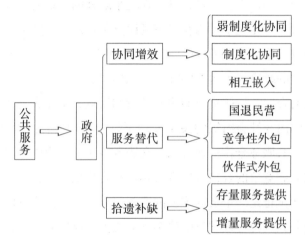

图 3.2　政府与非营利组织的合作模式

资料来源：汪锦军：《公共服务中的政府与非营利组织合作：三种模式分析》，中国行政管理，2009(10)：78—79。

（一）政府购买服务的内部化表现形式

政社关系的权力不对等随着时间而强化，深嵌于组织、主导的政治行动和政治理解、制度安排之中。政府不会主动放弃命令—服从的社会治理范式，会通过对规则体系的诸种安排来禁锢社会组织的自由行动空间。然而，通过预设性的规则无法实现对后工业化进程中各种复杂问题的有效控制，政府给予社会组织的命令往往是滞后于现实需求、偏离于最佳决策的。而现实情况则是，我国服务购买制度实践中"体制内购买"现象盛行，政府有意扶持那些体制内的、与政府关系密切的社会组织，"枢纽型社会组织"成为了合同外包的青睐对象。

"非对称性相互依赖"也作为服务购买中政社关系的形象描述。显而易见，我国地方政府购买实践中的非竞争性、体制内购买是与合同制治理背道而驰的，因为竞争性和独立性是合同双方建立合同关系的必备要件。政府购买服务的内部化表现在以下几个方面：

1. 购买方式的非竞争性

政府购买服务，在国外被称为公共服务合同外包。与公私合作伙伴关系不同，外包主要就是将排除在竞争之外的一系列经济活动引入到竞争中来。事先竞争——为获得市场而竞争，这是公共服务合同外包的显著特点，这一点与市场领域的竞争相对应。在服务外包的过程中，发包方的政府与承包方的社会组织建立起了合同关系，双方需要依据正式的合同，按照预定的服务数量和质量，来完成公共服务的供给责任。政府与社会组织的关系实现了权力治理到合同治理的转变。为了获取公共服务合作伙伴关系，在服务购买的过程中需要建立起一个完全和充满竞争的合格竞标者市场，在合作伙伴选择预测阶段进行市场能力测试也是一个极为重要的前提。建立商业预测可以使政府在大量花费公共资源开发项目的诸多细节之前就能够对政社合作伙伴关系的适用性有所认识。服务购买的竞争过程需要具有一定程度的竞争压力，这样参与竞标的社会组织才会提供最有效的投标。但在实践中，由于政府对公共服务市场主体的培育力度明显不够，市场发育迟缓导致市场中缺乏足够数量的、能够胜任的服务提供者。因此，一些地方政府往往以能够参与提供公共服务的社会组织数量较少，难以形成市场竞争的客观条件为由，选择定向购买。在定向购买中，服务提供者与服务的购买者—政府之间往往存在着利益关系或者依附关系（如内部化购买），更容易在招标过程中取胜，最终使得政府所购服务成为公众"不称心"的礼物。但是，由于政府向社会分权的责任意识不足，以往全能主义政治所造成的强国家、弱社会的状况，一方面表现为公众参与的积极性不高，不利于社会主体的形成；另一方面，社会分权不足导致社会组织缺乏独立生存和发展的能力和公益使命，这就决定了社会组织在参与购买公共服务时只顾迎合政府需要，而不是以向公众提供"称心"服务为目标。

2. 服务承接主体的非独立性

我国社会组织在登记注册管理上实行的是双重管理体制，这种管理体制的初衷就体现出浓重的控制取向。双重管理体制对社会组织的发展体现更多的是束缚，而无法发挥其管理和促进民间组织的发展的作用，并且这种制度存在的管理盲区也给民间组织监控造成了巨大的隐患。在双重管理体制的影响下，实行的限制原则等其他原则也不利于竞争环境的营造。在这种非竞争性的环境中，先入为主的民间组织被人为地赋予某些公民垄断地位和特权，没有外来竞争的压力，难以发挥"鲶鱼效应"，造成了这些组织缺乏积极进取的动力；同时对那些意欲成立的组织而言也是一种极大的不公平，限制了民间组织发展的多样性的发展，无法发挥其应有的公益效能，满足人民的需求。非营利组织对政府的服从和认同表现在对国家法律规范的遵守和执行、对国家意识形态和价值体系的认同、对政府号召的响应等方面。在行动控制权的转让过程中，非营利组织会得到某种补偿，可以利用政府的一部分制度资源和体制资源来进一步增强组织存在的合法性，实现自身符号资源的积累和社会资本的增值。严格意义上的服务购买，需要遵循招投标制度设计，社会组织可以通过投标、竞标的方式参与到社会公共服务中去，在竞争中展示自己的实力，以争取更多的发展机遇。由于我国的社会组织其社会认可度低和资源依赖性强的特征，导致了谈判空间的减少甚至丧失，处于非常被动的情境中。社会组织成为政府部门的延伸，即社会组织变成了与政府行政性质相同的"次级政府"，由此也带来了服务质量、费用合理性以及资金透明度等一系列问题。在政府购买服务的过程中，则体现在往往为了实现某个既定的项目目标，政府直接成立相关组织完成服务购买任务。以社工结构为例，西方国家社工机构的产生是源于社会矛盾的凸显，公共服务的激增。而在我国同样是社会矛盾的凸显需要社工机构的产生，但起决定性作用的则是政府的推动。政府之所以大力推动社工机构的成立和社工岗位的购买，还有一个重要的原因，就是解决就业问题。上海市在全国首推政府购买岗位，由政府出资购买就业岗位，促进社会就业。在这种理念的指引下，一些社工机构的注册资金由政府提供，政府负责为社工机构的发展提供政策优惠，并对其人员招聘和正常的机构管理都予以行政干预。在机构成立的初期，政府发挥主导作用，待这些社工机构成立后，为了保障服务供给的持续性，上海市政府采取了政府购买服务的方式加以推动。

3. 组织资源获取上的关系取向

社会组织在西方国家的发展路径呈现出自治性和独立性的特征，这既有西方国家社会文化和慈善传统的原因，也有社会组织自身发展能力的原因。而这些发展经验和社会财富的积累，对于中国的社会组织而言，都是可望而不可即的。具有一定官方背景的社会组织与草根社会组织在组织资源获取上面临的可能是两种待遇。这种待遇体现在登记注册、日常管理、人事任命等诸多环节，而最为关键的则是在服务购买事项承接过程中招标对象的选择上。目前，我国的服务购买操作流程基本上按照《政府采购法》在执行，为此在资质、能力等一系列指标的设计中，往往脱颖而出的都是那些拥有体制内资源的社会组织，而更是这种体制内的身份进一步强化了这些组织获取资源的能力。"良法是善治之前提"，建章立制是服务购买能够有效开展和进行的最基本保障；而为了更好地保障服务购买的成效，监督控制必不可少。这些都是作为法制建设过程管理的题中应有之义。尤其对于我国服务购买主要法律依据的《政府采购法》以及饱受诟病的招投标制度都是服务购买制度化推进过程中需要重点关注的方面。政府与公民之间发生关系最紧密的手段就是通过制定公共政策，通过公共政策的制定，官僚制的力量得到彰显，人们的权益得以保障，利益关系得以疏通。服务购买政策也是作为政策制定者的官僚，运用权威的力量，借助法治的手段，为公民提供的福利供给。

政府购买服务模式的核心在于引入市场力量，以规范的程序构建政府与社会组织间的合作关系，以保证公共服务的高效供给。但在购买方与承接方合作的过程中，社会组织因资源匮乏和社会信任缺失等因素显得极为被动，在缺少话语权的同时提供服务的能力也受到限制。这不仅影响了服务供给的效率，更阻碍了社会组织的良性运行和发展。而地方政府有赖于资源和权力的优势，对社会组织提供的公共服务进行干预，使其呈现出"行政化"的特征。甚至有部分社会组织本身就是以自上而下的方式建立，由政府扶持发展，为政府服务和工作，其价值观和理念受行政机构的影响，淡化了公益性和非营利性特征。

(二) 内部化购买的负面效应

政社关系的高度依赖性和服务购买方式的非竞争性在表象上呈现了内部化治理，这种购买机制的形成和发展对于服务购买的整体效果产生了负面影响。公共服务悬浮化和社会组织行政化就是对这种负面效应的集中体现。

1. 公共服务悬浮化

政府存在的最大价值在于提供公共产品和公共服务。作为公共服务制度创新的重要探索，公共服务购买的目的是改革服务供给模式，提升服务供给效率，改善服务供给效果。物理学意义上的"悬浮"指的是固体微粒分散在液体中，进而呈现出的难以融入状态。所谓"公共服务的悬浮"，指的是公共服务悬浮在公众上面，不能真实反映公众需求，没有惠及公众。社会组织代表着结社行为的强大机制，它代表和反映了公民的利益和意志。各种类型的社会组织将自己置于某种竞技场中，向社会宣传自己的目的、对特定社会问题的认识及解决这些问题的答案。体制内购买现象的出现，打破了社会组织在竞技场内的规则，由于社会组织的支持力量的变化，它可能会在其架构中包含新的物质基础和新的思想价值。当社会组织意识到自身能力之外的行政力量会对组织的发展产生至关重要的影响时，他们努力的重点和服务的对象也会因此发生改变。偏离社会组织公益宗旨的"公共服务悬浮化"行为就是这种观念影响下的理性选择。

社会组织具有灵活性和专业性等特征，所以更容易在扶贫、环境保护、养老等民生领域发挥制度优势，这也是社会组织可以大有作为的领域。鉴于体制内购买的政府行为，功利而现实的社会组织更倾向于在一些宣传效果明显的项目中精耕细作、大做文章；对于那些真正需要社会救助的老年群体、弱势群体则表现得花拳绣腿、粗枝大叶。由此带来了服务购买的形式化和"奶油化"，那些切实需要获得帮助的群体游离于服务项目之外。公共服务悬浮化严重影响了服务购买的效果，并对社会组织的公信力产生负面影响。

2. 社会组织行政化

社会组织的策略选择取决于机构给予的物质刺激和施加的政治高压，以及机构规定的社会生活应有的符号和价值观。这些标志和价值观或加强了社会控制的形式，或提出了新的社会生活形式。实际上，每个社会都在进行这种斗争，社会不是稳定的形式，而是在对社会控制的斗争中不断调整平衡的。社会组织为了提出不同的游戏规则或策略而进行激烈的竞争。社会组织行政化就是服务购买内部性行为影响下的适应性反应和策略性选择。社会组织行政化体现在制度本源、行为效仿、组织同构三个层面。社会组织对应于国际上的"公民社会组织"称谓。萨拉蒙通过对世界很多国家的社会组织进行研究发现，这些组织正日益成为经济与社会发展的重要力量，并以公共服务供给合作伙伴的形象出现。即便如此，慈善失灵的发展现状使得政府仍然是非营利组织资金的主要来源。我国社会组织先天发育不良，脱胎于国家与社会高度一体化的政治体制中，中国的民间组织成立伊始，就与政府保持着千丝万缕的关系，很多社会组织依附于政府，还有部分社会组织作为政府的附属单位。这是社会组织行政化的第一个层面，也是我国所有社会组织发展难以逾越的制度环境。公共服务民营化的制度创新为政社关系的重构提供了契机。在政绩观等因素影响下，政府对社会组织长期的体制嵌入，在政府的选择性支持策略下，一些与政府关系紧密的社会组织获得政府项目的可能性更大，社会组织试图使用他们原本就不平等的资源获取能力。部分社会组织为了获取政府项目支持，制造项目景观化的假象，很多社会组织也热衷于拉关系，跑项目，"跑部钱进"的政府行为产生了示范效应，此为社会组织行政化的第二个层面。组织同构则在第三个层面上体现了社会组织的行政化。机会主义思想指导下的社会组织，策略性地选择了组织同构，即照抄照搬政府机关的组织架构和管理模式，设置一套与政府机关完全相同的机构，部分社会组织的管理人员还是政府机关人员。制度本源、机构同质、行为效仿这三个层面体现出的社会组织行政化既会产生外部行为冲突，也会产生内部价值冲突。

本章小结：

恩格斯曾经指出："历史从哪里开始，思想进程也应当从哪里开始。"①踏着人类智慧探索的行进路径，历史的卷轴不断展开，丰富的画面不断呈现。官僚制作为人类智慧结晶的组织载体，彰显了特殊时代情境下的智慧，承载了特定社会环境下的期许。一般来说，所有人类都同意政府必须由这样的人来管理：在他们身上最可能具备下列品质，我指的的是三种重要的必须具备的品质，即智慧、善良和力量，这些品质的完美性体现在那些特别被称为最高主宰的上帝所具有的特性中。②官僚制曾经被奉为理想的组织结构，它在某些层面上具备了边沁所言的特殊品质，但社会的发展挑战了公共行政实践者和研究者思维惯性和思维定式的问题，意在激发我们对公共行政思考的差异性维度，以期在公共行政的语境中掀起一场公共行政研究的思维革命。新公共管理运动及其影响下的民营化改革就是一场范式革命，意在引

---

① 马克思恩格斯选集（第二卷）.北京：人民出版社，1995：43.
② ［英］边沁.政府片论.沈叔平译，北京：商务印书馆，1995：160.

发人们的传统思维模式变革，尤其是触动存续多年的官僚体制的价值根基。在其影响下，全球范围内对官僚制的批评和指责蔚然成风，很多质疑有失公允，甚至毫无根据。当他们幡然悔悟之时，方才发现官僚制在社会秩序的维护、公正理念的平衡以及价值偏好的保护等方面，具有不可替代的作用。但这种价值体现应用到服务购买场域中，则要受具体的社会环境、制度情境的制约。因为，任何一项人类创设的制度都是社会情境的产物。未来的服务购买制度探索中，政府应该以契约精神和合同治理为指导，做一个"精明的购买者"。实现这种角色转变，政府需要理念更新和机制保障。在实现权力共享的路径选择中，我国服务购买的制度实践所具有的中国特色，集中体现在科层制逻辑的价值延伸和实际运行。探究这种运行逻辑的生成及发展，方能深刻理解我国服务购买的"非合同制治理"现象，也能更好地回应和解释"政府购买服务，绝不是卸包袱"。

第四章
服务购买制度实践中
政社依赖关系的发生机理

　　在短视距中，政社关系的探讨，时限上有现代社会，结构上依托于崛起的社会组织。在长过程中，在时限上有史前时期，这一历史可以追溯到古希腊时期的政治学思想。但是正式的落定，则在 20 世上半叶。理论界和学术界对于两者依赖关系的发生机理存在着各种各样的解释。关于政府与社会组织的关系探讨跨越了包含政治学、经济学、社会学等诸多学科，而不同的学科有不同的研究内容和研究方法，从这个角度看，研究者面临的是一个包含或多或少的论点和话语的迷宫。能否走出迷宫，方向指明、策略制定和路径选择都是必须要考量的因素，是应该按图索骥，还是因地制宜？实际情况还可能是这样的：即便是拥有不同学科和知识背景的学者，在解释政府与社会组织依赖关系的制度变迁问题之时，都面临着共同的概念、理论和方法问题。每一个组织都有一条"高深的逻辑"来解释各种外界的反馈，限定从现实中捕捉到的情况，引导甚至决定有能力设计和实施解决办法的种类或方式。这种"高深的逻辑"连它自己的行动者都不了解，甚至有时候与该组织的目标背道而驰。①在政社关系的探索进程中，作为"元治理者"的政府恪守这些所谓的"高深的逻辑"，并深信这些逻辑是无懈可击的。这些逻辑既包含了历史维度的政治文化，也现实维度的制度实践，甚至还穿透到远古哲学中的政治伦理。既有历时性的考察，也有共时性的分析。

---

① ［法］皮埃尔·卡蓝默.破碎的民主——试论治理的革命.高凌瀚译，北京：生活·读书·新知三联书店，2005：185.

　　在解释政社依赖关系的形成和发展过程中，历时性的探讨和共时性的分析同样重要。对于任何一个事件的解释机理而言，背景的重要性都是不容小觑的。因为事物所处的环境对于把握事物的来龙去脉、阐释事物的既定状态、预测事物的发展趋势都是至关重要的因素。20世纪70年代在欧美国家兴起的公共服务市场化改革引领了时代潮流，也成为了很多国家行政改革的风向标。经济全球化进程的推进，使得在这场被迫卷入的"范式"变革面前，任何的畏葸不前的观念和投鼠忌器的行为都会成为改革的绊脚石。公共服务的民营化、市场化改革的主旨是运用市场的力量实现资源的优化配置，减少行政干预。这场改革一石激起千层浪，因为它是对大行其道的政府干预的质疑，是对横亘已久的科层制的动摇，更是对效率优先的行政理念的践行。近期，也有很多研究者步后现代主义者的后尘，信奉后现代主义的话语理论和话语权力。当前，一个习以为常的分析是，只要谈及政社依赖关系缘何产生，就将其定位于制度传统，政治文化似乎成了灵丹妙药和通俗处方。人们尝试着阐释总体性社会格局改变对于人们思想观念、行为策略的深层次影响。如果说"政治文化"构成了政社依赖关系产生的宏大背景，那么，"行政权社会化"和"压力型体制模式"则成为了两者关系的现实观照。任何一种社会行为的产生及行动过程都依赖于一定的社会基础，社会基础从深层次上构成了政社依赖关系的内在机理。

第一节　"国家与社会高度一体化" 政治文化的制度投射

　　要有文明的自觉，回到中国文明脉络中思考中国特色的问题，方有建树。理解中国的政社关系问题，首先要理解中国的政治文化特性，这种特性蕴含于历史的断裂与延续之中，这种文化徘徊在政治冷漠与政治参与之间。这种独一无二的文明发展道路投射到制度实践中，就要求分析者既要具备政治家的敏锐头脑，还要拥有经济家的独特视角，甚至在某些时候还要拿出外交家的独到魄力。

一、"国家与社会高度一体化"政治文化的形成

在传统的统治行政中，公共领域与私人领域的界分是模糊的，社会的公共性与统治阶级的私人性在政治制度的安排中是一体化的，行政体系与政治体系也是重合的。在管理行政中，公共领域与私人领域开始分化，他们之间的界限逐渐清晰，一旦出现越界行为，也就相应地出现了政治的、法律的和道德的问题。①国家与社会的界限并不分明，从横向和纵向分解开来的国家机器浸泡在社会之中，国家与社会相互构成和相互改变。一个受东方文明熏陶成长起来的人，在研究任何与公民社会相关的问题时，常常扪心自问：到底哪些环境因素的联合效应，使得东方文明中哪些具有普世意义和普适价值观的文化现象存在于一系列的发展进程中？而作为东方文明典型代表的中国，不仅在历史上是，而且在今天仍然是一个在精神上延续传统文化命脉、在实践中力行文化精神的"文明—国家"。在社会事务国家化的情况下，东方社会的政府职能的总体规模也显得特别庞大。原因在于，巨大的社会公共工程需要集中大量的社会资源（人力、物力和财力），而在自给自足的自然经济下，东方社会生产力水平很低，社会剩余劳动产品总量极为有限。要举办和维持社会公共工程，只有动员和集中全社会有限的剩余劳动产品。既然靠社会（村社）本事难以做成这件事，那么，强制性征集巨大的社会资源的职能就自然而然地落到了政府的肩上。②

中国有几千年的封建王权传统，漫长的历史长河中流淌着的都

---

① 张康之.公共行政中的哲学与伦理.北京：中国人民大学出版社，2004：307.
② 施雪华.政府权能论.杭州：浙江人民出版社，1998：197.

是国家统摄一切的洪波，正义之士偶一为之的救济行为和慈善组织的助困也不过是涓涓细流，虽经历废除帝制、结束王权等政治革命的血雨腥风，也不乏洋务运动、公车上书等政治改良的如沐春风，更有被亨廷顿称为世界上为数不多的大革命的醍醐灌顶，但国家与社会高度一体化的政治文化的根基并没有被侵蚀。即便是裹挟了西方政治民主化进程、承载了中国经济现代化重任的改革开放政策对这种东方文化根基的冲击也没有达到釜底抽薪。中国没有法治传统，当西方国家用契约论和自然法等思想和宗教力量来制约王权之时，东方国家的中国则主要借助于儒家思想的计划来达到驯化王权的目的。

国家产生伊始，政府的职能定位和职能转变的探讨不绝于耳。现代政府职能的确立肇始于我国关于政府在国家与社会公共事务管理中应该发挥何种角色、如何清晰定位自身职能，也一直是公共管理者和学术界经久不衰的话题。任何组织机构设置的目的都是为了实现组织战略、履行组织的职能。由于只有与众不同才能进行变化的尝试，那么大多数人也同样会认为，所有的变化对他们都是无益的，甚至是不可能的。因此，改革者也会理所当然地趋利避害，理性选择。将这样的思维逻辑应用到具体的制度设计上，政府则主要运用控制策略，辅之以支持政策，通过管理手段的多样性达致治理主体多元化的目标。在这种秩序井然的社会制度行进路途中，社会的沿革、制度的变迁，都难免会有"路径依赖"的色彩。如果东方文明崇尚和向往的是和谐，那么西方文明尊崇和追求的则是自由。但不管东方国家还是西方社会，追随着历史车轮都已经步入了治理的时代。当统治被管理所取代，当管理被治理所淹没，交替的历史规律背后不变的还是强大的文化根基。所以法国学者卡蓝默指出，治理的正当性取决于文化根基。文化赋予政治合法性和管理艺术性。任何社会总是在一定的秩序轨迹上运行着的，各种社会形态的变迁与更替，归根到底是人们对社会秩序所做的一种自觉的或强制的调整与创新。①

二、"国家与社会高度一体化"政治文化的制度投射

全能主义假设政府能够处理好一切公共事务，将国家和社会建立在一个不对等的关系之上。其主要特点表现为：政府职能边界无限扩大，涉及社会生活的方方面面；政府与公民关系的不对等，政府呈现一种高高在上的姿态；政府行为呈现单向强制性，行政方式具有集权、垄断、强制等特征。这种全能主义取向的政府行政模式造成了政府单一主体式的社会治理模式，往往将社会自治力量排挤到一个相对边缘化的位置。作为社会公众名义上的代理人，政府几乎包办了所有的治理事务。由于"政治—行政"二分、官僚制、全能主义以及宪政体制等因素，日益形成了封闭性的传统公共行政系统。②"结构"是一组沉淀而成的选择规则。这些规则能够预先决定，什么是公认需要调控的，什么是需要考虑的主题，什么是真正的公共管理渠道，什么是应该预先加以考虑的以及通过何种渠道优先加以考虑等。③社会组织依赖政府获取相应的资源，在漫长的中国文化中积淀下来，并在新近的制度实践中稳定下来，慢慢地形成了一种认知范式，这种范式制约着人们看待政社关系的态度。而作为规则制定者的政府也可以通过一种使各种活动和利益合法化的规范框架，来使各种活动和利益合法化。公民关心行政系统的控制和维持活动，虽然很少参与合法化过程，但制度提供了适合参与的机会。因此，公民私人性是与一种失去政治意义的公共领域结构相一致的。

任何一项制度设计都是特定时代的产物，所以制度的历史痕迹和文化特征是理解制度的重要维度。服务购买的网络化治理思维与我国

---

① ［法］皮埃尔·卡蓝默.破碎的民主——试论治理的革命.高凌瀚译，北京：生活·读书·新知三联书店，2005：92.

② 胡重明.构建开放性的政府服务过程：一个理论考察，学术界，2011(9).

③ ［美］尤尔根·哈贝马斯.合法化危机.刘北成等译，上海：上海世纪出版集团，2009：66.

政治现实中政府无所不包、无所不能的现实形成了巨大的反差。中国作为东方文化的代表型国家，利维坦式的政府管理模式根深蒂固，权力共享的政社合作模式初见端倪。全球化浪潮的推进，将中国卷入世界行政改革的汹涌波涛中。但由来已久的制度情境却无法迅速融入改革，相较于国外成熟的合同外包，我国的服务购买带有政府保护的色彩，独立的社会组织、健全的采购制度、完善的购买流程在购买服务的制度实践中阙如，很多地方政府在服务对象选择、服务流程安排方面都沿袭了官僚模式，政府主导了服务的全过程。政府选择而非社会选择，政府主导而非公民导向，产生了体制内购买、形式性购买等现象，严重影响了服务购买绩效的提升和政府公信力的增强。目前第三部门和国家形成了一种"共生态"，即政府借助社团进行管理，而社团也借助政府权威和经济力量来发展自身。这种"共生态"是国家与社会分化过程中不可避免的一种过渡形态，是分化不彻底的表现。购买关系的双方—政府与社会组织在相对非正规关系的制度内共生共长，其合法性主要来自所根植的政治文化和制度环境而非正规的制度。因为有效性主要是指作用，而合法性是确定价值。

第二节　"科层官僚制"组织结构的框架建构

为了理解社会究竟是如何维持和改变的，我们应当从能够实行社会控制并使个人意愿服从它们所规定的行为方式的机构开始。从种种关于官僚制的谴责声中，人们唯一能够得到的建设性启示，是人们已经无法接受这一所谓的理想组织模式，这一模式在最初产生之际光芒万丈，但业已失去功效。而在这个问题上，每一个国家都不能幸免于难，都要遭受公众舆论抨击，因为每一个这样的社会都以其自身的方式不能适应于其所存在的境遇。

一、科层官僚制在公共服务购买中的建构机理

结构和运作是理解事物发展的关键维度。结构确定了事物发展的基本框架，而运作则体现事物的发展轨迹。对于科层制逻辑在服务购买场域的体现，也遵循着静态结构和动态运作的路径来进行探究。具体而言，静态结构主要寓于中心—边缘的组织结构，而动态运行在彰显于服务购买双方在购买制度实践中日益形成且渐进稳定于脆弱性依赖关系中。

(一) 公共服务购买场域的组织特征：中心—边缘的组织结构

组织理论中最具有经验丰富性的主题就是关注行政行为中关涉权威的应用。同时，各种研究假设和实践也再度证明：结构和等级制概念能够被抛弃的程度以及能够假定每一项工作都会成为乐趣的程度存在着种种限制因素。就未来持续的公共组织理论而言，一个不断强化的变革过程是不可或缺的。持续展开的组织安排即为组织结构，通过结构，可以形成权力和在共同体内分享权力。因为博弈的组织规则是通过正式的组织结构而建立的。对于事物发展、个人权力，组织效能的实质性表征而言，组织结构是框架或是面具。这副框架或者面具决定了所有这些事物。韦伯提出的科层官僚制在他生活的年代，是理想的组织架构，因为它较好地解决了效率低下等问题。虽然现代人眼中的官僚制已经饱受诟病，成为很多人眼中的贬义词。但在那时，却是最新的和最具革命性的，因为它不是来自实际的政治生活经验，而是来自哲学家从政治的负担中解脱出来的渴望。

中心—边缘结构可以追溯到马克思关于异化问题的分析中，中心—边缘的社会结构正是马克思眼中的异化问题关键之所在。后期研究者大多将这一结构作为分析框架，广泛应用在国际关系领域对于国家之间的关系进行阐释。实际上，这一概念工具对于国内组织关系也有极强的解释力。尤其是随着网络化治理模式的形成，网络的不均质性、权力的不对等性、话语的不均衡性都随之出现，因此，以公权力

为中心、各种私有力量和社会组织为边缘的治理结构在很多国家都有呈现。在政府购买公共服务的场域中，作为政策制定者的公共部门是主要的行动者。相应地，承担服务外包职能的社会组织都是作为边缘力量发挥作用的。在这些理论谱系的一端，是以决策制定者身份出现的公共组织，而在另一端则是以参与者身份出现的社会组织。真正的行政权社会化需要真正的授权，而这种分散的公共行动对于长期把持着权把子的公共组织而言，是一项艰难的挑战。尽管组织面临着各种制度要求的影响并受其塑造，但是各种制度系统之间并非必然是统一的和一致的。在某一给定场域中的所有组织，都要受所处环境中的制度过程的影响，但是不同的组织承受这种影响的方式是不同的，或者说应对这种影响的方式是不同的。同一场域中的所有组织，都各自从属于场域中运行的不同制度过程，或者说受着不同的制度过程的支配。

(二) 公共服务购买场域的权力运作：政社非对称依赖关系

作为一种人类有意识的认识—实践活动，社会治理必然蕴含着治理主体的价值认知。制度创新不过是政治家和政客们明智运用的象征性政治。语言和意识形态的歪曲在空前加剧，它的结果使人感到莫大的困惑。官僚制还是有敌人的，只不过它现在以自己的名义或挂着自己的招牌而避开了敌人。在现代性稳定语言游戏中，真理是可以看得到的，但真理往往会被权力所遮掩，因为权力本身就是一种非常重要的价值，这种价值体现在对于事物内部结构的分配和对于事物运作的支配。现代化的精英们几乎总是公开赞扬和大力宣传服务购买模式的优点。但是这种普遍的态度反映在其行动和政策的程度上则颇不相同。就服务购买决策所产生的正效应而言，大多数政治精英无疑期望从广泛的社会主体参与中捞到好处。但就社会组织的参与对其权力的限制、争取支持所花费的时间和精力以及参与会产生对有限资源再分配的要求而言，他们就不愿意为此付出代价了。一般来说，政府购买服务或者良性的政社关系构建不太可能会被作为目标来追求，而更多的时候是作为辅助条件被当做实现其他目标的手段来追求。

　　不同于西方国家的公共服务合同外包，政府购买社会组织公共服务本身就是中国特色的制度实践。在这种服务购买制度实践中，政府与社会组织的依赖关系由政治权力和影响力的模式驱动，受到政治文化的操纵和影响，最终在典型的政治实践中稳定下来。在服务购买的制度实践中，出现了"体制内吸模式"，甚至大量"枢纽型社会组织"参与服务购买。拥有体制资源、与政府关系密切的社会组织在政府招投标制度中标的概率远高于草根型社会组织，甚至在一些地方政府的服务购买过程中，如果政府在现存的社会组织中没有找到满意的社会组织，政府选择直接成立社会组织完成服务承接事宜。这种极具中国特色的政社"非对称性依赖关系"的问题没法从西方公共服务合同外包的实践中，也没法从结社传统浓厚的西方政社关系的理论中得到解释。

二、科层制治理在服务购买场域中的运行逻辑

　　很长一段时期中，官僚主义的模式的确起过作用，而这不是因为它办事有效率，而是因为它解决了人民希望解决的基本问题。它为失业者和老年人提供了保障，它保证了社会的稳定，这在经济大萧条以后是至关重要的。它提供了基本的公平感和平等感。它提供了工作。它在工业化时代提供了人民需要和期望的基本的、简朴的、千篇一律的服务。公共服务购买的本质是合同制治理，这种治理模式与科层制模式隶属于两套不同的规则系统，但两者却能在中国的服务购买场域并行不悖。一方面，正是因为我国服务购买中"供给方缺陷"，才导致科层制的盛行；另一方面，合同制也不可能独立运行，它需要依附科层制而存在。服务购买秉持着契约精神，恪守着合同理念，但运行机制并非固若金汤，而纵贯古今、影响深远的官僚制则渗透于其中。作为制度创新的受益者的公民对于体制内购买、政社依赖关系等饱受

诟病的社会现象似乎也没有表现出强烈的不满，虽然质疑之声不绝于耳，但公民对此并无痛心疾首。这就印证了官僚制在公共服务购买场域的存在和应用是有着通行的逻辑的，而且这种逻辑还是不言自明的，至少是能说得通的，为公众所信服的。毕竟，在现代信息社会，公民绝非尼采口中的"群畜"，更不可能沦为精英模型支持者笔下的"愚昧无知之徒"。这些在中国制度情境下畅行无阻的运行逻辑既需要符合现代公共行政的精神，也契合民主政府的执政理念。在理论来源上，服务购买与官僚制具有同源性，而在具体的实践中，则有制度、价值、观念等方面的体现。这其中，对于公民、社会、公共组织而言，那些至关重要的价值理念会引导着人们做出理想的取舍。公共管理者就是充分利用公民的秩序情结、公正信念、文化意识等观念，并以此作为科层制在服务购买场域中的主要运行逻辑。

(一) 利用纵贯古今的社会秩序情结

任何社会总是在一定的秩序轨迹上运行着的，各种社会形态的变迁与更替，归根到底是人们对社会秩序所做的一种自觉的或强制的调整与创新。①秩序情结一直都是理解中国思想文化的一条主线。为什么需要政府，或者为什么会在知晓官僚制缺陷的前提下，仍然对于官僚运作模式爱不释手？这里面渗透的逻辑就是政府所追寻的秩序维护与公众所期待的自由向往之间的冲突。在解释政府存在的合法性和必要性的理论学说中，尤以"社会契约论"为代表。"要寻找出一种结合的形式，使它能以全部共同的力量来卫护和保障每个结合者的人身和财富，并且由于这一结合而使每一个与全体相联合的个人又只不过是在服从自己本人，并且仍然像以往一样地自由。"这就是社会契约所要解决的根本问题。②在现代政府的运行机制中，很多研究者则认为政府是一种"必要的恶"，这种恶既保障了自由，同时也在威胁自

---

① 邢建国.秩序论.北京：人民出版社，1993：1.
② ［法］卢梭.社会契约论.何兆武译.北京：商务印书馆，2003：19.

由。但倘若没有这种政府力量的存在，人们的自由无从谈起。因此亨廷顿指出："人当然可以有秩序而无自由，但不能有自由而无秩序"。①应该说，官僚制对社会的一大贡献就是它降低了不确定性。无疑，这种不确定是理性经济人的政府所极力回避的。由此，国家管理与社会秩序之间存在一个"堕距"，因为出现了对于秩序维护的需要，社会控制应运而生。

理性主义精神的标准是一致性而非适用性。在这种精神的指引下，公共管理者关心的是建立秩序井然的逻辑关系，而对被管理者和公民的主观感受不闻不问。理性主义者倾向于定义，热衷于勇往直前，他们把逻辑的严谨看得高于一切。现代政治的一个显著特征就是政治参与范围的扩大。随着政治参与范围的扩大，原本尚未被动员起来的个人和组织被动员起来，如果此时，但与之相对应的社会制度却没有建立起来，这时候就容易引发社会冲突，带来不必要的社会动荡。因此，亨廷顿主张"在一个完全不存在社会冲突的社会里，政治机构便失去了存在的必要，而在一个完全没有社会和谐的社会里，建立政治机构又是不可能的。"②无论是茹毛饮血的农业社会，现代的工业社会，还是后现代工业社会，公民都深谙此理：有序的生产和生活秩序是一切活动的基础。而制度创新的设计者也刚好利用公众的秩序维护心理，运用官僚制的控制力量实现社会治理。

(二) 利用亘古不变的政治文化传统

利用公民的秩序情结，体现的是政府的理性逻辑思维模式，也即所追求的往往是利益导向，而实际上，在影响人们行为选择的逻辑方式上，还存在着适当性逻辑的行动，这种更为关注的是"如果我的角色是在这种情景中既定的，那么这种情景对于我的期待是什

---

① ［美］亨廷顿.变革社会中的政治秩序.王冠华等译，上海：上海人民出版社，2008：6.

② ［美］亨廷顿.变革社会中的政治秩序.王冠华等译，上海：上海人民出版社，2008：8.

么?"简而言之,前者功利倾向明显,后者则道德责任突出。因为在适当性逻辑者眼中,社会行动总是根植于某一特定的社会背景中,人们是在特定的背景下进行决策的,这些背景规定了对于行动者而言有价值的、想要的结果,以及追求这种结果的适当方式;通过考虑这些社会规则与行为导引,行动获得恰当的合理性。因此,人们在决策时往往会利用他们过去的经验,并受到他们的情感和理智的影响。

(三) 利用孜孜以求的社会公正信念

怂恿我们忽视历史距离感的一个原因,来自一个轻率的习惯:轻率地把词汇现代化。①而总有一些词汇随着历史的发展演变发生的仅仅是形式上的、轻描淡写的变化。人类对于真理的追求与对公正的诉求同等重要。历史上从来都不乏为真理献身的仁人志士,更不缺为追求社会公正而执着奉献的精英人才。但即便人类苦心孤诣,社会不公正现象却无一例外地出现在了每个国家、每个社会。"不患寡而患不均"道出了人们的心声:如果周围的人和我一样固守贫困,那么我是安于乐道的。但如果"马太效应"出现了,"端起碗来吃肉,放下筷子骂娘"就是情理之中的事情了。个体之间因其资源、禀赋等因素,存在着各种不平等。组织之间也会因为组织属性、社会公信度等原因,带来发展的不均衡性。后现代工业社会既是对社会发展阶段的描述,也是对社会发展轨迹的反映。市场经济、竞争意识是后现代工业社会的经济形式的阐释。在这种社会形态中,组织之间依据其竞争实力、市场规则有效开展活动,政府仅仅发挥宏观调控的作用。但"市场不相信眼泪"的规则和残忍的"优胜劣汰"的机制对于竞争优势不明显的组织而言,意味着重创。具体到作为公共服务合同外包对象的社会组织而言,情况则变得更为复杂。究其原因,既有我国政治文化的历史投射,也有制度情境的现实观照。但综合看来,

---

① [美]乔万尼·萨托利.民主新论.冯克利译,上海:上海人民出版社,2009:314.

我国的民间组织在其产生、发展过程中的折痕印证了强大政府的管控力和有效性。

我国的社会组织类型多样，既有官办的，也有民办的；既有体制内的，也有体制外的。这些因产生基础、管理模式、与政府关系等原因而带来的类型不一的社会组织，都列入服务购买制度实践的外包对象目录之中。随之而来的问题也浮出水面，那些与政府关系密切的社会组织，囿于长期的科层模式的管理风格，在人事政策、管理模式等方面难免打上了计划经济的烙印。这些社会组织与那些草根民间组织共同进入市场、参与竞争的时候，所谓的"公正"俨然成了说辞。在关系强度影响合同绩效的心理暗示下，政府购买对象的选择倾向性较为明显。与政府关系密切、拥有特殊体制资源、关系资源的社会组织经常会成为服务购买对象的优选。而那些服务特质明显、与政府关系疏远的社会组织则被拒之于政府服务购买的门外。我国所有的改革都要遵循摸着石头过河的渐进模式与此如出一辙。目的在于保护那些尚未具备充分的竞争实力的弱小组织。政府以维护社会公正的言辞遮掩其保护体制内组织的事实，却也成了其获取公众认可、社会支持的利器。

(四) 利用殷殷期盼的改革蓝图预期

由于人类经常深陷各种苦难之中，这些苦难如此沉重，以至于我们不得不行动。同样，由于公共组织经常陷入问题的泥淖中，这些泥淖如此混沌，以至于政府不得不行动。全世界就是一个大舞台，改革成为世界舞台上众人瞩目的焦点。改革的普遍性毋庸置疑，但没有任何一种理论可以单独驾驭它。各个国家经济体制迥异、政治制度不同、社会文化也存在着诸多差异，因此，行政改革模式也变化多端，有多少个国家尝试进行改革就有多少种形式。尽管有如此多的理念驾驭行政改革，尽管这些理念在内容上相互矛盾，但也恰巧是这些矛盾的混合物以杂糅的形式出现，进而带来了改革模式百花齐放的局面。不管是西方国家的治道变革还是中国的制度创新，结果都是种种思想的艰难撮合。恰恰基于此,政策制定者、社会评论家、政治活动家以及党派领袖们用动听的语言给民众描绘了一个行政改革的美好前景,他们把对前景的预测制定进法律和政策中,写进评论和书本中,从而使得民众对于改革的期望不断提高。我国服务购买制度创新的设计者也精于此道。地方政府官员以充满预期的制度创新为宣传口号,为公众营造出非改不可的情境,并设想出种种令公众期许无限的蓝图。改革论者的执着是他们的最大优点,也是他们的最大缺点。虽然创新和重建顶多只是作为一个口号进入公众视野,但它的许诺却是诱人的。更重要的是,它已经树立起一面旗帜,在其指引下改革大军阔步前行。对于长期置身于"霍布森选择"的公众而言,选择总是意味着希望,改革总是等同于进步。在公共服务改革尚未大刀阔斧之际,公众带着种种价值期许,静候改革蓝图的实现。

三、 官僚制在公共服务购买场域中的价值体现

公共服务购买的核心和要义在于运用市场化的力量,解决公共服务供给结构失衡、公共服务供给主体单一进而带来的公共服务供给质量低下等问题。无疑,公共决策者在服务购买场域中主要使用的政策工具是激励性质的,意在调动多元主体的参与热情,共谋制度创新大举。但就行为激励的原理而言,亦存在着正激励和负激励两种形式。而在牵扯面广、涉及群体多、社会影响大的服务购买政策选择中,更难以剥离掉兼具稳定性和普适性特征的官僚控制的策略选择。况且,即便是力主民营化的学者们,也从不讳言民营化的顺利开展是需要官方支持的。或许,我们可以更进一步,合同制从来都没有要和官僚制分道扬镳。两者的关系如同计划和市场,同样作为服务供给的制度选择,不存在一方取代另一方的激烈角逐,只上演双方相互补充、相得益彰的华美诗章。具体看来,以理性组织模型为基础的官僚制在公共服务购买场域的价值体现集中体现在为创设稳定的组织结构的框架设计和提供规范的行为准则两个方面。

（一）科层官僚制为服务购买创设稳定的组织结构

20 世纪后半叶，随着官僚制组织结构形式在西方国家的发展进程中暴露无遗的封闭性等问题，贬斥和改革的声音不绝于耳。无论是全球范围内的新公共管理运动还是个别国家内的行政改革都以官僚制为靶子，直击科层制的痛处，主张突破官僚制的囹圄。盖普勒曾经提出摒弃官僚制，实现政府再造。似乎在此时，人们达成了这样的共识：官僚制束缚人们的思想、造就故步自封的政府，因此社会才放慢了步伐。官僚制的时代已经过去的观点甚嚣尘上，以至于葛德塞尔宣称自己为官僚制正名的行为实属疯子。不过，疯子也有自圆其说的行为逻辑。而为官僚制正名也日渐成为迎合后现代工业社会发展特征的主流倾向。后现代工业社会的高度复杂性和极度不可控性，更深化了人们对于稳定的组织结构的重要性的认识。因为，改革提供的是创新，而稳定保障的是秩序。诚然，在改革理念和创新举措总是让人热血沸腾，但这一切如果置于荡然无存的治理秩序和摇摇欲坠的社会结构下，则只能是黄粱一梦。毕竟，任何的社会发展和进步都要依赖于稳定的社会秩序和完整的社会结构，唯此，才能保障改革者的宏图伟业，才能推进社会的宏观叙事。

公共服务购买是中国特色的民营化，就其本质而言，主导原则仍然是坚持管理的自由化和市场化，只不过这种原则的坚守浸透了浓重的中国色彩。涂抹在服务购买表面的合同化治理的浓妆，无法遮掩国家主导内涵的科层化治理的素颜。而在浓妆艳抹遮掩下的科层官僚制并非一无是处。科层官僚制为社会提供的是一套既定的社会规则、一套行之有效的控制体系、一支训练有素的公职队伍和这背后最让人讶异的封闭的官僚系统。我国社会组织生根发芽的土壤并不肥沃，政府与社会组织的合作传统虽古已有之，但两者的合作却一直难以走出非对称依赖关系的泥淖，无法走进合作伙伴关系的场域。在这样的制度情境和社会结构中，官僚制所提供的稳定的组织结构和完善的组织体系则为改革所需。因为，作为一场席卷西方世界、蔓延东方国家的民营化运动，和受其影响随波而动的服务购买制度探索，无一例外地都需要来自官方的支持。顶层设计为改革提供的不仅仅是理念支撑，还有财政扶持。而这些，都只能来自以封闭、保守自居的官僚体系。

(二) 科层官僚制为服务购买提供规范的运行准则

稳定的组织结构设计为服务购买提供的是静态的组织框架，而动态的组织运行还需要法治的力量保驾护航。"在专制的国家里，国王是法律，而在民主的国家里，法律是国王"。这句耳熟能详的谚语为民主体制下的法治建设提出了告诫。我国古有"没有规矩，不成方圆"的良训，今有"法律是治国之良器"的劝勉，古今中外关于法制建设重要性的金科玉律为公共管理者敲响了暮鼓晨钟。依据行政力量的强制性实现国家的管理，历史悠久；运用自成体系的官僚制推进社会的运行，横亘古今。为了论证科层官僚制的理想性，韦伯首先从权力的三种来源入手，重点对传统型和魅力型权力进行了批判，由此推导出作为权力合法来源的法理性权威的无懈可击。也正是出于对法理的尊重，人们才不会觉得这种对于权力的服从是违背自我意愿的无奈选择，而是源于内心的欣然接受的对于权威的认可。因为早在启蒙运动时期，卢梭就已然意识到："即使是最强者也决不会强得足以永远做主人，除非他把自己的强力转化为权利，把服从转化为义务。向强力屈服，只是一种必要的行为，而不是一种意志的行为；它最多也不过是一种明智的行为而已。"①承载着人们对于公序良俗的社会图景的展望，寄托着公民对于高歌猛进的社会变革的期盼，国家管理和社会治理阔步前行，改革行进路程中披荆斩棘，但唯有恪守本分，沿着既定轨道，方能从一个胜利走向另一个胜利。

公共服务制度创新是改革沿途的曼妙风景，自然吸引路人驻足。于是，自 20 世纪 80 年代发轫于我国地方政府的服务购买，势如破竹。政府购买服务是风靡全球的公共管理运动影响下的政策回应，它

---

① ［法］卢梭.社会契约论.何兆武译，北京：商务印书馆，2003：9.

理应遵守合同制治理的原则，以竞争性和非依赖性为指导，遴选合同外包对象。无论是服务购买制度的创设，还是服务购买制度的遵守，甚至是对于服务购买成效的监督，都需要制度化的保障。"良法是善治之前提"，建章立制是服务购买能够有效开展和进行的最基本保障；而为了更好地保障服务购买的成效，监督控制必不可少。这些都是作为法制建设过程管理的题中应有之义。尤其对于我国服务购买主要法律依据的《政府采购法》以及饱受诟病的招投标制度都是服务购买制度化推进过程中需要重点关注的方面。政府与公民之间发生关系最紧密的手段就是通过制定公共政策，通过公共政策的制定，官僚制的力量得到彰显，人们的权益得以保障，利益关系得以疏通。服务购买政策也是作为政策制定者的官僚，运用权威的力量，借助法治的手段，为公民提供福利供给。

四、科层制在公共服务购买场域中的作用限度

作为人类历史发展成果重要体现的科层官僚制，在建构社会结构、重组政府机构、保障社会运行、维护公民权益等方面都发挥了不可替代的作用。官僚制更因其稳定性、封闭性等特点创设了新型的组织架构，这种组织架构和在其指导下的运行规则共同谱写了社会运行的新篇章。虽然社会的发展、技术的进步将官僚制推到陈规陋俗的队列，但官僚制在历史舞台上的精彩演出，深深地吸引着观众，他们不忍离席。民营化是以解构官僚制话语体系的身份登上舞台的，这种改革举措意在打破官僚体系的体制束缚，重视公民参与的力量。在这场新的治理革命面前，官僚制的固步自封的特点使其画地为牢，很难大有作为。其作为维系社会运行的组织框架设计和动态运行规则的作用发挥，也不得不受制于合同外包原则所要求的种种限制。

（一）以不僭越政府与社会组织的边界为底线

西方国家成功的服务外包做法都是以行政权社会化为原则，厘清

和界定政府与合同外包对象的职能范围，明确作为发包方的政府的职责权限，运用市场规则而非行政力量寻求合适的外包对象。美国、英国等在民营化方面成效显著的国家，无一例外地将合同外包对象作为公共服务的伙伴来共事，而非作为政府的附属来支配。凯特尔从美国的多个层面的服务外包实例入手，得出政府应该作为"精明购买者"的角色定位的结论。当然，这个层面和意义上的外包对象是广泛的，包含了政府之外的所有组织。但即便是具体到政府与社会组织的合作关系方面，官僚制的触角也必须有的放矢，有所为有所不为。萨拉蒙曾惊呼一场影响全球发展的公民社会运动的意义，他也通过多年的实地调研发现，美国的政社合作伙伴关系为全球树立了典范。虽然政府的资助是社会组织的主要财政收入来源，但这并没有动摇社会组织作为政府合作伙伴的地位。

政治制度和政治文化赋予国家治理以不同的含义。作为"国家与社会高度一体化"的政治文化的国度，中国要实现与国际社会的接轨，文化对话是非常重要的途径。作为政策制定主体的政府既要迎接创新挑战，又要坚守文化阵地，似乎官僚制在此寻求到了合理的生存空间。于是，政府越位、政府包办的管理倾向在服务购买场域又有抬头之势。虽然，管制型的政治文化作为历史还在发挥作用，参与型的政治文化在中国尚未形成是政治现实，但在新型的制度探索面前，畏葸不前、因循守旧只会带来更大的管理漏洞。清晰的政府与社会组织的边界区分，是对传统管制模式的极大挑战，也是对行政权社会化的最好回应。为了做好两者边界区分的工作，最需要变革的是政府，而首当其冲的就是延续多年的官僚文化。作为管理主体的政府要以变革为取向，以放权为原则，以善治为目标，摒弃官僚制的封闭传统和管理倾向，明晰政府的职责定位，真正做到"放心，放手，放权"。

（二）以不触犯审慎政治的美德为操守

18世纪英国政治学家埃德蒙·柏克强调在政治事务治理中的审

慎原则。他提出：作为审慎之人，应审慎之需，政府应该将作为一种美德的审慎作为自身的职业操守，该原则经过历时两个世纪的发展，日渐成为了公共事务治理中的重要原则。审慎不仅仅是政治理论的重要原则，还是政治实践的核心原则。因此，这种审慎亦被称为实践智慧，它主张政治实践中，政治家要审时度势、务实理政，切忌鲁莽行事、草草了事。在具体的方案执行中，则遵循善和美的理念，温和执政，妥协折中。中国古代的中庸之道与审慎原则有异曲同工之妙，但又不尽相同。古今中外的政治场域都是权力的厮杀场，充满了血腥，布满了争斗，因为政治说到底就是权力主体以纵横捭阖之势，完成权力倾轧之举，达致权力巅峰之态。在究竟鹿死谁手的权力争夺战中，政治理论服务于政治实践的功能得以凸显。随着启蒙运动对于政府来源的分析和政府权力的限制，越来越多的政治家们开始反思权力政治的治理之术。现代民主政治步伐的跟进，又对政府的责任控制和管理方式提出了新的挑战。

现代意义上的政府是责任政府，这种责任内在地包含要对科层制悖论进行化解的意蕴。因为迈向 21 世纪的治理是公民治理，而非国家管理。但在现代化的行进路途中，公共管理者需要恪守理性原则，坚持审慎原则，以如履薄冰的心态来处理公共事务，以枕戈待旦的心境来应对社会挑战。在服务购买的情境中，审慎原则对于公共管理者既是内部力量又是外部动因。作为内部力量，审慎原则要求公共管理者循序渐进，按部就班，因此，我国的服务购买并没有照抄照搬西方国家的做法，也没有以龙卷风之势蜂拥而来，相反，服务购买的过程坚持渐进性制度变迁的思路，稳扎稳打，官僚制在此的主要作用就是顶层设计，为购买方针的制定、购买对象的选择、购买制度的优化，提供方向性的指引。作为外部动因，审慎原则则从理论和实践层面为公共政策制定者提供心理暗示和行为提示。比如，虽然民营化改革发轫于美国，但是在经历了民营化的激情后，放慢步调、理性思考也成为了重要转向。毕竟，"政府回购"的影响不容忽视。我国的服务购买本身是西方民营化运动影响下的政策回应物，政府有着强烈的学习精神，社会组织有着明显的模仿意识，如果在借鉴和学习的过程中，急功近利，则可能会南辕北辙。

（三）以不违背权力共享的格局为方向

思想的进步与社会的发展是同步的。政府的思维创新与社会的发展要求相契合。在传统的管理型社会中，科层官僚制被奉为圭臬；而到了现代的治理性社会中，这些原则饱受争议。不得不说，这是社会的发展、人类的进步对政府提出的新要求。因为，政府始终是以公权力的形象示人的，政府存在的价值起点就是服务公众。以权利代言人的身份，代表公民行使权力，这是社会契约论带来的启示。在国家与社会浑然一体、公民权利被肆意践踏的时代，国家拥有一切，国家掌控一切，那是一个政府凭借主观意志、自行决策的时代。但这种管理模式的弊端使得其最终要让位于一个以公民治理为主导的时代。一个强加于人、凌驾于社会之上、能够实现发展的国家的形象正在消失，取而代之的是采取一种更加客观的理念来审视公共行动、统合各种社会力量的条件。①

在新世纪、新纪元，没有比治理和善治更为时髦的词汇了。政治语言是对政治现实的反映，更是对公民心声的表达。于是，在治理理念的追风效应下，各国大力开展行政改革，借鉴私营部门的做法，主张公共服务民营化和权力主体的多元化。治理和善治最终所追寻的是国家权力向社会的回归，在回归过程中，多元主体共同参与公共事务治理，多元主体共享社会治理的局面。无疑，这种理念上的倡导和行为上的回应是对政府单打独斗局面的打破，也是对政府回应力的强调。无论是西方国家的民营化还是中国的服务购买，都需要国家主动放权，实现职能让渡，完成权力授予，给予政府之外的私营组织和社

---

① ［法］皮埃尔·卡蓝默.破碎的民主——试论治理的革命.高凌瀚译，北京：生活·读书·新知三联书店，2005：56.

会组织以更大的发展空间。而这首先需要的就是多年掌控权力局面的政府主动作出退让，明确自身角色定位，不做事无巨细的公共服务生产者，而做宏观调控的公共服务提供者，因为公共服务的生产和提供是可以分开的。诚然，官僚体制的优势无可比拟，但任何一种组织结构都有其弱点，任何一种存在形态都有其软肋，官僚制在保障社会秩序、维护社会方面的作用毋庸置疑，但作为统筹全局的公共管理者，更应该通晓授权艺术和分权技能。尤其是在后现代工业社会到来之际，诸多的不可控性和复杂性接踵而至，公共官僚更需要运用社会的力量解决关系全社会整体利益的问题，实现权力共享和利益共享。

第三节　现代社会信任体系导向下的控制策略

人类的相互交往，包括经济生活中的相互交往，都依赖于某种信任。信任以一种秩序为基础，而要维护这种秩序，就要依靠各种禁止不可预见行为和机会主义行为的规则。这些规则即为制度。[1]弗朗西斯·福山将信任界定为"是在一个团体之中，成员之间对彼此常态、诚实、合作行为的期待，基础是社团成员共同拥有的规范以及个体隶属于哪个社团的角色"。[2]公民社会不只是一种人与人之间的群合形式，它更是一种个人和集体的互动机制。在科尔曼看来，信任是一种风险行动，最简单的信任关系包括两个行动者，根据信任的主动与被动可以分别称之为委托人和代理人。委托人和代理人都是有目的的行动者，其目的是使个人利益得到满足。在某些情况下，代理人违背诺言可以获利。因此，信任行为是使委托人处于劣势的一种行动。[3]福

---

[1]　[德]柯武刚,史漫飞.制度经济学：社会秩序与公共政策.北京：商务印书馆,2000:3.

[2]　[美]弗朗西斯·福山.信任、社会美德与创造繁荣经济.海口：海南出版社,2001:31.

[3]　[美]詹姆斯·科尔曼.社会理论的基础.邓方译,北京：社会科学文献出版社,1999:112.

山曾把低水平的信任跟治理失效和泛滥的政治腐败联系在一起，他说，"许多拉美社会由于信任范围的狭窄而发出了双重的伦理体系，即对家族和私人朋友要采取良好的行为，在公共领域则可以降低行为标准。这种标准常常认为照顾家族是合法的，从而成为腐败的文化基础。"①吉登斯认为："信任缩短了因时间和空间造成的距离，排除了人的生存焦虑。若不加以控制，这些焦虑会不断对人的感情和行为造成伤害。"席尔斯指出，公民社会的要义（他称作为"公民社会集体意识的根本"）是人际关系的"文明性"，也就是人与人之间互相承认每个人与生俱来的人的尊严和每个人在政治群体中的平等成员身份。

一、作为社会资本的信任：公民社会的必要条件

信任建立起一套简化机制。成员间的信任可以促进成员间的合作，节约交易成本。政府与公民间的信任则可降低政府在经济、政治和社会管理等方面的运行成本及可能出现的风险。组织政府就像是玩火一样，它们虽然能够为人类生存提供所必需的有益目的服务，但是，如果没有适当的限制，它们也能够破坏人类的价值。②作为解释国家起源的社会契约理论发端于古希腊的智者时代，到近代逐步发展成熟并形成体系。国家是人们之间契约的产物。契约就是承诺和由此建立的人与制度和人与人之间的信任关系。人与人之间相互承诺并信守诺言，就可以在不侵犯个人自由的情况下建立起集体秩序。霍布斯设定存在着所谓的每个人对每一个人的战争状态。这种状态不仅显现为人们之间的实际战争行为，还内隐在人们的战争意图中。如果没有一个能够统摄大家的共同权力的存在，这种相互为战的状态会永续下去。为此，我们看到天生爱好自由和统治他人的人类生活在国家之中，使自己受到束缚，他们的终极动机、目的或企图是预想要通过这

---

① [美]弗朗西斯·福山.社会资本、公民社会与发展.马克思主义与现实，2003(2).
② [美]文森特·奥斯特罗姆.美国地方政府.井敏，陈幽泓译，北京：北京大学出版社，2004：12.

样的方式来保全自己并因此获得更为满意的生活；也就是说，要使自己脱离战争的悲惨状况。①这种契约的建立就是源于人们与政府之间信任关系的确立。

　　信任是市民社会和民主政治的必要条件。信任是民主的前提。弗朗西斯·福山将社会资本定义为"一个群体成员共有的一套非正式的、允许他们之间进行合作的价值观或准则。如果说群体的成员开始期望其他成员的举止行为将是正当可靠的，那么他们就会互相信任，信任恰如润滑剂，它能使任何一个群体或组织的运转变得更有效率。"②信任是一种对他人能够做出符合社会规范的行为或举止的期待或期望的取向的社会行为。它不仅是社会资本的重要组成部分，而且还被认为是社会资本产生的前提条件。它是维系人际关系的重要纽带，也是维持组织生存和发展的重要因素。一个系统—经济的、法律的或政治的—需要信任作为一个前提条件。没有信任它就不能在不确定的或有风险的情景中激发支持性活动。第一，民主需要公民之间的沟通交流，包括意见的交换、政治选择的陈述以及政治支持的表达。第二，民主要求一种宽容他者的精神。因为民主本身代表着一种协商的程序，代表着不同意见、不同利益为自己争取合法存在的权利。第三，民主需要用妥协和共识取代冲突和斗争。在科恩看来，"民主国家的公民必须乐于以妥协办法解决他们的分歧。民主的所有条件中，这是最重要的，因为没有妥协就没有民主，而有关各方如果不愿妥协，即无达成妥协的可能。"③

二、政府对社会组织的控制策略

　　现代社会的异质性使得人们之间的极端怀疑经常以背景形象的形

---

①　[英]霍布斯.利维坦.北京：北京大学出版社，1986：125.

②　[美]弗朗西斯·福山.大分裂：人类本性与社会秩序的重建.刘榜离等译.北京：中国社会科学文献出版社，2002：18.

③　[美]科恩.论民主.北京：商务印书馆，1988：183.

式渗透到日常生活的各个领域。吉登斯在论述现代性的信任特点时，提到"现代性这种反事实的、面向未来的特性，在很大程度上，是由属于抽象体系其本身的特性中渗透了业已确立的专业知识的可信任性中的信任建构而成的。"①彼此不信任和人心不齐使社会成为一盘散沙。②后现代工业社会是一个具有高度不可控性和高度复杂性的社会，人们在一个世俗的风险文化社会中便会经常产生固有的不安定感，甚至在某些决定性时候会有非常明显的焦虑感。帕特南的社会资本概念阐释中，一个非常重要的方面就是社会信任网络，因为他已然关注到了信任之于社会关系建构的重要性。随着抽象体系的发展，对非个人化原则的信任，成了社会存在的基本要素。这种非个人化的信任与基本信任不同。同前现代的情况比较，现在的人有一种强烈的想寻找可信任的人的心理需要，但却缺乏制度性地组织起来的个人联系。③

（一）现代社会的异质性

实现责任控制的前提是知道责任控制的对象。要对合作对象进行遴选，需要的一个基础条件就是对这些对象的资质、能力等信息有充分的了解。沟通不利是导致合同失败的主要理由。因为完善的沟通渠道意味着充足的信息保障、科学的管理方式、融洽的主客体关系。政府、社会组织置身于其中的社会系统和场域环境是极其复杂的。而在这个复杂的社会系统中形成并固化的人际关系、制度体系则表现出更为复杂的特性。这种复杂性使得决策设计者不可能拥有任何一种时机来实施一项能将所有社会成员动员起来的"社会方案"。无视社会系统复杂性，无视游戏规则真实性，带给决策者的将是出其不意的重创。从深层的意义上看，问题的关键并不仅仅在于制度的形式，而在于权力和权力关系，也就是说，在于一种连接点位，其特定的文化与

---

①　［英］安东尼·吉登斯.现代性的后果.田禾译，南京：译林出版社，2011:73.
②　［美］亨廷顿.变革社会中的政治秩序.王冠华等译，上海：上海人民出版社，2008:24.
③　［英］安东尼·吉登斯.现代性的后果.田禾译，南京：译林出版社，2011:105.

诸种制度围绕此得以衍生发展。社会系统的诸种属性，从根本上说，取决于社会关系模式与社会游戏模式，这些模式在历史的进程中得以形成。个体可以使之发生改变，但是却不可能将其根除。[①]新公共管理改革的正当性通常是由公共选择理论和委托—代理理论来加以证明的，这两个理论强调政府雇员的不可信任以及在公共组织内部加强管理和控制的必要性。虽然新公共管理改革主张实现公共服务的民营化，但是它仍然关注国家公共服务的管理问题，因为国家对此仍然负有责任，并且部分或者全部的财政投入来源于一般税收，或者补助，或者免费。而另一位公民社会组织的研究专家萨拉蒙则指出："尽管在直接拨款和服务购买项目中，还可以利用更为有效的控制方法，但是由于实践中缺少一些签署有成本效益合同的重要先决条件——例如，提供者之间更有意义的竞争、对绩效的有效衡量、符合绩效标准的政府决策。关于是否把服务外包、外包给谁的决定，经常是在毫无理由的项目期限的压力下做出的，没有信息，没有机会寻找潜在的承包人。结果，政府不得不接受当前的供应者网络提供的服务，而不是寻求目标人群的需要所要求的服务。更为重要的是，由于很难形成并使用绩效标准，政府经常求助于核算控制、申请和汇报程序，这就增加了非营利机构的负担，同时也没有给政府提供有效的监督手段。[②]

　　合同制治理的权力路径与官僚制治理最大的不同在于执行过程中权力和责任的移交。这种"扩散的公共行动"[③]要求政府明确权力边界，健全沟通机制，强化责任控制。在这场治理范式的变革面前，首要的任务就是要确定行政权社会化的范围，这个任务所要解决的是关于所有的公共服务是否都应该通过服务购买的形式完成提供的问题，还是这种公共服务社会化也是有界限和范围的。如果确实有范围和边

---

　　①　［法］克罗齐耶.法令不能改变社会.张月译，上海：格致出版社，2008:26.

　　②　［美］萨拉蒙.公共服务中的伙伴——现代福利国家中政府与非营利组织的关系.北京：商务印书馆，2008:115.

　　③　［美］查尔斯·T.葛德塞尔.为官僚制正名——一场公共行政的辩论.上海：复旦大学出版社，2007:105.

界，服务购买的底线和边界如何确定，由谁来确定。政府成为了整合和优化这些被分散的公共行动的当然主体。因为政府的服务外包并不是卸包袱，相反地，对政府的治理能力和合同管理能力提出了更高的要求。

(二) 政府对社会组织的控制策略

控制与信任通过不同的方式增加其伙伴在交易中的可预测性。政府不是天使，知识储备再丰富的政府，如果不能自制，也无法实现完成自身应该担负的责任。后结构主义者认为，现代社会是场景化和分散化的世界，自我早已不复存在，唯一的主体是去中心化的主体，只能在语言和话语片段中找到其身份认同。公共空间逐渐消亡的事实，促使人们去私人生活中找寻那些被公共领域拒绝的东西。在组织信任的层次划分中，跨组织信任由于其无形性和非正式性的特征，更难以把握和驾驭。控制是不信任的心理暗示下所运用的制度束缚，借此达成管理者预期目的。压力型体制是解释中国社会跨越式发展的重要理论工具。所谓压力型体制，指的是一级政治组织（县乡）为了实现经济赶超，完成上级下达的各项指标而采取的数量化任务分解的管理方式和物质化的评价体系。为了完成经济赶超任务和各项指标，各级政治组织（以党委和政府为核心）把这些任务和指标，层层量化分解，下派给下级组织和个人，责令其在规定的时间内完成，然后根据完成的情况进行政治和经济方面的奖惩由于这些任务和指标中一些主要部分采取的评价方式是一票否决制（即一旦某项任务没达标，就视其全年工作成绩为零，不得给予各种先进称号和奖励），所以各级组织实际上是在这种评价体系的压力下运行的。①杨雪冬运用压力型体制研究城市化进程中城市政府的行为取向，并指出"压力型体制不仅在经济领域发挥作用，而且扩散到社会管理等领域"。"压力型体制模式"是一种通过"自上而下的"目标分解方式，实现压力下移，并以完成目标的程度作为奖惩的标准。这一分析工具最初用于经济领域，以分

---

①　荣敬本.从压力型体制向民主合作体制的转变.北京：中央编译出版社，1998:28.

析和解释我国地方政府官员热衷的竞相角逐的 GDP 锦标赛和中国官场中的"数字出官员，官员出数字"的现象。随着政绩观的发展，这一分析我国地方政府行为的重要理论工具的解释力和应用性日渐增强，适用范围也向纵深发展，扩及到社会管理领域。国内很多学者都发现：在政府购买公共服务方面，地方政府表现的热情过高。为了彰显政绩、提升绩效、部分地方政府运用行政力量推进政府购买服务的实践、甚至通过量化指标驱动社会组织发展。温州社会组织发展的土壤肥沃，行业协会的发展势头强劲，而即便这样优渥的环境下，压力型体制模式仍然没有逃脱"人存政举，人亡政息"的厄运，由此再度证实社会管理领域应该慎用压力型模式。

　　控制是不信任的心理暗示下所运用的制度束缚，借此达成和实现预期目的。针对改革开放以来中国政府与社会组织之间互动产生的政治效应，中国政府在管理理念、沟通途径与管制机制并未根本性地改变统治型社会管理的格局，以积极应对世界范围内社会运动的兴起和中国社会组织不断发展的现实所产生的政治效应与社会影响；在观念与制度设计上，还是利用高压手段，实施消极的防堵策略，对社会组织与政府互动中所产生的正面社会政治效应视而不见或消极回避，而不是改革一些不合时宜的管制政策来正面引导和推动社会组织在维护公民自由、保障人权、推动国家民主化发展的积极功能。①

　　在地方政府官员的强烈政绩观导向下和不出差错的思维模式下，大多数的地方政府对社会组织发展采取的控制倾向是极为明显的，当然从管理的角度来看，这种控制而非支持的管理模式也是较为安全和保守的做法。因为这些社会组织与政府关系密切，政府对组织的机构设置、人员安排、财政资金等情况了如指掌，这就省去了为获取新的合作对象的信息而东奔西跑，同时还可能面临机会主义行为的风险。

---

　　① 扶松茂.中国政府与社会组织间关系发展的风险及对策研究.天津行政学院学报2015(2).

由于难以找到适当的合作伙伴、害怕失去控制和公共目标的优先性，政府经常靠近那些与政府建立联系或者具有顺从政府传统的合作伙伴。在中国可能性最大的服务合作伙伴是那些被重组或剥离的国有企业或社会团体，而这些国有企业或社会团体仍然与政府在资金、人员管理与个人关系方面存在密切联系，这一类型的公共服务合同外包通常包围在行政关系或非正式关系中，而这些关系有时几乎不受合同的制约。

本章小结：

政社关系的演变经历了一个从理论到行动、从实务到战略的历史演化过程。在关键词的共现图谱中，可以清晰地发现，话语和制度成为了流行语和关键词。然而，学术界对政社关系的研究一直都是充满了期待，期待能够打破传统政治文化圈圄下的政社依赖关系状态，从现代公共行政思想中发掘出积极的资源，推动国家与社会关系研究的新发展，进而有效回应当下行政改革和社会转型的时代背景。而要实现这种期待，首先要解决的问题就是临界线、问题域和意义值。建构两者关系形成机理的理论问题并非仅仅是搜集一些能应用于特定情况的技巧，而是要研究实际经验的丰富含义以及这些经验对社会价值观的影响，这项工作的攻坚克难，需要注意到与复杂系统的变革管理有关的经验性问题，同时还需要留意公共组织赖以存在的社会、政治和伦理的宏观背景。一个社会的发展水平取决于制度所容纳的学习能力，具体而言，取决于理论—技术问题和实践问题自身能否分化开来，话语型的学习过程能否出现。

第五章
公共服务购买场域中的政社依赖关系的制度逻辑

公共服务供给模式的演变以及由这种模式演变而带来的政府行为亦是一种客观实在，运用何种分析工具来解释这种客观现象是理论界和实务界需要高度关注的议题。制度主义因其较强的解释力成了流行的分析工具，尤其是在探讨和分析制度变迁的发生机制等方面，这种优势更为明显。大多数的社会学观点或者理论的取向，是寻求对政社关系作某种单一的、占主导地位的制度性阐释。但是，这种观点部分地建立在错误的前提之上，因为每一种观点都包含了一种化约论：要么将某一种类型的政社关系看成是某种制度逻辑的产物，或者刚好相反。制度主义者的独特性在于他们不会对组织结构、社会结构和组织过程进行整体主义的或者单向决定论的研究。

从根本上讲，政府购买公共服务是一种演化性的制度变迁，因为制度重组仅仅是一种制度要素的重新组合。如何解释服务购买场域中的政社依赖关系，尽管制度主义者对此没有明确的看法和基本的共识，但是对于制度本身蕴含的多维度倾向则可以对其发生机理予以较好的回应。这种制度逻辑的分析重点在于从结构入手，依据制度的基本维度，阐释制度变迁的发生机制。为了建立可供分析的理论框架，将政府与社会组织之间的关系界定为一种制度选择，政府与社会组织依赖关系的形成被更多的研究者解读为一种制度选择，并且是制度均衡的产物。在这种制度逻辑建构中，制度情境、制度变迁、制度发展以及相关的制度理论为两者关系的营造、改进提供了相关的理论基础。这一理论是比较温和稳妥的组织理论，或者是制度均衡理论。这一理论强调的是，有利于政社关系良性运行的制度选择应该是既能够使过高的参与热情与参与冷漠达成平衡，又能使对权威的服从和尊重与主动和参与之间形成融合，同时还能将一般的社会信任转化成为相关的政治信任的一种制度均衡。这样的制度选择逻辑所遵循的理论途径是从政治文化入手，通过辨别和分析不同国家政府与社会组织关系模式，来发现和归纳出稳定有效的制度供给所需要的制度情境。从长期来看，支配世界的是利益而不是观念，但从短期来衡量，观念之于世界进步的意义不容小觑。

社会治理领域中政社关系的制度安排之所以深嵌于时间之中，我们需要思考的不仅仅是关于这种制度选择和制度变迁的特定时刻，还要考虑制度发展在长期时段中显现的过程。"锁入效应"由此产生，因为这个发展过程显著地塑造了制度调节得以出现的环境，以及变化得以可能的类型。在容易陷入循环的语境中，选择的次序将决定结果。因为选择的次序不仅是公共选择的结果，它还不可避免地会产生自我强化效应，那些被摒弃的选项因其淡出公众视野而导致越来越难以实现。

第一节　政府购买服务的制度逻辑

一个社会中最重要的规则体系就是制度。制度是指在特定的社会活动领域中，围绕着一定的目标形成的具有普遍意义的、比较稳定和正式的社会规范体系。制度就是稳定的、受珍重的、周期性发生的行为模式。制度化则是政治组织和程序获取价值观和稳定性的一种进程。[①]在传统的知识体系和现实的政治实践中，制度设计都是非常重要的问题。在政治思考上，国家的制度性权威早露峥嵘。

―――――――――

① ［美］亨廷顿.变革社会中的政治秩序.王冠华等译，上海：上海人民出版社，2008:8.

一、制度主义研究传统

社会现象纷繁复杂，而每一种现象都是具体而实在的现实，这就要求针对这些现象的研究也必须是客观的。在不同的时段，社会现象会呈现不同的形态，而这些存在形式被认为是一种真实、积极的力量。制度主义的研究传统历史悠久，流派多元，影响深远，借鉴意义十足。而无论是旧制度主义还是新制度主义，在制度主义研究者的字里行间，总容易让人产生这样一种幻觉：制度具有恒定性，并且随着每个社会特有的加速系数变化而发生相应的变化。在关于各种行动者如何进行决策的问题，也即什么逻辑决定行动者的行动方式问题上，各种制度主义学派都长于解释制度存续，而短于解释制度变迁。在这其中，也不乏部分学者的标新立异之举。比如，坎贝尔的制度变迁理论则是对制度主义学派的突破，因为他在全球化的背景下探讨了制度变迁的模式选择问题，以及思想观念和制度变迁的双向形塑，并对制度背景制约制度变迁这一事实给予了强调和回应。他的"受制约的制度创新"理论为国内学者提供了一种不同于新制度经济学的研究思路，这种研究思路有利于国内学者深入研究地方政府制度创新与中国渐进性制度变迁之间的内在逻辑。毋庸置疑的是，制度变迁理论的理论阐释和方法分析对于地方政府购买行为的优化策略也颇具借鉴意义。梳理制度主义研究传统，坎贝尔的综合制度变迁理论和历史制度主义能有效地解释服务购买制度实践中的政社依赖关系。

(一) 坎贝尔综合制度变迁理论

制度是社会生活的基础。作为一系列规则制定的集合体，制度之于行为体的规范和约束作用不容置喙。从宽泛的意义上说，制度是一种社会博弈规则，是人们创造的、用以限制人们相互交往行为的框架，表现为具有管束、支配、调节作用的行为规则和程序。制度本身含有某种伦理原则和价值诉求，其首要的价值便是公正。制度既是规范人们行为的"标尺"，也是促进公平正义理念形成的"助推器"，更是社会公正进步结果的"凝结"。也恰恰基于此，制度主义的分析范式因其普遍的实用性和较强的解释力而深受学术界和政府机构的欢迎。但制度分析对于制度变迁解释的不充分也一直饱受诟病。因为制度主义的分析范式也并非铁板一块，在其发展和演变过程中，分化出了不同的研究流派。这些制度主义者研究的社会现象广泛，使用的方法迥异。在实践过程中，坎贝尔将新制度主义的发展总结为三种范式：理性选择的、组织分析的和历史的新制度主义。他认为这三种范式有着共同的见解和主张，但在理论根源、制度定义、分析层次等方面还存在着极大的不同点。

表1 理性选择的、组织分析的和历史的新制度主义的不同点

	理性选择的新制度主义	组织分析的新制度主义	历史的新制度主义
理论根源	新古典经济学	现象学、常人方法学与认知心理学	马克思主义与韦伯传统的政治经济学
制度定义	正式与非正式规则，行动者遵守的程序、策略均衡	正式规则和视若当然的文化框架，认知图示，习惯的再生产过程	正式与非正式的规则和程序
分析层次	微观—分析的交易层次	组织场域与组织人口种群层次	宏观—分析的国家政治经济层次
行动理论	工具主义逻辑	适当性逻辑	工具主义与适当性逻辑
制约理论	行动受诸如产权、宪法等规则和有限理性的制约	行动受文化框架、图示和惯例的制约	行动受规则和程序、认知范式和原则信念的制约

资料来源：［美］约翰·L.坎贝尔.制度变迁与全球化.姚伟译，上海：上海人民出版社，2010:10.

这三种理论范式各有优缺点，如果我们想要充分理解制度变迁，就需要在借鉴这三种理论模式的基础上，进行制度分析的第二次运动，这场运动试图在这些范式之间进行更具建构性的对话，沟通和协调这些范式的分歧。坎贝尔的制度分析理论就是第二场运动的典型体

现。基于这三种新制度主义范式在解释机制、理论假设等方面的缺陷，在充分参考了各种制度主义范式的基础上，坎贝尔提出了综合性制度变迁模式。他的综合制度变迁思想更像是一种理论要素的重组，即从不同的地方选择不同的思想，并把它们以各种方式组合起来，进而产生某种新的思想。

思想观念之于制度的重要性毋庸置疑。传统制度主义研究者长于历史图解，重视对组织过程以及满载意义的行动导向基础进行深入地区分，这些都可以作为制度遗产为后来者继承和学习。但制度主义理论研究却硕果累累。在过去的数个年代中，新制度理论已经从对制度及其独特性进行随意、混乱地界定，走向严密的、一致性地界定。突破了传统的决定论思维框架，走向了互构论的分析。坎贝尔在象征性的制度重组中，已然关注到了话语力量在制度建构中的重要作用。而对话语建构最具有代表性的当属话语制度主义学派。作为该理论代表人物的施密特主张：制度既是由观念塑造的，也是由既定结构中观念传播的方式塑造的。它的基础不是等级制或正式的结构，而是共享的交流沟通。同时新制度主义者也强调，观念是制度的基石。从某种意义上说，任何行动都是利他主义的，因为它是离心的，而且不只存在于自身限中。相反，思考是某种个人的，以自我为中心的东西，因为只有当一个人与外界分离，从外界回到自我内心世界时才能思考。并且，一个人越是退避回归到内心世界，思考越是深入。不与人接触，是无法进行活动的，但思考却与此相反，我们必须斩断与他人的联系，这样才能客观地思考，自我思考就更是如此。因此，全部活动转向内心的人变得对身边的一切都无动于衷。

(二) 时间中的政治：历史制度主义的分析框架

历史制度主义兴起于"二战"后，并且主要是在政治学和政治社会学等数种思潮影响下得以产生的。它最早是由一些政治学家在解释政治现象、分析政治体制和治理机制的时候提出来的。以马奇与奥尔森、卡曾斯坦、詹思曼等为代表的历史制度主义研究者从宏观层面的国家着手，采取社会建构主义立场，研究国家结构在这些行动者之间分配权力和影响行动者的"利益概念"的方式。不同于 19 世纪晚期和 20 世纪早期政治学的制度主义，历史制度主义更关注政府正式的和非正式的层面，强调政治制度并非完全根源于其他社会结构；社会互动明显的时间面向是首要的，历史常常是一种相对不确定和背景—依赖性的过程。①历史制度主义提供了一种跨时代的观察政策的路径，为政治现象和社会发展提供了解释力。寻求一种供给逻辑上的超越，历史制度主义的语境中，个人完全成了习惯的产物，而与满足其需求与愿望的组织的有效联系则寥寥无几。

1. 制度生成：路径依赖与自我强化

历史制度主义学者彼得斯认为，制度因素是社会分析的最恰当出发点。②制度主义的研究过程经常容易造成一种假象：制度产生与制度变迁的界限模糊，边界不清，甚至可以彼此替代。历史制度主义的研究重点在于如何维持已经形成的组织结构，对于制度产生时的最初状况则较少关注。行动者根据意识形态和规范理解周围世界，进而影响自己对公共政策的判断。形式的、抗拒变化的制度的核心角色，运用政治权威来扩大权力不对称的可能性，以及许多政治过程和政治结果的高度含混性等因素，使政治成为一个特别受制于正反馈的社会生活领域。路径依赖理论认为，当一个政府项目或组织开始沿着某一条路径发展，那些最初选择的政策就会按照一种惯性趋势一直持续下去。历史制度主义研究者霍尔认为任何时候的政策都会被早期的政策选择所影响，观念在政策塑造中扮演了关键的角色。③一旦政府在某一政策领域作出了最初的政策选择，由此形成的模式将被延续下去，除非有足够的力量能够克服最初形成的惯性。在人们自动而有效的选

---

① ［美］B.盖伊·彼得斯.政治科学中的制度理论：新制度主义.上海：上海人民出版社，2016：75.

② ［美］B.盖伊·彼得斯.政治科学中的制度理论：新制度主义.上海：上海人民出版社，2016：77.

③ ［美］B.盖伊·彼得斯.政治科学中的制度理论：新制度主义.上海：上海人民出版社，2016：72.

择集合中，那些被摒弃的选项会随着时间的推移，变得愈来愈难以实现。因为无论是决策者的决策理念，还是行动者的执行方案，都不可避免地带有了"路径依赖"色彩，产生了自我强化效应。①官僚制、工具理性、不平等的权力关系等制度因素，为人们思维模式的突破和行动方略的创新设置了重重障碍。

2. 制度变迁：渐进式变迁

演进是历史制度主义的重要分析起点。制度建立是一种较少目的色彩而更多演化色彩的过程。诺斯认为，制度变迁一般是渐进的，而非不连续的。前者满足人类对于生存和延续的需要，后者主要满足人类发展和维持秩序的需要。②"路径依赖"理论认为一旦特定的路径确立起来，自我强化的过程将使逆转变得非常困难。对未来总体运用形态的规划，导致个人以帮助那些预期成为现实的方式来调适其行动。通过估计他们的行动来调适自己的行动方略。历史制度主义用"均衡断裂"概念解释制度变迁，"均衡断裂"意指制度变迁中的环境依赖。历史制度主义期待制度在其存在的大多数时间里处于均衡状态，当经过长时间的停滞之后，发生制度变迁的急速爆发时，就发生了所谓的"均衡断裂"。如果要引发大规模的急剧变化，需要依靠外在的冲击而非内在的动力，并且这些变化也许更进一步依赖于外部冲击在制度内被体察和塑造的方式。③替代性政策的发展成了"断裂"的根源。

二、制度逻辑下的政府购买服务

虽然场域概念如同很多其他概念一样，仍然处于不断的研究和探

---

① ［美］保罗·皮尔逊.时间中的政治：历史、制度与社会分析.南京：江苏人民出版社，2014：61.

② ［美］B.盖伊·彼得斯.政治科学中的制度理论：新制度主义.上海：上海人民出版社，2016：88.

③ ［美］B.盖伊·彼得斯.政治科学中的制度理论：新制度主义.上海：上海人民出版社，2016：84.

索阶段，但场域概念在组织的制度分析中占据着非常重要的地位。组织场域是处于微观层次的个体行动者及组织、宏观层次的社会行动者系统，以及跨社会行动者行动系统之间的中观分析单位。遵循着制度变迁的过程，对政府购买服务的制度逻辑进行梳理，担当精神和反思意识尤为重要。从批判的视角出发，这些理论建构者都具有一个相似的弱点，那就是理论描述过于宏观，总而言之，在后现代工业社会的今天，任何过于简单的理论范式，都不足以对高度复杂性的社会现实予以积极回应。

1. 制度选择：由行动者选择的制度与被制度裹挟的行动者

制度供给，就是通过给变革中的社会提供一种基本合理、公正、健全的制度体制，使社会确定一种基本的交往关系范型及其基本的行为规范体系，在这种交往关系范型中，合乎新社会同一体的善的行为不仅是美好的、应当被称赞的，而且同时也是有现实功用、能够给人们带来现实利益的。[①] "一句话，政府功能必须以制度方式向社会提供，并且政府本身也必须按照制度行事。作为秩序化统治机构而存在的政府，必须为人民和社会提供社会秩序的制度供给，也就是要为社会制定一个权威的人人必须遵守的制度框架或者制度模式"。[②]制度的作用在于为人们提供多元的选择集合，进而创设更多的生存机会。制度还具有矫正的功能。隐伏在与政社关系相适应的基本结构的相关性之下的现实就是社会组织依赖政府生存和发展。

购买公共服务政策的制定就其本质而言，是一种制度选择和制度变迁的过程。这个过程遵循了一般的制度选择的既定逻辑，但也因其行政主导的特征而具有了特殊的组织逻辑。行动者是非常重要的，因为他们的活动提供了思想观念如何影响制度变迁的方式选择。基于行动者的认识，研究行动者的集合体的组织特征和选择集合的制度释义

---

① 高兆明.制度公正论——变革时期道德失范研究.上海：上海文艺出版社，2001：22.

② 蔡立辉.公共管理范式——反思与批判.政治学研究，2002(3).

变得举足轻重。在人类的所有知识中，对我们最有用但也是我们掌握的最少的，是关于人自身的知识。因为如果不从认识人自身入手，那么所有的道德判断和行为评定都毫无意义。而恰恰是基于人的认识，研究人的集合体的组织特征和人的选择集合的制度释义变得举足轻重。作为解决问题的方式选择，制度无疑是行动者选择的结果。因此，了解行动者的网络格局、知悉行动者的组织特征、洞察行动者的认知倾向，是定位制度的昨天、今天和明天的逻辑线索。而制度也并非完全被动的，一以贯之的制度痕迹会产生重塑效应。在被人类反复论证、重复使用的制度面前，路径依赖的特征昭然若揭。整个 20 世纪，政治—行政的两分法主导着公共行政的思维方式，尽管其缺陷早已暴露无遗，但依然主宰着公共行政的发展方向。外来批判的刺痛和内部改革的激增，促使公共行政开始了一段时期的价值皈依探索。

　　行动者的属性、认知可能会塑造他们嵌入其中的社会网络。置于网络中的成员具有资源分布不均质性、权力占有不对等性等特征。霍布斯曾以巨兽"利维坦"来称谓政府，时至今日，公共组织的特殊地位即便遭致公众的反感，但其作为公共政策制定者和公共权力行使者的地位仍然没有从根本上动摇，即使是主张主体多元化的治理理论也无意执着于此。政府及其背后的公共组织政府成立组织、制定政策的目的在于提高社会整体福利水平。制度是历史的产物，同时也是实践的产物。在历史与实践的结合中，公共权力、公共权力的代表者的公共组织以及作为两者实践行动的公共组织是制度的制定者。

　　硬币的另一面则是被制度重塑的行动者。因为任何人如果不想遭受"比其他一切人更是奴隶"的结局，就不能狂妄自大地宣称"自以为是其他一切主人"。公共组织行动者因其政策制定者的身份而产生的高高在上的思维应该让位于公民权利本位的思维，当今社会政策问题的复杂性越来越需要具有不同风格、议程和关注段的许多不同组织和不同公民的网络参与。制度与公共行动者共生于社会网络中，基于网络结构的关系模式和价值判断，公共行动者在制度面前的策略治理并非只是墨守成规，还有制度遗产赋予的智慧。于是制度框架下的多元的行动者各显神通，汲取制度精华，重塑主体本身。制度是人类相互交往的规则。它抑制着人际交往中可能出现的任意行为和机会主义行为。制度为一个共同体所共有，并总是依靠某种惩罚而得以贯彻。没有惩罚的制度是没用的。只有运用惩罚，才能使个人的行为变得较为预见。带有惩罚的规则创立起一定程度的秩序，将人类的行为导入可合理预期的轨道。

2. 制度情境：公共领域的消退与选择集合的变化

相互依赖是一个程度问题，取决于一个情景中互动的动力密度。一部政府与社会组织关系的历史就是一部公共领域和私人领域的分离和融合的历史。如果说两者的分离孕育着生机的话，那么两者的融合则承载着使命。这个使命就是如何不负重托，达致民心所向、众望所归。哈贝马斯在《公共领域的结构转型》中已经关注到公共领域消退的现象，公共领域的消亡，在其政治功能的转型过程中得到了证明，其缘由则在于公共领域和私人领域关系的结构转型。①制度的关键功能是增进秩序：它是一套关于行为与事件的模式，它具有系统性、非随机性，因此是可理解的。在存在社会混乱的地方，社会的相互交往必然代价高昂，信任与合作也必然趋于瓦解，而作为经济福祉主要源泉的劳动分工则变得不可能。

而社会实践中令公共管理者应接不暇的技术变革和措手不及的思想转型则是对这个现象的正面回应。20世纪是官僚制主宰的世纪，而21世纪是一个技术理性、工具理性式微的时代，更是一个公民权利至上、公民治理的时代。行政改革和制度创新既需要顶层设计的政治支持，还需要做好泥泞前行的思想准备。因为通常情况下，政府机构及领导者要么关注的是控制行为，要么关心的是直接提供公共服务。而更多的选择集合则要寄希望于改革寻求到的政府之外的合作伙伴。

---

① ［德］哈贝马斯.公共领域的结构转型.上海：学林出版社：171.

"沉舟侧畔千帆过，病树前头万木春"。随着公共领域在社会事务治理的消退，公共行动的扩散性成了不争事实。在分散的公共行动面前，人们据以完成的选择集合亦随之发生变化。传统公共行政主流思想布道的"大政府"被汹涌而来的公共服务民营化浪潮淹没，虽然民营化和私有化会不会是"鸡窝里的狐狸"尚待政府部门考证，但毋庸置疑的是越来越多的企业、社会组织共同参与到公共服务的供给中，共同生产、合作治理名噪一时。这些做法背后所折射出的是寻求社会问题最优解的政府孜孜以求的努力。政府与社会组织的关系建构和模式选择是制度的产物，也是制度选择的结果。公私领域的关系置于公共服务的领域中，则又会呈现出不同的画面。故探寻服务购买进程中政社依赖关系的内在勾连机制，并与之展开对话，方能探究政社关系的制度变迁理路，找寻出路径模式。

3. 制度实践：价值理念上的西方化与行为模式上的本土化

在多元文化环境中管理是现代管理的两难困境。我国政府购买服务是对传统治理中"价值无涉"的纠偏，因为无论从理论研究还是从实践做法方面，政府的行为很难做到事实与价值的泾渭分明。在我国政府购买服务的舞台中，上演的就是一幕西方价值理念与本土文化情结相冲突的情景剧。在双方力量的掣肘下，购买服务的场域中多少有点"靶子找准了，但是箭有点偏"的色彩。显而易见，购买服务的靶子是绩效管理中的"4E"标准，靶心是公民治理中的"满意"原则，参照系则无可争辩地落在了绩效卓越的西方国家身上。政府购买社会组织公共服务的价值理念是西方化的，作为合同制治理的一种形式，强调政府与社会组织之间的契约关系，其实质是引入竞争机制和契约化管理，主张实现公共服务供给主体的多元化。

观念、有组织的意识形态，都在行为方式的选择和行为模式的形成中发挥重要作用。在我国政府购买公共服务的制度实践中，政府与社会组织的依赖关系被重新建构，这种建构因其处于特定的政治文化背景下难免会带有路径依赖的色彩。不同于西方国家的公共服务合同外包，政府购买社会组织公共服务本身就是中国特色的制度实践。在本土情境中，这种制度实践的土壤发生了迁移，生根发芽的作物也随之产生了变化。之所以称谓"政府购买"，而非为理论界和实务界广泛认可的"民营化"，已经将其所彰显的本土色彩公之于众。在达致政府与社会组织平等合作的目标中，阶段性是不可避免的政治说辞。因此，基于我国社会组织的发展现状，先行运用政府购买的方式，是扶持社会组织发展的必经阶段。但实际上，在这种服务购买制度实践中，政府与社会组织的依赖关系由政治权力和影响力的模式驱动，受到政治文化的操纵和影响，最终在典型的政治实践中稳定下来。"明修栈道，暗度陈仓"是中国地方政府惯用的伎俩，潜规则与明规则在中国购买服务场景下亦共生共存，而"选择性治理"在购买场域中也有生存空间。权力背后的隐性控制在实践中表现为体制内购买、非竞争性购买等形式性购买。

4. 制度变迁：主体的能动性与结构的制约性相结合

制度变迁决定了人类历史中的社会演化方式，因而是理解历史变迁的关键。坎贝尔的综合性制度变迁理论认为制度变迁是一种受制约的革新过程。这个过程指的是，制度革新者在进行制度革新时，制度往往会制约行动者的可能选择范围，但是制度也会提供各种原则、实践和机会，行动者在制度约束之下可以创造性地利用他们来进行革新。①历史长河中流淌的政社关系的变迁方式主要分为诱制性制度变迁和强制性制度变迁。学术界关于制度变迁的相关研究硕果累累，尤以制度经济学的研究突出。而在大量的研究中，都无一例外地关注到了制度变迁的路径依赖特征。制度框架勾勒出政府与社会组织关系的基本模式，但两者关系的营造和改变难免带有路径依赖的色彩。

要理解政府与社会组织依赖关系的形成机理，既需要清晰地梳理两者的组织结构，还需要知悉两种组织形式的过程。在两者关系的演

---

① ［美］坎贝尔.制度变迁与全球化.姚伟译，上海：上海人民出版社，2010:7.

化轨迹中，纵切面的历史梳理与横切面的现实考量都是必要的。制度变迁的结构性制约主要体现在外部环境对于制度创新选择集合的范围，在此过程中，还要注意区分和识别哪些是原有的东西，哪些是人为的东西，以供甄选。有一种悖论是令人信服的：不同的方案越是接近，就越要突出其差别。因为唯有区别才能彰显个性，证明价值。而在个性彰显的背后，凝聚的是具有主观能动性的主体的智慧。坎贝尔的综合性制度变迁理论将尤其关注到这样一种现象：即政府在应对环境约束的同时所做出的积极能动回应。①在政府购买社会组织公共服务的制度创新中，政府尤其是地方政府是此项改革议程的发动者，而为了在政府之间开展的锦标赛中胜出，地方政府患有严重的制度创新"饥渴症"。因此地方政府要在这方面煞费苦心：即如何强化组织之间的自发性联系，以便改进一种社会秩序，这种社会秩序能使个体自由行动以及社会合作成为可能，而不是通过一种控制来限制这种个体自由行动和社会合作。

第二节　公共服务购买场域中的制度逻辑冲突

制度与其他人类组织形式的主要区别在于，其寿命长短以及它们价值的重要性是完全不同的。制度不是永恒不变的，也不会独立于人的意图和行动之外，它随着人们所做事情的变化而不断变化。制度并不是僵化的，不受人控制或超越环境变化影响的具体现实。相反，它们是许多人在长时间实践活动中进行选择的结果。制度主义者将制度逻辑定义为：由社会建构起来的关于物质实践、假设、价值、信念以及规则的历史模式，个体通过这些模式生产和再生产他们的物质生活、组织时间和空间，以及为他们的社会现实赋予意义。任何一种制度变迁都根植于不同制度逻辑之间的冲突和矛盾。制度逻辑冲突存在

---

① ［美］坎贝尔.制度变迁与全球化.姚伟译，上海：上海人民出版社，2010:73.

的长期性和复杂性决定了行为者必须要对这种冲突给予积极回应。

公共服务购买在国外被称为公共服务外包，主要做法是政府将本应由自身承担的服务生产任务以外包的形式交由企业、社会组织来完成，而政府承担服务监管的责任。公共服务购买遵循合同制治理的原则，体现政府与外包方的竞争和独立的关系，本质是公共服务社会化的一种形式，而在我国地方政府的制度实践中，这种购买行为经常流于形式，"非竞争性购买"、"体制内购买"等变通执行的政策样本在地方政府层面广为流行。购买场域中的政府遵循的是多重制度逻辑，而这些制度逻辑之间存在的内生的、外在的各种冲突。令人不解的是，这些制度逻辑冲突虽然彼此矛盾，但尚能并行不悖，诚如西蒙所描述的"行政谚语"一样，每一种制度逻辑都能自成体系，而不同的制度逻辑之间的内在冲突又是不可调和的，但这些制度逻辑又可以相安无事。

一、 制度设计的逻辑冲突："供需导向"的市场逻辑还是"权威运作"的政治逻辑

关于制度是如何起源的，以及制度的变迁过程如何，一直以来都不乏相关学派的争论，至今仍然晦涩不明。但无可辩驳的事实是，每一项制度都是行为主体选择的产物。而行为主体基于何种逻辑做出判断和选择，这是制度逻辑首先要解决的问题。能动的行为者往往会面临诸多选择集合，这其中也不乏"霍布森选择"。但理性的行为主体总是趋利避害地寻求利益最大化，而在达成利益最大化的路径选择上，"条条大路通罗马"。殊途同归的岔路口上，可能会看到"以效率为指挥棒"的市场和以"利维坦"形象自居的政府的竞相角逐。

市场导向的逻辑遵循市场供需结构的一般规律，要求行为主体做到市场需要什么，主体供给什么。而政府主导的逻辑也与之相反，它恪守的是技术理性和"自上而下"的行为逻辑，也即"政府提供什么，社会需要什么"。政治的一个基本特征是着眼于公共物品的供给。

用以辨别公共物品的特征，其中之一是消费的非竞争性和非排他性，还有一个就是它们的主要元素一般都是强迫的，而非自愿的。这两种截然相反的逻辑却非常滑稽地出现在了中国政府购买社会公共服务的场域中。服务购买场域中的政治逻辑和市场逻辑的区别可以依据两条路径进行梳理：第一，服务购买决策的主体；第二，购买对象的选择。服务购买的本质是公共服务的合同制治理，是公共服务供给结构应对公民需求所作出的及时回应。而中国语境下的服务购买的制度创设本身就是政府选择的结果，是决策者基于服务供给现状和社会组织发展情况一厢情愿地做出的所谓遵循市场规律的选择。这种政府主导的局面又集中体现在了服务购买对象的选择上。市场是充分竞争的，竞争者凭借自身的价格、质量、信誉等进行角逐，优胜劣汰。而服务购买的对象则并非市场选择的结果，而是政府指令的产物。

二、 制度变迁模式的逻辑冲突：演化性的制度变迁与革命性的制度变迁

把制度的产生过程与制度的变迁过程截然分开，是非常武断的行为。因为任何新制度都不会凭空产生，而总是在质疑、批判、挑战和借鉴先前制度的基础上形成的。但不容置喙的是，拥有一套制度如何产生和演变的理论，可能比起某些研究一套既定制度语境的均衡的理论，含有更多的信息。制度主义者眼中的制度变迁主要包括演化性的制度变迁和革命性的制度变迁。两种模式在制度变迁的速度、范围和方向这些标准来加以区分。制度变迁的类型，到底是革命性的还是演化性的，这是坎贝尔非常关注的议题。为了给出合理的解释，他确定了制度变迁的维度。当然，这些维度的确定工作并非空前一致，而是众说纷纭。因为研究者的理论视角、研究者的视角与那些占据着研究者所研究的组织的人的视角，研究者的分析层次都会对研究结论的确定产生影响。在归纳和总结制度维度不同观点的基础上，坎贝尔对于制度变迁模式选择做了定性和定量的研究。并最终将制度维度锁定在

规制维度、规范维度和认知维度三个方面，同时坎贝尔还指出，在关键维度确定好了以后，还要进行历史追踪。简而言之，一种制度变迁方式的确定绝非易事。综合制度分析的提出者坎贝尔认为，不能简单地对一种制度模式进行定性，需要在确定制度变迁的维度和制度变迁的时间范围的基础上，对于制度变迁的模式进行解释和分析。革命性的制度变迁涉及价值观念、社会结构、施政方针等方面的迅速、彻底和完全的变化。这些变革愈是彻底、完全，制度变迁就越是完全。反之，在决策理念、管理制度、社会权力等方面所发生的速度和缓的变化，则可以称之为演化性的制度变迁。两种制度变迁模式在理论假设、制度方案、适用条件等方面也存在着不同。革命性的制度变迁假定决策者是理性的，能够知悉所有与决策相关的信息；而演化性的决策则设想决策者是有限理性的，无法做到"最优"，只能追求"满意"。由此所设计出的制度方案也存在着"翻天覆地"和"一以贯之"的差异。

对于公共服务供给模式创新的制度变迁，决策者也同样面临着改革与革命的模式选择困境。选择困境置于社会转型期的中国则又具有了另类期盼和解读。服务供给模式创新需要处理政府与社会、政府与企业之间的关系，归根结底，问题症结在于政府的职责定位。长期受制于"国家与社会高度一体化"的政治体制影响的公民，期冀公共服务供给模式创新能带来全新的体验，能对"大政府、小社会"的局面进行扭转，能对接西方国家的公共服务民营化的改革潮流，能践行"公共服务型政府"的服务宗旨。显而易见，这些制度创新需要价值理念的更新、配套政策的出台、社会公众的参与，是一场精神洗礼，需要极大的改革精神和超强的攻坚克难的毅力。这些工作远非追求稳中求变的渐进决策所能驾驭的。而现实情况则是，在较长时间的政府大包大揽的政策庇护下，中国的小社会的长期发育不足、难以有效承接服务外包的重任。因此公民社会理论所呼唤的公益宗旨和第三域管理中力倡的独立精神在中国民间组织的土壤中扎根不深，形成了特色鲜明的"依附式发展的第三部门"和饱受诟病的"政社非对称依赖关系"。制度本身体现出也是一种工具理性和技术理性。因此，在这种模式下，政府购买服务成了一种工具选择，在传统的官僚制模式中所倡导的等级—命令链条依然存在，很容易发生目标替代现象。任何一种社会制度都是人类建构的产物，既然如此，作为建构者的人类也有可能通过有意识的选择和有效的行动来重新建构制度，从而建立起一种替代选择。服务购买进程中的目标替换现象屡见不鲜。囿于发展阶段和管理策略，我国的政府购买社会服务不可避免地具有了演化性的特征。很多地方政府在购买过程中都出现了"单向购买"的行为，以"服务购买"的形式遮掩"政府包办"的实质。于是，"体制内购买"、"非竞争性购买"也顺理成章地跃居服务购买流行语榜首。把活动的图像化约为快照，我们所冒的风险是遗漏了正式制度得以形成的关键过程，还有它们在自身不断变化的社会环境中持续或改变的方式。[①]

三、 制度变迁机制的逻辑冲突：路径依赖与抽离历史情境

社会科学曾经拥有历史研究的宝贵传统。而在当代社会科学中，往事基本上是充当经验材料的源头，而非严肃考察政治如何随时间而发生的鞭策力量。[②]在制度如何发生的解释机理方面，抽离历史情境而进行形式化思考的理论家也并不鲜见。持这种观点的学者往往摒弃制度情境，抽离历史环境，搁置政治文化，倡导改弦易张，主张大刀阔斧。具体到制度变迁中，则剥离历史，革除弊病，着眼现实，心无旁骛。与之形成鲜明对比的是，部分学者认为真实的社会过程具有独特的时间界限，要把政治放到特定的时间之中来考察。"路径依赖"是常用的解释制度变迁的机制选择。路径依赖主张一旦某一种路径形

---

① ［美］保罗·皮尔逊.时间中的政治：历史、制度与社会分析.黎汉基译，南京：江苏人民出版社，2014:125.

② ［美］保罗·皮尔逊.时间中的政治：历史、制度与社会分析.黎汉基译，南京：江苏人民出版社，2014:5.

成以后，就具有自我强化的特性，使得制度表现出前期的相对的"开放性"和"随意性"，以及后期的"封闭性"和"强制性"。

　　服务购买本质意义上是服务外包的一种形式，作为一种欧洲现象的新公共管理运动，被很多学者描述为一场范式革命。在这场蔚然成风的革命影响下，西方国家的行政改革无一例外都具有了管理的自由化和管理的市场化两个倾向。民营化大师萨瓦斯以城市扫雪为例，开启了美国公共服务民营化改革的先河。虽然后续研究者质疑私有化的局限，形象地描述其为"鸡窝里的狐狸"。但无可辩驳的是，这一改革模式之于西方国家公共服务改革和行政改革的重要意义。皮尔逊在《时间中的政治》一书中开宗明义，历史是非常紧要的，要把政治放到时间之中去考察。政治现象与经济现象的最大不同之处就在于，政治更可能倾向于正反馈。政府购买公共服务是一个中国特色鲜明的词汇，政府购买服务与公共服务民营化的词汇关系，诚如中国的民间组织称谓与西方国家的"公民社会"的关系。而两者的内在逻辑关系还不止于称谓，更在于内涵。正因为中国的民间组织在培植土壤、社会情境等方面发展的特殊性，带来了在服务购买领域大行其道的民营化无法在中国的土壤中生根发芽。这里体现的就是浓重的政治文化和路径依赖的特色。背景对于理解任何一种社会现象、解释任何一种社会机理都是不可或缺的要素。因为每一项改革背后蕴含的智慧、每一项政策启动暗含的目标都不是随机产生的，而在很大程度上是"有意为之"的。这个"意"，从不同侧面反映了特定的时代需求、折射出既定的历史轨迹。

四、制度扩散的逻辑冲突：言行合一与言行相悖

　　阿伦特在《人的境况》一书中指出：通过行动和言说，人使自己与他人区别开来，而不仅仅显得与众不同。它们是人（人之所以为人，而不是作为物理对象）相互显现的方式，这种有别于单纯身体存在的显现，建立在主动性的基础上，但它不是那种某人可以放弃也仍

不失为人的主动性。[①]在人类社会发展的任何阶段，言说与行动都是最为重要的两种活动。两者的关系也经历了言说与行动合二为一和制度化分离的发展历程。我们凭借语言来体现现实社会的各个方面，并用语言来表现事物的特征。就其本质来看，语言作为一种符号化的象征，指称着某种具体的事物。在话语理论越来越成为公共行政重要分析工具的今天，澄清语言与行动的关系，并通过这样一种分析方法来更新服务购买场域的制度逻辑的认识，无论对于社会治理的改进还是公共生活的完善，无疑都有着极为重要的价值。

　　武器的批判和批判的武器同样重要。对于解释者而言，自己所提供的解释机理能够自圆其说，要远比能够成为普世真理更为重要。因为任何事物的变化和发展都会呈现多面性。制度扩散指的是制度原则或实践在较少被修正的情况下向一群行动者扩散，制度扩散往往会导致同质或同形结果，一个场域中的所有组织都会渐渐采纳一致的、相同的实践，并且这些组织的形式与功能也会走向同一。[②]我们的这个时代正经历着语言与现实相分离的"副现象论"。政府是制度扩散的主体，这一行为主体的言说和行动也无一例外地表征出言行合一与言行相悖两种模式。任何一项制度实践都是话语建构的产物。在现代性稳定语言游戏中，真理是可以看得到的，但真理往往会被权力所遮掩，因为权力本身就是一种非常重要的价值，这种价值体现在对于事物内部结构的分配和对于事物运作的支配。现代化的精英们几乎总是公开赞扬和大力宣传服务购买模式的优点。但是这种普遍的态度反映在其行动和政策的程度上则颇不相同。就服务购买决策所产生的正效应而言，大多数政治精英无疑期望从广泛的社会主体参与中捞到好处。但就社会组织的参与对其权力的限制、争取支持所花费的时间和精力以及参与会产生对有限资源再分配的要求而言，他们就不愿意为

---

① ［美］汉娜·阿伦特.人的境况.王寅丽译，上海：上海人民出版社，2009：138.
② ［美］约翰·L.坎贝尔.制度变迁与全球化.姚伟译，上海：上海人民出版社，2010：77.

此付出代价了。一般来说，政府购买服务或者良性的政社关系构建不太可能会被作为目标来追求，而更多的时候是作为辅助条件被当做实现其他目标的手段来追求。对此，皮尔逊给出的答案是：行动者可能是工具性的，富有远见，但具有多重而分期的目标，以致制度运作不可能简单地源自设计者的偏好。还有一种可能，行动者可能做出理性设计的选择，但更广阔的社会环境的变化和这些行动者自身性格的变化，都有可能显著地破坏了行动者与制度安排之间的契合。①

第三节　公共服务购买场域中制度逻辑冲突的应对策略

对挑战做出回应是每一个社会需要回答的制度问题和文化问题。制度变迁在各种制度逻辑冲突中不断发展，而政府也正是基于这些逻辑冲突，采取相应的行为策略。阿伦特在对行动和言说进行研究时，尤其重点关注到了在社会治理中行动的重要性。不同的制度背景建构了不同的场域，在其中，政治组织可以追求自己的目标，因为每个场所都是不同地建构的，所以对政治行动者来说，每个场所呈现不同的限制、风险和机会，也要求不同的策略。

一、在"以行动者为中心的"的治理结构中谋求社会合意

在当下的主流话语体系中，没有比治理更时髦的词汇了。这就要求政府以治理理论作为理论源流，追求知识重构，因为未来社会主要体现在知识治理中。相较于传统社会的统治，现代社会的管理，治理的要义在于赋予管理以多元化主体的意蕴，同时又要寻求政府在多元治理结构中的主导性。通过服务购买的形式，扭转了服务供给主体中政府单打独斗的局面，吸引多元化的服务主体参与其中，可以有效地

---

① ［美］保罗·皮尔逊.时间中的政治：历史、制度与社会分析.黎汉基译，南京：江苏人民出版社，2014：129.

解决饱受诟病的服务供给单一、服务供给结构不合理等问题。作为解决人类社会发展问题的选择集合，制度创造本身是行动者决策的产物。理性主义对于制度安排的解释可以简化为"以行动者为中心的功能主义"。他们认为，制度之所以以现有的形式出现，是因为制度对于设计它们的社会行动者是有功能的。服务购买在中国的政治实践中之所以有这样的图景呈现，是因为这一制度创设对于行动者而言是有价值的。这种价值体现在通过服务购买，指定购买对象等形式性的购买，政府便于对社会组织进行操纵和掌控，这种"控制取向"的管理策略始终贯穿于政社关系中。在以政府为主导的治理结构中，多元化的服务供给结构得以形成。

而如果据此断定，制度创设的初衷是为了满足决策者的意愿，显然是武断的，也是有失偏颇的。无论是西方政策体系中的民营化，还是中国话语体系中的服务购买，所要解决的核心问题都是公共服务供给结构调整进而促进公民福祉和社会利益。这也与新公共服务理论所倡导的"公共利益是目标而非副产品"的观点相契合。在这一过程中，作为行动者的政府既要尊重顶层设计的原则，还需要尊重民意。这也是政府要在服务购买领域进行制度创新的动力所在。

二、在"从权力治理走向合同治理"的宏观叙事中进行渐进调试

思考制度安排的中心问题，不仅仅是它们是否建构了均衡，而是那些均衡在条件变化的情况下有多稳定。作为"舶来品"，政府购买公共服务要契合"合同制治理"的主流话语体系，因为这已然成为公共行政的宏观叙事而宏图大展。伴随着20世纪70年代出现的新公共管理运动，西方国家行政改革都以民营化为导向，从权力走向合同成了一个不争的事实。相较于科层制治理，合同制治理要求放松规制、实现私有化，追求权力分散化。这些体现的都是公共行政研究的宏观叙事，但在故事的讲解背后，除了主线清晰，还需要情节生动，人物鲜活。在"合同制治理"的宏观叙事中，还需要政策设计者结合国

情、社会发展实际等情况，进行渐进调试，所以"非合同制治理"高频地出现在我国服务购买制度的特征描述中。

改革看上去更像是一潭不透明的水：人们不知道底在哪里，更不清楚自己要屏息多久。这样的状态就使得改革者处于一种非常矛盾的状态中，他们已然意识到政社依赖关系的改进和平等合作关系的建立是大势所趋，但改革的最终目标、推进思路、技术路线等都是高度专业性的问题，而实际上，即便是技术官僚也难以对这些问题有精准的理解和全面的把握。对此，改革者所持的迟疑态度和所做的渐进行为就在情理之中了。事实上，亨廷顿早就在《变革社会中的政治秩序》中透彻地分析了改革者与革命者的区别，并对改革者的"四面楚歌"境地予以描述。改革者在决定最佳策略时，必须思考"替代"或者"变换"的成本和收益。以此作为思考基点，行动者更可能寻求内部改革，替代现存制度，在旧制度安排上多加一层新安排，或默许现有的制度安排。

三、 在"历史是紧要的"的价值认同中增进现实基调

事情何时发生，影响到他们如何发生。鉴于此，决策者要将历史遭遇投射到现实的情感基调中来，处理好历史与现实的关系，因为有些时候历史可能会成为一种主观倾向非常明显的选择性记忆。路径依赖理论是对"历史是紧要的"观念的最好回应，该理论对于特定制度安排所产生的正反馈作用给予了高度重视。评断人类社会中的任一制度的标准，并非它是经久不衰并因此具有普世价值，也不是因为它符合理论基础，也不是它看上去迎合了某些华而不实的社会现象，而是，在当时的社会和历史条件下，这个制度已经充分集结和调动了现有的一切资源，促进了人类文明的改进。要理解公共服务购买制度安排，就要理解中国的政社关系，而要理解政社关系，首先要理解中国的政治文化特性，这种特性蕴含于历史的断裂与延续之中，这种文化徘徊在政治冷漠与政治参与之间。

只有在历史受到驱逐，时间已然不彰的情况下，现实才作为重要

角色得以出场。人们对于作为蓝图的制度预期的判断将不可避免地影响到人们对于政治现实的评价。而大多数的情况下，人们都会主观臆断地认为未来优于现在，毕竟对于陷入"霍布森选择"的人们来说，选择总是意味着希望，未来总是充满着期待。改革主要承诺了人们未来会发生转向的可能性，因此，对于裹足不前、困顿不堪的社会情境而言，改革意味着更多的选择，也在某种程度上意味着更好的发展，因此也更容易受到困境中的人们的欢迎。但是关于如何改革和怎样改革的方向之争，浅尝辄止的观念、坐井观天的狭隘和偏激则应该被国家和社会发展的完整视野所取代。

四、在"行动—言说"的功能分化中追求价值合一

在政治思考上，行动—言说结构之于社会治理的重要性也早露峥嵘。在任何时代，人们都可以带着这种偏好在两种制度之间跳探戈。但是，内生的偏好不能作为超越制度进行判断的基础。现代社会治理要建立在行动与言说的制度性分离的基础上，唯此，才能实现国家权力向社会的回归。政治行为归根到底取决于我们对于政社关系是什么、能是什么以及应该是什么的看法。当我们说这种制度实践比那种制度实践更有利于推进社会发展时，我们的评价取决于我们对于真正的社会发展形态所持的看法和态度。漫长的人类发展历史印证了权力汇一制被取代的必然性，行动权独占和话语权共享的格局导致了"大政府，小社会"的发展态势。以社会契约论和三权分立学说为理论渊源的政府实践则因其实现了权力分离而获得了社会认可，以此为逻辑主线，国家与社会在行动和言说权上也应该实现分离和制衡。通过国家与社会在行动和言说上的各司其职、各就其位，实现制度化的功能分离。

"我们如何说，取决于我们怎样做"，还是"我们做了什么，取决于我们说了什么"。现代社会治理以公众利益为目标，以行动权与话语权在国家与社会之间的重配为途径，实现两者在功能分化基础上的价

值合一。"无言的行动不再是行动，因为没有行动者；而行动者，业绩的实践者，只有在他同时也是话语的言说者时，才是可能的。"①话语的功能，除了简单地作为政策观念的一个潜在来源，也在政治过程中为参与者提供着偏好来源。②根植于话语的范式和公共情感，会制约行动者感知和理解什么是合理与适当的行为。政策话语内在地具有政治性。要理解政治语言，就必须要理解它所建构于其上的那些现实环境和意识形态框架。作为一种与历史传承息息相关，体现着人类智慧、技能，承载着公众价值、期许的社会制度安排，政府购买服务必须受到悉心的照料。这种照料的责任不应该仅仅落到公共管理者身上，还与政策话语体系建构息息相关。因为真正的交往不仅仅是一种道德上的说教，更应该是一种行动上的回应。在恰当的时刻找到恰当的言辞本身就是行动。政治的重心从行动转向言说，言说变成了一种说服的手段，而不再是人所特有的回答、劝说，与事件和行为相得益彰的方式。③

本章结语

每一个社会的资源和能力，在深层意义上，都取决于其社会的文化特征和制度特征。一般意义上，制度即为习惯，是人们重复的行为选择。这种重复选择的逻辑在于制度内生的选择逻辑和外在的公众认可。对于我国的政府购买社会组织公共服务的制度实践而言，研读政治实践的创新意义自不待言，但除此之外，还要寻找那些被流行话语所忽视或掩盖的"真相"，以增强政策对公民需求的回应力。话语情境的捕捉、话语逻辑的产生、话语标准的阐释不能闭门造车，也不能墨守成规，这是一个漫长的学习过程。在整个历史进程中，我们似乎都可以发现对于无处不在的政府职能进行的广泛道德抗议。在这场批

---

① ［美］汉娜·阿伦特.人的境况.王寅丽译，上海：上海人民出版社，2009:140.

② ［美］B.盖伊·彼得斯.政治科学中的制度理论：新制度主义.王向民等译，上海：上海人民出版社，2016:128.

③ ［美］汉娜·阿伦特.人的境况.王寅丽译，上海：上海人民出版社，2009:16.

判中，人们的广泛共识是：虽然政府对于社会治理要进行引导、矫正和补充，但它绝不能对社会进行大规模的取代。因为经济系统以收益最大化为原则，而行政系统则以妥协为原则，与它所依赖的环境进行各种各样的"讨价还价"。"讨价还价"的目的是为了强行让双方互相适应期待结构和价值系统。在"讨价还价"背后蕴含着丰富的哲理和逻辑，而制度主义和制度逻辑因其无可比拟的优势具有了较强的解释力。作为一项制度选择和制度变迁的服务购买，也是在多重制度逻辑综合作用下产生的。蕴含在错综复杂的制度逻辑背后的所有精妙之处显而易见并非我们能力所及，但与时俱进的时代担当精神和反思意识尤为重要。这种担当精神和反思意识充满着批判意识，肩负着现代性的行囊，主张在制度主义分析视角的宏观指导下，对制度逻辑予以分类研究和具体阐释，并对单一制度逻辑进行反思。以此为研究进路，有助于在反思性的视野中推进服务购买整体效果，也有助于在开放性的思路中实现社会治理。

第六章
公共服务购买场域中的政社依赖关系的话语建构

制度主义者强调制度的重要性，认为制度因素是社会分析的最佳切入点。很多的制度分析者，对于这些话题的研究显然不够，甚至画地为牢，如果只是简单套用制度主义分析的话语架构，而不去首先廓清我国政社关系发展的独特路径，既可能将制度主义分析的优势掩蔽起来，也可能导致行动主义思维本身的失语，因为行政本身就是一门行动的学问。因此如果生搬硬套地将制度主义的思维适用到两者关系，显而易见会产生水土不服的问题。在用制度主义的分析范式解释政社依赖关系的发生机理之时，几乎所有的制度主义者都存在着共同的理论盲点：浓厚的结构主义色彩。这种理论盲点的消除，可以运用其他的研究文献，而后现代主义的话语理论就是其中之一。因为话语理论强调公共能量场中各种形式的参与者的运作。在后现代主义的代表人物福柯的眼中，这个世界上只有两种事物：权力和话语。而语言通过建构世界而非单纯反映世界的方式，表达着它的意向性，诠释着在能量场中力量的掣肘。后现代主义并非仅仅是对现代主义的批评，还包括了对社会未来状况的思考。现代主义亦步亦趋，后现代主义不落窠臼。

制度并不是真正的老板。梳理、盘点、考察政府与社会组织的相关概念谱系及相互关系，并对这种制度现实进行话语赋权是极为必要的和非常重要的。话语赋权是其他赋权的基础，它是工业时代的一种社会建构物。那些试图描述政社关系的语言也倾向于将依赖关系的现象抽象化。我们凭借语言来体现现实社会的各个方面，并用语言来表现事物的特征。因此，为了重新解释用于社会实践的语言，我们不可避免地依赖于对话来分享我们的体验，分享其间事务的真正含义。①
人类倾向于为他们所做的事情寻找理由，即使这些理由并不存在。而
在寻求理由的工具选择中，语言成了极为重要的方式。语言是作为一
种超越个体的制度而相对独立于任何单位和个体的动机和属性存在
的。具有讽刺意味的是，恰恰是政社关系探讨所具有的漫长而悠久的
历史导致了在这一问题上的混乱和歧义，因为对于不同时空条件下的
不同人们而言，政社关系具有不同的含义。历史长河中流淌的国家与
社会的关系是政府与社会组织在长期的制度实践中形成的依赖关系并
不是行为者自行创造的结果，而是由他们通过表达自己作为行为主体
的地位的方式而不断再生产出来的。掌握话语情境的变迁是进行话语
转向的现实要求，了解话语建构模式的变化是进行话语转向的逻辑起
点，解读话语形式是进行话语转向的基本要求，把握话语诉求是开展
话语转向的终极目标。优化政社关系不存在一个具有普世意义的"怎
么做"的方法，实现话语转向也不存在一个指导意义的"如何做"的
方法，因为政治的变化和概念的变化本身就是一个极为复杂和相互关
联的过程。实践问题是可以用话语来处理的，社会科学有可能分析清
楚规范系统与真理之间的关系。用话语形式勾勒出政府与社会组织关
系的基本模式，但两者关系的营造和改变难免带有路径依赖的色彩。
一个功能平稳的语言游戏是建立在大多数人的共识基础上的，这些共
识是由不同种类的有效诉求构成的，而在这些诉求中，语言的交互活
动成了必需。

　　政府购买社会组织公共服务为两者的关系探讨提供了新的领域。
在这个领域中，依赖关系成了描述两者关系的主流话语。解读这种主
流话语的建构逻辑、阐释话语转向的发展趋势有利于深入了解两者关
系的政治生态。话语体系的生成逻辑根源在于社会语言与社会实践的

---

① ［美］全钟燮.公共行政的社会建构：解释与批判.孙柏瑛等译.北京：北京大学出版
社，2008:31.

双向形塑，而作为话语体系的建构者的政府和受到话语体系的影响的社会组织则成了话语体系的利益相关者。场并不构建控制目标的界线，相反，情境（或跨越了时空的相关情境的集合）有它自己的一套约束机制和机遇。

相互依赖不仅仅是一个分析概念，它还是政治家经常采用的一个言论工具。作为一个分析概念，相互依赖可以对大国关系、区域政治、组织行为给出较好的解释。作为一个言论工具，相互依赖亦可对政治现象、政治现实给予精明的回应。在一个真实的话语中，参与者的立场和观点都将经历改变。然而，个人的观点并不会被当时的情境所吞没而变成无差别的同质的东西。对政治家而言，含混晦涩的语言通常被证明是非常实用的工具。政治领导人惯用的策略是将行为主体之间的相互依赖描述为一种自然需要或政策必须调整的一种事实，而不是在某种程度上政策本身导致的某种情境。鉴于此，他们经常声称，相互依赖减少了利益冲突，合作可以解决世界所有问题。而真实情况和效果如何很难据此作出论断。唯一可以证实的是相互依赖关系影响着政府和社会组织的行为模式，而政府的行为模式也影响着相互依赖关系模式。政社关系的话语描述，离不开基本概念辨识和意义探讨。这不仅仅是一种语言学上的语义争辩，更是一种具有实质性的社会价值纷争。因为它还能反映出语言使用者蓄意为之的社会态度。甚至在某些场合是公开的导向性社会评价。在政府公益组织不指望将自身做出的任何行为都描述为公益性质的，政府也无法寄希望于公众为其所有的行为都贴上公共利益的标签，只能希望那些貌似合理的、满足了应用术语的公认标准的行为能对号入座、实至名归。然而，最终哪些语言描述跃入公众眼帘，哪些言辞表达淡出公众视野，这种取舍就要回到探讨政社依赖关系的话语体系建构问题上。

政府购买社会组织公共服务是对治理情境下的政府与社会组织关系建构的政策场域，这一决策的形成、实施和管理可以被理解为一个能量场，在这个场域中，松散的个人围绕着"下一步我们该做什么"

这一问题而组织在一起。概念变化是政治行为人的一个想象的结果，政治行为人批评且试图解决特定的矛盾；他们在力图去理解和改变身边的世界时，发现这些矛盾存在于他们的信仰、行动和实践的复杂网络中。①我国服务购买的制度实践中，言辞描述推陈出新，"体制内吸模式"、"枢纽型社会组织"这些概念的出现令公共管理者眼花缭乱，另一方面，制度实践中上演的这些情境也让公共管理者不知所措：拥有体制资源、与政府关系密切的社会组织在政府招投标制度中中标的概率远高于草根型社会组织，甚至在一些地方政府的服务购买过程中，如果政府在现存的社会组织中没有找到满意的社会组织，政府选择直接成立社会组织完成服务承接事宜。于是服务购买进程中的政社"非对称性依赖关系"成了政策主流话语。诚然，将西方国家独立平等的政社关系做"透镜"或"标尺"来衡量我国的政社关系不是明智之举，但运用何种分析工具和语言解构来判定我国服务购买制度实践中的政社关系也需要答案。这个答案是应该由政府给出，还是由政策参与者的公民给出？这个话语建构的逻辑何在？合理性如何？未来的发展趋势怎样？因此在政社关系的话语体系探讨中，应该重点分析在网络组织背景下的政社关系研究的话语转向研究中，以下几个需要强化的命题：政府如何描述和评价政社关系的变化着的语言之间的关系？当下流行的政社依赖关系描述究竟是政策制定者的自说自话，还是自圆其说的"策略性的巧妙论证"？为此就需要实现从制度范式到话语范式的转变。因为制度的制定和执行需要首先明确的是作为行动者双方应该具备的平等的话语权。

第一节　话语理论的迫切性

作为在管理技术和效率的狭窄范围以外的、恢复公共行政意识的

---

① ［美］特伦斯·鲍尔等.政治创新与概念变革.朱进东译，南京：译林出版社，2013：20.

一种方法,"话语理论"正在公共行政领域涌现。它力图使公民和官员免受具体化、理论成见和制度的约束,允许他们在目前的话语情境中重新塑造自己和制度安排。任何社会都会使用一些规范性的词汇来描述社会现象,解释社会运行,引导社会评价。政策话语内在地具有政治性。要理解政治语言,就必须要理解它所建构于其上的那些现实环境和意识形态框架。作为一种与历史传承息息相关,体现着人类智慧、技能,承载着公众价值、期许的社会制度安排,政社合作关系必须受到悉心的照料。这种照料的责任不应该仅仅落到公共管理者身上,还与政策话语体系建构息息相关。因为真正的交往不仅仅是一种道德上的说教,更应该是一种行动上的回应。

规则制造了狡猾,所以掩饰成了唯一的做法,作为规则制定者的公共部门,公共部门的对话者只能耍滑头:用一种符合行政部门制定的标准的假需要来掩盖自己的需要和愿望。行政部门越是集权,这种逻辑就越是荒诞不经。从这个层面上,公私合作伙伴关系的本质被歪曲。对人类生活而言,语言是时空疏离的主要及原初手段,它使人类活动得以超越动物经验的即时性。语言是一台时间机器,它让跨越代际的社会习俗得以再现,同时让过去、现在和未来之间的分化成为可能。①在这个社会里,人们鼓噪着他们自己不相信的,也不指望别人相信的公式化语言。言论变成了一种仪式。言论变成了一种危险,而且变得足够危险。尽管我们的社会是在一种极为狭隘的理性模式下运行的,但这种狭隘的理性定义与一个由技术和官僚制支配的社会是一致的,但是我们却在一种更加广泛的意义上保持了一种天生固有的推理能力。而且,正是由于理性在任何给定的情况下都可以发挥作用,所以我们必须明了:(1)我们进行的是对话,而不是独白;(2)这种对话必须不受支配和扭曲。只要沟通和交往的一方比另一方具有更大

---

① [英]安东尼·吉登斯.现代性与自我认同:晚期现代中的自我与社会.中国人民大学出版社,2016:22.

的权力，那么这种对话就会被歪曲。只有消除了所有的支配形式，既包括要消除明显的支配形式，也包括要消除潜在的支配形式，才能有民主政体中真正的沟通和交往。

　　任何一种科学理论、社会实践都需要借助语言工具进行传播，作为传播媒介的语言的有效性就显得格外重要。真理符合论认为存在两种类型的语言：观察语言和理论语言。[①]被认为民主评议的合法力量已经被自上而下的官僚体系和充满中介的政治所取代。作为一个可供选择的备选方案，合法和"真正的会话"可能发生的一系列条件。这样的评议将必须通过排除伪善的主张来进行，所谓"伪善的主张"包括那些只为自己服务的主张，那些不愿意参加会话的人们所提出的主张以及那些来自"搭便车者"的主张。在后现代主义者的观念中，功能的体系结构要让位于一些寻求控制当代社会中的混沌和异化的更加折中的方式；逻辑实证主义要让位于激进的诠释主义，或者，最好让位于方法论上的反强权的无政府主义；层级的官僚制结构要让位于非正式制度、授权，以及话语；而道德规范的准备要让位于情境的道德。[②]

第二节　话语理论的生成逻辑

　　任何时候都有人试图改变规则，重塑制度，进而谋求个人福利的增加。无论这些改变规则的人的动机何在，也不考虑他们是道德高尚的人还是低级趣味的人，在改变规则的过程中，他们都会采取那些自认为能产生预期效果的行为。在生产过程和社会化过程中，通过真实的表达和需要证明的规范，即通过话语的有效性要求，社会系统与其环境之间进行了交流。生产与社会化的发展过程都遵循可以用理性加

---

　　① ［美］怀特.公共行政研究的叙事基础.胡辉华译，北京：中央编译出版社，2011：78.
　　② ［美］罗伯特·B.登哈特.公共组织理论.扶松茂等译，北京：中国人民大学出版社，2011：142.

以重构的模式。

一、 社会语言与社会实践的双向形塑

在 20 世纪结构主义语言学的语境下，语言不仅仅是一种交流手段，也不只是意义的呈现，而是一种结构性的力量，是构建我们的世界观、存在于甚至我们的言谈本身的看不见的手。语言本身就是人类的社会实践。社会语言和社会现实之间确实存在着因果关系吗？政治实践的语言是沟通交流的重要工具。政治语言传递政治讯息、但在这些特殊功能的表达之外，政治语言也一定要具备语言的一般功能。这种功能的具备来源于社会实践。社会实践赋予了社会语言以真实体验，并使其栩栩如生。因为任何在公众心目中是信手拈来、俯拾即是的流行语言都是一定社会阶段的社会现实的写照。人们的语言选择也不是随性之举，往往是内化于既定社会现实的外在表现。社会现实具有社会化的结构，或是连续不断地通过人类行为进行社会化的更新，而人类的行为又被可重复的实践所规范。治理，以及实现治理的话语方式，都可以看做有意识的、相互反思的尝试，这种尝试规范和引导着重复实践中随机变化的边缘性调整。①

吉登斯对解放政治和生活政治进行了描述和区分。如果说解放的政治是一种生活机遇的政治，那么生活政治便是一种生活方式的政治。生活政治所关涉的是后现代场景中进行的自我实现过程所引发的政治问题，在这种场景中，全球化进程强烈地影响着自我的反射性投射，同时自我实现之过程也极大地影响着全球策略。②理想的言谈情境在所有的社会中都普遍存在，它提供的是一种充满活力的解放政治的生存空间。社会情境越是接近理想的言谈情境，基于自由和平等个

---

① ［美］特伦斯·鲍尔等：政治创新与概念变革.朱进东译，南京：译林出版社，2013:87.

② ［英］安东尼·吉登斯.现代性与自我认同：晚期现代中的自我与社会.北京：中国人民大学出版社，2016:200.

体的自主行动之上的社会秩序便有可能出现。个体可以根据具体情形自由地对其行动作出选择；在集体层面，组织也拥有了"视情况而定"的自主选择权。

但硬币的另一面则是社会词汇有助于构建社会实践，也同样是不容置喙的事实。在很大程度上，公共行政事实都是由语言或者语言规约构建出来的，而不是先天地存在的。语言先天地具有政治学功能，当语言被赋予政治生命时，它究竟是积极意义的"利器"，中性意义的"工具"，还是消极意义的"达摩克利斯之剑"。这些言辞描述背后映衬的是语言的评价性功能。因为看清评价性的语言有助于使社会行为合法化的作用，是看清社会词汇和社会结构的相互支撑点。①政治实践是权力的搏斗场，能量场本身就负荷着矛盾话语的两极。不同的语言游戏会把交流者引向观察同一现象的不同领域，达致"横看成岭侧成峰，远近高低各不同"的效果。换而言之，公众观测到的社会现象以一种融入观察对象中的隐喻形式而被表现出来。作为社会现实观察者的公众不可能置身事外，他们的观察也不可能完全与其观察对象分开，因此，关于现实的观念，从某种意义上，是可商议的。社会公众对政社关系的语言理解已经牢牢植根于政治文化中，深深嵌入到社会和政治的实践中。大量的政治行为在语言中进行，并利用语言媒介得以表达和传播。有些行为在语言中得到了赞扬，这种赞扬产生的正面效应，促进了行为的社会认可和公众的价值认可，久而久之，内化于公众心中的共同信仰得以形成。传统的场域中，我国政府与社会组织的长期依附关系，并没有因为政府购买社会组织公共服务这一制度实践的开启而发生相应的改变。

二、话语体系的建构者：言行不一的政府

一种恰当的话语建构理论必须以组织结构为主线，兼顾社会结构

---

① ［美］特伦斯·鲍尔等.政治创新与概念变革.朱进东译，南京：译林出版社，2013:17.

的合理性，公众需求的重要性。人类是社会化的动物，这种社会化倾向借助于群体内的语言交流和群际的行为来得以体现。语言本身就是一种重复的实践。因公权力属性和强制性特征使然，古今中外的话语主导权都掌握在政府手中。作为话语体系建构者的政府，在网络组织形态的社会情境中，又多了一重身份—网络策略的缔结者。因为行动而不是事实才能对决策最终发挥作用，因此话语天然地是政治的。①语言是政治行为人的行为舞台。在这个舞台上，政治行为人处心积虑，回旋于公共目的与私人利益之间。

如果想要解释政府为何选择着力于某些行为过程而避免其他行为过程，我们就必定将这种行为所指赋予政府所处的社会的流行道德语言，因为这看起来并不像政府的偶一为之，而是理解其行为的关键因素。公共服务供给是政府的责任之所在，作为公共政策制定者的政府会极力展示公共决策的科学性和行为的合法化。而合法性存在于做事的过程中，而并非事后的结果中。因此，问题的关键也不聚焦于已经和正在做的事情哪些应该合法化，而是下一步该如何做的问题。为了实现这样的政治意图，政府需要对自己的行为作出解释，赋予语言以政治生命，利用语言的政治功能，纵横捭阖。在被运用的政治话语中，他们公开承认某些信条，并只提供那些有利于佐证这些信条的言语描述，以用来证明他们所从事的行动在道德上是可接受的。因为那些貌似随意兜售的政治信条的选择和相应的描述都明显在事后关系到他们的所作所为，所以，对于他们行为的解释，似乎不是至少需要取决于研究他们可能选择使用的道德语言。原因是他们对词汇的选择似乎完全由他们先前的社会需求来决定。人类对他们的习惯性的重复行为进行反思，但这种反思不是在真空中进行的，而是在确定的范围内、在一系列的行动和相互作用中进行。这些范围是由他人的期望形

---

① ［美］查尔斯·J.福克斯，休·T.米勒.后现代公共行政——话语指向.楚艳红等译，北京：中国人民大学出版社，2003：10.

成的，并由能在这些期望的范围内理解、接受和实施的强大自我所共同创造。这一强大的实施行为使那些范围得以强化和有效化，成为变化着的力量和绵延性的结构。政府在政社关系的话语体系建构中所遭受的诘问，不能简单地定义为一个工具主义问题——他对自己原则的陈述加以修改以符合他的计划，它必须部分地被视为修改它的计划以回应道德原理的先存语言。限制策略也成了政府为了防止社会情境中的活动参与者出现话语变异而彰显出来的行动方针。

三、话语体系的参与者：难以抉择的社会组织

国家是历史的产物，而不仅是法制的产物。治理不限于机构和规则，而是要包括整个复杂的社会实践。一旦某种治理模式被定义为一系列职能，围绕每一项职能就会建立各种专门机构，每个机构都拥有自己的评估标准。社会能力既是相互依赖的，又是无限多样的，其生存和发展取决于管理关系，保证最大限度的一致性和最大限度的多样性的能力。作为公共服务供给模式创新的机制选择，政府购买公共服务是一种"政府搭台，多元主体唱戏"的舞台。在这个舞台场景的设计中，在这个舞台演员的甄选中，甚至是在舞台台词的编辑中，作为出资方和发包方的政府掌握了言论的主导权，而多元的行动主体则只能言听计从，做好自身的角色扮演和角色调试工作。在我国传统"政府与社会高度一体化"的政治文化和"大政府、小社会"的政治实践下，社会组织的发展一直处于黯淡无光的状态，这种既定状态和现实地位并未因为政府向社会组织购买公共服务而发生实质性的改变。①从理论上看，作为合同制治理的形式，政府合同外包标准的设定以及据此的外包对象的选择都是协商的结果，政府与社会组织是平等的、竞争性的合作伙伴关系。而现实则是，由于我国社会组织的体制环境

---

① 齐海丽.我国城市公共服务供给中的政社合作研究，上海：上海交通大学出版社，2015：23.

等原因，使得它在外包关系的位置中处于"收音机式"的被动地位，难以担负起独立、竞争性的伙伴重任。

认识世界永远都是一种挑战。社会组织在购买服务中的两难困境对管理者也提出了严峻挑战。一方面是作为对政府有着强烈依赖倾向的社会组织身份；另一方面则是作为要和政府分庭抗礼的契约接收方，尴尬境地中的社会组织难以抉择。事情的严重性还绝非如此，因为社会组织还需要承受着政策感召与政治现实的双重考验。于是，这样的困惑不绝如缕：到底是应该相信政府的政策文件和学界前沿所传导的独立、竞争伙伴关系的理论构建，还是应该相信大量体制内的、有依附关系的社会组织所争取到的合同外包的政治现实呢？因为政治实践的变化常常先于人们的承认，在时下尚未得到承认而在随后的实践中得到佐证的政治实践，经常是出于两个方面的考虑：其一，那些问题或矛盾并没有促使变化，因为尚未得到关注或重视；其二，承认这些实践会对后续行为产生负面影响，因此话语体系建构者有意为之。而无论是其中的哪一种原因，对于政策话语和政治实践只有接受义务的社会组织，最理想的期许就是被告知。

第七章
服务购买实践中
政社关系的制度重构

政治学家一般更加关注利益集团、代议制和公民精神；而经济学家则强调市场、顾客和理性的重要性。传统的公共行政理论主张职业主义、行政专才和强有力的行政部门；相比较而言，当代公共行政则主张小政府，更直接的公民参与，政府服务的契约外包和民营化，以及市场化的激励机制。当代公共行政构建的新框架的实质是要打开两者关系的"黑箱"，关注国家组织如何通过合理的机构设置和制度设计来有效回应社会需求。"公民与政府的关系可以看成是一种委托—代理关系，公民同意推举某人以其名义进行治理，但是必须满足公民的利益并且为公民服务"，因为"政府与公民之间的关系形成了责任机制"，"责任机制将政府的行政部分与政治部分结合在一起，并最终关系到公众本身"。① 一般说来，组织意味着这样一种团体：它有着区别其成员与非成员的或多或少的已经划定的界限；有一定的等级地位，即一些人从属于另一些人；还有为实现其领袖和成员共同为之奋斗的目标的手段。在这个意义上，组织提供了一种实现协作的手段，也就是对运动的成员所做工作的统一支配。正是这一机制使得一个运动能够顺利进行，并且如果何时需要，可在公众中造成一个更广泛的支持的基础。②

美国联邦政府在"二战"以后实施的每一项主要政策和计划都是

---

① ［澳］欧文·E.休斯.公共管理导论.彭和平译.北京：中国人民大学出版社，2001：264—268.

② ［美］安东尼·奥罗姆.政治社会学，张华青等译，上海：上海人民出版社，1989:379.

通过公私伙伴关系进行管理的，这些政策和计划包括：医疗保健、环境清理与修复、脱贫计划和岗位培训、州际高速公路和污水处理场等等。然而，这些伙伴关系并没有解决政府的问题，事实上，许多伙伴关系还为用来攻击政府的竞争评论提供了素材。在积极推进企业化政府和私有化进程的同时，政府项目令人惊诧的浪费、造假渎职事件中往往包含了政府私人伙伴的贪婪、腐败以及经常是犯罪的活动，而孱弱的政府却无法及时地发现并更正这些问题。相较于私人部门，公共部门的服务外包制度更为复杂。这种复杂性来源于两个方面：第一，从目标的设定过程来看，因为在私人部门，所有者和管理者共同设定目标。而公共部门的目标则是各种立法程序的结果。这一固有的立法程序倾向于产生复杂多样的，有时甚至是冲突的目标。第二，公共目标是法律的产物。这种法律身份传达着重要的社会和政治合法性，使得公共管理人员在目标方面不像私人管理人员那样具有决断力，他们必须时刻警惕周边更加复杂的环境。最后，公共管理人员还必须掌握一套更加多样化而且常常更加劳神费力的标准。

为了将具有政策创新价值的政府购买服务制度体现充分，抽象的理论阐释和具体的案例剖析，宏观的政策背景和微观的制度实践都是这一制度的必备要素。为此需要寻求社会组织活动和政治能力感的某些社会根源。也即为什么这种依赖关系的政治行为是重要的呢？第一，与社会组织的合作是提升政府绩效的一种手段；第二，这种合作的信念和依赖的态度至少在部分程度上代表着把自己的对政府的要求，同伴的要求聚合在一起的初步意向。经过研究发现，影响政府购买公共服务成效的关键因素是政府、社会组织、公民这三方主体之间是否在契约基础上建立了较为明确的责任关系，这种建立在契约基础上的责任关系，是连接服务购买者、承接者及使用者的纽带①。依赖性的政社关系对服务购买效果、服务购买质量等都会产生一定程度的

---

① 顾平安.推进政府公共服务的合同制管理.理论研究，2008(18).

影响。契约制治理方式的引入和合同制管理的精神将为国家和社会组织建立新的治理方式和实现社会服务提供方式多元化提供哪些新的可能，抑或带来怎样的实质性影响？如何在政府购买服务的合作者选择上一以贯之地强化契约精神？

第一节　反思性的语言范式

语言不仅仅是思想交流的工具，它还是构成人类观念、方法、假设的制造厂，从这个角度看，语言建构了我们。维特根斯坦的语言游戏说认为，人类通过建立在彼此之间默认的不言自明的规则基础上的语言进行相互交往。这个游戏的基本协议是"我们干什么"。一个功能平稳的语言游戏是建立在大多数人的共识基础上的，这些共识是由不同种类的有效诉求构成的，而在这些诉求中，语言的交互活动成了必需。后现代主义者认为，任何事物都依赖于语言，语言建构世界和反映世界。同时，他们主张将公共行政作为语言来加以研究，公共行政信息被排列的方式就是公共行政的语言。后现代主义否认无所不包的"宏大叙事"或者"元话语"，要求对官僚制的话语体系进行解构，建立起反思性的语言范式。现代的理性思想给公共行政的语言设置了边界，这种边界不利于新型组织结构模式的建立和未来公共服务改革模式的探索。鉴于此，后现代公共行政代表人物的法默尔提出了创造性研究方法—反思性语言范式。这种语言范式弱化了现代公共行政的正统教条，主张在行为体之间进行一种具有游戏性和协调性的对话过程。相较于独白，对话能够有效克服现代公共行政的特殊主义倾向、科学主义导向、技术主义路线。①后现代公共行政质疑一切并解构一切的知识范式，恰恰给改换了形式的服务购买的历史书写提供了另外

---

① ［美］法默尔.公共行政的语言：官僚制、现代性和后现代性.北京：中国人民大学出版社，2005：20.

一种生长发育的空间，使之能以一种新奇的仪态完成对政府购买公共服务的理论再包装。只有在对可能原则进行证明的原则，即愿意对实践问题进行话语澄清，完全被内在化，而在其他方面对需求的持续解释被交给交往过程来完成时，内在化才可以说是彻底完成。然而，一定实践话语被允许存在，道德系统就不能简单地抹去对集体所获得的道德意识水平的记忆，正如一旦理论话语被制度化，科学系统就不能退缩到已经获得的积累知识背后，也不能阻止理论进步。①为了实现话语转向，需要做好以下几方面的工作：掌握话语情境的变迁是进行话语转向的现实要求，了解话语建构模式的变化是进行话语转向的逻辑起点，解读话语形式是进行话语转向的基本要求，把握话语诉求是开展话语转向的终极目标。

一、 话语情境：从科层治理转为网络治理

今天我们生活在一个变化令人吃惊的时代。我们生活在全球性市场的时代，我们的各种经济组织受到巨大的竞争压力。我们生活在一个信息社会里，普通百姓取得信息的速度几乎同他们的领导者一样快。我们生活在一个以知识为基础的经济社会中，受过教育的职工对命令指挥感到反感，要求有自主权。我们生活在微型化市场的时代，顾客们习惯于高质量和广泛的选择机会。今天的环境要求各种体制结构提供高质量的商品和劳务，要求有高水平的经济效益。今天的环境要求各种体制结构对顾客做出反应，提供多种多样的服务供选择，不是靠命令而是靠说服和奖励机制来实现领导，给它们的雇员以使命感和控制感，甚至所有者的主人感。今天的环境要求各种体制结构不是简单地替公民们服务，而且要把权力赋予公民。②"桔生淮南则为桔，生于淮北则为枳"，语言所处的环境对了解语言的生成逻辑非常重要，

---

① 〔美〕尤尔根·哈贝马斯.合法化危机.刘北成等译，上海：上海世纪出版集团，2009：93.
② 〔美〕戴维·奥斯本.改革政府：企业家精神如何改革着公共部门.周敦仁译，上海：上海译文出版社，2009：13.

而且关系到运用中的语言的成败。把握动态的话语情境、使用精准的话语体系来解释社会现象、揭示社会真理、预测发展趋势是官方决策者的必要性的知识义务。政府与社会组织的关系处理纵贯历史，横跨国域，而无论是不合时宜的政策话语，还是当下流行的道德语言，都在一定层面上反映了那个时代的政治现实和话语情境。正因为如此，话语情境的迁移势必对话语内容、话语形式提出新的要求，而做出这种回应绝非权宜之计，而是因势利导之举。

"科层官僚制"是理解公共组织理论、分析公共行政现象的关键词。"科层治理"也顺理成章地成了管制型社会模式的代名词。韦伯所设计的理想组织模式中的专业分工原则、层级节制原则与现代工业社会对效率的推崇、对管制的信奉相吻合。这种内化的价值期待由政治行为者加以言语包装，外化为政策话语，于是"科层官僚制"一度炙手可热。因为它提供了特定时代解决特殊社会问题的政策手段和政策工具。也正是由于官僚制对特定时代的回应性而内化的工具主义取向，使得官僚制在复杂性和不可控性的后工业社会治理面前无动于衷。以多元主体共治为特征的网络化治理模式取而代之，成了公共政策制定者创新服务供给模式的首选。网络是组织内部以及组织之间不同水平层次关系的集合。这里治理场域包含的主体既包括具有纵向指导关系的上下级部门，也涵盖了具有横向协作关系的不同业务部门。"利维坦"让位于"多中心"，"协同—合作"取代了"指挥—命令"，"无缝隙的政府""无组织中的有序"成了网络化治理情境下的政治理想。

二、话语建构：从理性建构到社会建构

任何一项制度实践都是话语建构的产物。话语建构的模式建构解决的是话语的生成方式问题，而事实上，运用何种方式来建构语义体系关乎话语的正当性和合法性。提出后现代公共行政话语理论的学者，都无一例外地将理性模式作为批判对象，以此为基础，论述话语

理论的紧迫性和正当性。理性模式具有强烈的工具主义色彩，忽略了它对行动产生的道德环境的关心。理性模式存在着对人性的错误认知。如果我们把自己局限在工具理性提供的有限框架内，那么我们绝对无法确保自己、甚至组织行动的道德环境。控制导向型的理性建构模式在应对高度复杂性和高度不确定的社会环境面临着失灵的局面，在应对危机频发的社会情境时面临失范的困境，在应对互联网治理面前失序的危险。鉴于理性建构模式在后现代工业社会的"失灵、失范、失序"，因此要对大行其道的理性模式进行祛魅。以公民之间的对话、行动者之间的互动为基础的社会建构主义应运而生。

与理性模式所不同的是，社会建构模式的魅力在于它既不否认也不贬损人的主观能动性。这种多方面的互动过程以话语体系为导向，具有非等级、水平性、合作性的特征。借助于此，公民治理得以运转起来。社会建构主义以批判理论和建构主义方法论为基础，以理性模式为批判对象，以公民社会为期待对象，建设性地提出了"国家在社会中"的主张。"社会建构思想的核心是支持组织成员的自我治理能力，即通过互动来维持社会（和组织）秩序的能力。"[1]"如果我们想要理解公共行政的真谛及其最深的意涵，我们就必须在赋予公共行政概念的时候，包容民众的重要性。"[2]政府向社会力量购买公共服务的政策出发点是运用多元化的政策工具，满足多样化的公民需求。公民的需求是政策工具选择和优化的出发点，公共服务供给质量的提升是政策变迁持之以恒追求的目标。在公私协力、政社合作的机制选择上，公民享有话语的选择权。

三、话语形式：从独白操纵到对话交流

在特定的话语情境下，依据某些话语建构方式，生成的话语内

---

[1]　［美］全钟燮.公共行政的社会建构：解释与批判.孙柏瑛等译.北京：北京大学出版社，2008:34.

[2]　［美］全钟燮.公共行政的社会建构：解释与批判.孙柏瑛等译.北京：北京大学出版社，2008:25.

容，还要依托于话语形式加以表达。相同的话语内容借助于不同的传播媒介，达致的传播效果可能迥异。单一维度的语言霸权模式在"管制型社会"模式中蔚然成风。这种模式贬损公民参与的价值，剥夺多数人对话的权利，最终演变为自说自话的政府独白。单向度的语言传播以无处不在的言语霸权方式存在，它不能容忍直接性的反驳，攻击性的语言更无生存空间。因此，自我操纵色彩浓重，是一种剥离公民参与的环式模式。在这种初始的话语形式中，话语的正当性和话语的应用性端赖于政府的偏好。从政府自身利益出发，所做的话语描述大多带有一厢情愿之嫌，期冀与政府平等对话、谋求两情相悦定然会被贴上"狂妄自大"的标签。无论是经常见诸报端的政社依赖关系的政令陈词，还是闪现于官方文件的政社非竞争性关系的现实案例，区别仅仅在于传播媒介的不同，所传导的政策意蕴早已经内化，因为这些言辞描述在它们被说出来的时候已经蕴含着意义，这些意义依据它们被使用的语境而定。

政府是公众利益的代言人，而如果没有一个真诚的公众话语和对话交流，就不要期望满足公众利益并为此付诸行动。政府自说自话的独白操纵也在很多场合成为了政府自怨自艾的罪魁祸首。因为这种不对等的信息交流方式、蔑视公众参与价值的政策制定方式，往往带来了行为主体间针锋相对的对抗和政府难以自圆其说的尴尬。当信息交流的方式从独白走向对话，行为主体的对抗性关系也就消失殆尽。帕特南在描述社会资本的概念称谓时，指出网络是社会资本的构成要素之一，这种网络包含了横向的和纵向的。一旦话语形式由对抗转为合作、从独白走向了交流，政府与社会组织之间的协商机会增多、摩擦现象减少、交易成本减少，对于公众需求的回应性增强，带来的关系修复和利益整合效果不容小觑。

四、话语诉求：从私人偏好到公众理想

语言作为表达偏好、传递信息的工具，切合情境至关重要。这种

切合情境可能是关注于个人利益的趋利避害。在这种情境下，人们站在原子化个人、效用最大化的个人立场，也即话语的关注点具有关注自身的意向性，关注自身意向性无可厚非，因为在政策场域中，狭隘的个人诉求，尽管不能公开和鼓励，也是被期待和允许的。布坎南对于政府理性经济人的分析和"公共选择"理论的建构至今仍被反复引用，用以证明组织追求个人利益的狭隘偏好，在看到私人利益追求的毋庸置疑背后，还要考虑切合语境的意向性偏好转变。具有切合语境的意向性的言说者会考虑问题发生的语境，已经在语境影响下的人们的公共利益，进而高屋建瓴地构建话语体系，公共利益的概念、公众理想的信念将被引入到这场语言游戏中。

在一个有着稳固社会结构的社会中，意识形态是共识问题，而不是舆论问题。①如果每一个人都采取的是道德的利己主义的立场，那么话语的参与者理所当然地会采取警惕的倾向，人人如此，塑造出来的社会就是一个"人不为己，天诛地灭"的工于心计的初始状态。这种状态是应该趋之若鹜，还是敬而远之，这个取舍超越了舆论层面，而成了理性经济人的共识。因此考虑到公共利益，就需要话语建构者的政府要力避那些排斥任何人和任何观点的不公正的规则，保证所有参与到协作网络中的成员在地位上都是平等的，以此保证组织作出的决定都是在所有参与者同意的基础上达成的，不受到任何压力的影响。同时还要发挥话语监督的作用，以保证公共利益的实现。在监督的形式探索方面，除了传统意义上的规制，还应该关注以信任为基础的治理机制，因为信任将在组织内部和组织之间的关系中取代那种法律意义上的正式的联结。②

"他山之石，可以攻玉"。成功的国际经验可以提供参考，失败的境外经验则能够成为教训。无疑，在经验借鉴方面，不假思索的"拿

---

①　[美]哈罗德·D.拉斯韦尔.权力与社会——一项政治研究的框架.上海：上海世纪出版集团，2012：121.

②　[美]马汀·奇达夫.社会网络与组织.北京：中国人民大学出版社 2007：151.

来主义"要不得，而如何兼收并蓄，则是思考的重点。制度是人类选择机会的集合，这些机会的选择，并非偶一为之的简单操作，而是在特定的制度背景下，遵循制度逻辑，创设出的制度实践。20 世纪 70 年代的新公共管理运动蕴含着丰富的契约管理思想，在这种运动的影响之下，政府的管理模式也实现了从权威治理到合同治理的转变。从权力走向合同的运动，成了一种新的管理模式。合同制治理是政府在民主政治的框架下，以平等、自由、合作、互惠为原则，以合同为内在协调机制，组成的一种有效治理社会的公共行动形式。它要求以各种不同的合同构成一个复杂的网络，通过实行合同制来实现政府公共管理、创造公平竞争环境以及整合资源配置和公共管制。①

第二节　开放性的行动模式

早在公共行政学开创伊始，行政学的鼻祖威尔逊就认为，行政是行动中的国家。政治与行政两分法的思想渊源也肇始于作为有机体的国家的意志和行动的区分。政治与行政两分法的集大成者的古德诺则对两者进行了进一步的阐释，提出了政治是国家意志的表达，而行政是国家意志的执行。虽在 21 世纪的大半部分时间里，政治与行政是否应该分开的探讨不绝于耳。更有学者做出两者不应该、不可能也不需要分开的论断。但争议的焦点仅在于政治与行政是否分开，而对于行动中的政府行为则较少考量。行政学考量的就是行动中的艺术和能力，各种机构总是依据自身来选择行动的类型和对话者的类型。公共行动的思维和机制框架不会自动地考虑挑战之间的联系，也不会考虑其他因素之间的关系，更不会考虑不同层次之间的关系。因此，公共行动正依据自己的指导思想走向错误的方向：认为国家能够以全局利

---

①　［英］简·莱恩.新公共管理.赵成根译，北京：中国青年出版社，2004：169.

益为名凌驾于社会之上，高高在上，拒绝建立合作伙伴关系。①

一、公共组织的行动逻辑

　　没有关于组织行动的正确理解，就不可能有关于行动逻辑和发展趋势的完整分析。因为公共行政是一门科学，也是一门艺术，但它更是一种哲学。缺乏哲学的思辨和敏锐的洞察，很难对官僚的行动逻辑和政府的行为方式予以正确的阐释。阿伦特认为，所有政治行动都具备这三种因素：政治行动所追求的目的、政治行动所牢记于心并为自身标定方向的目标，以及在行动过程中展现出来的意义。当然，还有第四种要素，虽然它从来都不是行动的直接原因，但是它发起了行动。这就是行动原则。②为了更为清晰地解释公共组织的行动逻辑，以下三个问题是首先要考虑的：第一，公共行动所需要的基本知识是什么？第二，通过何种途径能够获取这些基本知识？第三，如何利用这些知识来应对眼前的问题？公共行政是一门行动中的学问。这种行动的导向和逻辑在政治与行动两分法学说中得到了强化。以政治—行政两分法为前提的传统公共行政学试图解决价值问题，将等级命令体系的官僚制作为组织范式，寻求公共部门的共性，忽视作为行政实质的具体性。

　　在人类历史发展的目前阶段，任何国家的治理都需要有政府权力的存在和运作，这是人们不能超越的设定。我们目前远远还没有达到恩格斯所说的把国家与青铜器、纺车一起陈列于博物馆的时候。③在政治生活中，最为重要的问题不是政策设计者的来源，而是政策体系的开放程度和管理模式。假如政府不能改变自己对社会治理领域指手画脚的习惯，假如社会组织不能明确自己对参与社会事务治理不卑不

---

① ［法］皮埃尔·卡蓝默.破碎的民主——试论治理的革命.高凌瀚译，北京：生活·读书·新知三联书店，2005：19.
② ［美］汉娜·阿伦特.政治的应许.张琳译，上海：上海人民出版社，2016：164.
③ 陶东明，陈明明.当代中国政治参与.杭州：浙江人民出版社，1998：6.

亢的态度，那么两者伙伴关系的营造只能是镜中花。在组织的运行方式中，缺少开放性和流动性，是官僚制模式的最大体制弊端。而今日的饱受争议的封闭性的官僚制，本是昔日的创新者。之所以会这样，原因在于，在一个僵化的体制中，创新尽管困难重重，然而成功的创新者一旦从境遇之中获益，通常就会将创新活动视为有问题的、缺乏慎重考虑的举动。由此以来，他同样会趋向于封锁由其开发的资源。封闭性的服务供给过程承接了官僚制的组织特征，无法对公民的服务需求进行有效回应。封闭—控制的治理模式已经不适应社会的发展，需要被更能代表社会发展方向的治理模式所取代。这种治理模式需要具备后现代工业社会发展情境中的制度特征，并对后现代工业社会的高度复杂性和不可控性给予正面回应。因此，需要积极构建"向他人开放"开放性的公共服务供给模式，新公共管理理论、企业家政府理论，重视公共利益的新公共服务理论，都是开放性政府建构模式的制度探索和政治实践。后现代公共行政提出开放性作为重要特征，公共行政的实践应该作为一种反权威的活动来实施和构建。以开放性的行动模式推进政府购买服务，需要政府首先具备开放的心态，摆脱政府本位的思维，以合作治理理念有效推进公共服务供给，实现权力共享，做一个精明的购买者。其次，政府需要畅通沟通机制，为多元社会行为主体共治局面的形成提供信息渠道、变革信息沟通方式，实现信息共享，做一个合格的引导者。第三，政府要强化信任机制，以互惠和合作为原则，为网络化治理机制的形成营造信任氛围，增进社会资本，做一个诚信的合作者。实践和制度会影响和限制我们采取行动的方式。他们一方面揭示了我们生活中可预测的或一致性的事情，另一方面它们也包围在我们每一个人生活的周围，为我们的法律、传统、组织结构和公民对"正确"行为的期望设定了界限。

1. 理论认知：从封闭政府到开放政府

后现代公共行政质疑一切并解构一切的知识范式，恰恰给改换了形式的政社关系历史书写提供了另外一种生长发育的空间，使之能以一种新奇的仪态完成对政府购买公共服务的理论再包装。

1) 理论认知是行动的先导

特定的理论建构总是服务于特殊的目的。因此，每一个理论都会在强调某些事物的同时，有意或者无意地忽略掉其他事物。为此，需要寻找出一个精雕细琢的、面面俱到的、无懈可击的适当而稳固的理论。因为理论与观察之间差距的弥合绝非易事，更无法毕其功于一役。理论是特定文化深层本质的反映。在探究公共组织行动理论之时，我们应该意识到理论家在建构这些理论时所作的选择，以及这些选择可能会对事实造成的扭曲。从语言表达的角度来看，则要追问他们到底说了些什么，还有什么没有说，以及他们将要说些什么。将要说的内容尤其重要，因为理论会引发行动。①理论不仅能反映生活，而且还要预测生活。好的理论不只是一种分析，它还能综合各种各样的因素并且预测未来。在预测未来的时候，我们必须考虑事实和价值。未来要求我们去作抉择，要求我们能够适应新的环境而不断地变化。未来也要求我们去学习。②唯有理论建构符合社会实践的发展，理论自信方能水到渠成。在我们的观念认知中，思想没有行动重要已经为众人所接受，而在指导行动方面，经验通常比理论更为重要。这种在行动中学习和通过经验学习的实用主义哲学的最大危险在于，它可能会导致反智主义和盲动，而这又会削弱公共行政发挥作用的能力。

社会理论的批判功能促使社会行动的产生。因为每个社会理论就是要让人明白，我们对现状的理解和认识是如何被社会意识形态和其他形式的神秘主义所遮蔽的，就是要阐明那些约束我们的统治条件，

---

① ［美］罗伯特·B.登哈特.公共组织理论.扶松茂等译，北京：中国人民大学出版社，2011：9.

② ［美］罗伯特·B.登哈特.公共组织理论.扶松茂等译，北京：中国人民大学出版社，2011：168.

并最终指明打破统治现状、实现自我解放的坦途。对现实生活状况的理论认知会迫使我们采取行动来改善我们的处境。公共行政领域中的理论取决于我们对这一领域的历史性理解、我们所坚持的规范、我们所使用的语言、我们所玩的文字游戏和我们相互交谈的意愿。因此，我们必须使对话在界定公共行政的那些地方性叙事之内和之间延续下去。我们必须继续讲述和倾听或阅读有关理论家、从业者和我们为之服务的人们所关注的问题方面的故事。①国家有机地连接着甚至建构着社会，而社会也强烈被国家影响着。社会结构由国家承认而获得合法性，而不是大众意愿或市场日常运作的显现。尽管它们被特征化甚至被贴上描述性的标签。

　　一切社会事实都是心理事实，这并非社会学前辈的专断，这一理论言说很可能就是对社会发展的真实描绘。组织分析的制度主义视角，既有助于分析政社关系的历史绵延性和制度创新的时效性，也具有促进人省思制度变迁之道的积极作用。制度主义者也总是讨论思想观念影响制度，以及制度影响思想观念的问题。但他们在研究过程中，很少关注这种影响会在何种条件下发生，这是非常不幸的，因为对研究条件和研究范围进行详细的说明，是理论建构的重要部分。在话语理论越来越成为公共行政重要分析工具的今天，澄清语言与行动的关系，并通过这样一种分析方法来更新我们对于政社关系的认识，无论对于社会治理的改进还是公共生活的完善，无疑都有着极为重要的价值。言和行发生在人们之间，并以人们为指向。没有行动对于行动者的彰显，行动就失去了它的特定性质而变成了诸多成就之一，最多不过是达成一个目的的手段，就像制作是生产一个对象的手段一样。直立行走和语言表达都是人类与动物相揖别的重要标志。只有行动是人类独一无二的特权；野兽或神都不能行动，因为只有行动才完

---

① ［美］怀特.公共行政研究的叙事基础.胡辉华译，北京：中央编译出版社，2011：185.

全依赖他人的持续在场。①而也恰恰是从人类起源的角度，行动与言说构成了人类的基本活动。虽然在茹毛饮血的原始社会，由于生产力水平的低下，人类还无法清晰地辨识这两种活动对自身的角色地位和他人的权利义务会产生什么影响，但初具雏形的行动能力和话语模式却已经开始了自己在漫长的人类历史发展长河中的寻梦之旅。随着人类在生产生活实际中日益增加的生存技能和不断改进的生产技术，出现了剩余产品，随之而来的如何分配剩余产品的问题也得以显现。于是，单纯的生产活动因生产而不可避免的分配活动而变得复杂化，在此基础上，获取产品数目较多的人相较于占据产品较少的人而言，就拥有了支配他人做某事的权力。同时，组织化的人类生活形式也开始出现，于是出现了氏族，拥有了部落，还建立了部落联盟，而每一种规模化的组织形式都需要配备首领，领导的角色应运而生，权力的观念浮出水面。亚里士多德认为城邦不仅仅是许多人数量的组合，它更是许多不同种类和品质的人的组合。这些人在同一期间，有人主治，有人受治，轮流交替，通工易事。

2) 开放性是服务购买的价值诉求

政府与社会组织之间的互动模式会影响到行动者对于他们的情景的理解和界定。社会建构了生命过程本身的公共组织的最鲜明标志。购买服务是开放政府的制度构成之一，因而购买服务的制度设计要遵循开放政府的价值诉求。一个想法的好坏不是根据其内在的价值而定，而是取决于维护这个想法的人，由此鼓励了各种简单化，在所有的情况下，都不能认真地关心现实与形势的复杂性及公共行动的内在逻辑。判定内部性购买行为是非的标准，也即政府在服务购买过程中应该做什么的这个问题的回答中，既不依赖于长期以来内化于公众心目中的风俗习惯，也不依赖于根植于社会运转进程中的行为规范，而从深层次的意义上，依赖于政府对于自身应该做什么和能做什么的决

断。共同的财富和利益指向是行动的产物，也是诸多性质迥异的组织之间选择合作的原始驱动力。国家事实上体现为法律和政府制度。法律是非常正式的治理制度，用以发展和推行一套清晰明白的社会规范和价值。当单一标准成为普遍规则时，人们还继续使用同样的手段应对新的挑战，局面因此就难以维持。一旦标准不再试图应对一些特定情况和具体挑战，而是代表着至高无上的理性和无所不在的国家，具备了永恒的形式，情况就变得极为可怕。公共行动于是非常矛盾地像科学和经济一样走入歧途，逐渐由实现人类目的的操作手段变为目的本身。事实上，公共行政具有辩证思维的内在本质。如果没有辩证的理解和思考，那么，对于以功能性为主导的行政管理而言，要发展公民进入政策过程的民主制度是相当困难的。只有当每一个人都能反省和批判我们的行动的时候，体现人类本质含义的理解、综合和合作也许会发生。①因此，更新社会控制模式以及权力关系。管理并不意味着权威，然而管理却永远需要自觉的行动和有意识的参与。

二、逻辑起点：由政府选择到社会选择

每一个共同体都应当能够说明它为了共同利益是如何组织、如何管理的。在这个组织和管理过程中，政府的惯常做法是运用官僚机制的力量和政府选择的方式达致服务供给的目标，这种非市场的集体选择，即为布坎南所描述的"公共选择"。"公共选择"模式下，公共服务生产和供给的权利由政府独掌，这一阶段被林登为一场昂贵的游戏。因为在这种游戏中，政府是游戏规则的制定者，供应商经常为政府事无巨细的管理和面面俱到的监督所累，公民也经常为政府越俎代庖的角色错位和因循守旧的管理模式所怒，由此腐败和权力寻租等问

① ［美］全钟燮.公共行政的社会建构：解释与批判.孙柏瑛等译，北京：北京大学出版社，2008:31.

题亦时有发生。现代主体是通过法律和管理来建构的。法律与管理并不是分离和矛盾的。事实上，它们是完全相容的；它们相互限制，相互依存。它们在永恒的张力中联结在一起。当然，关键在于它们是相互依存的，他们巧妙的整合在一起。就此而言，他们是同一活动的不同形式：保全国家和市民社会。法律和管理是一种媒介，通过这种媒介，国家建构、调整、编排和隔离市民社会的机体。①

社会选择的过程以及伙伴关系的构建则改变了这一状况，通过在政府与社会其他主体之间建构伙伴关系，实现治理主体的多元化，以更好地满足公众的服务需求。这一过程彰显了政府的能力。但是社会能力既是相互依赖的，又是无限多样的，其生存和发展取决于管理关系。②因此，问题的症结不在于政府的能力，而在于政府的态度。在多样化的伙伴关系建构中，"自上而下"的、以行政命令为中心的官僚姿态应该被拉下舞台，取而代之的"自下而上的""以公民为中心"的服务心态。新公共服务理论主张政府无意执着于掌舵还是划桨的具体职能分工，而关注点应该锁定在服务上，因为唯有明确了服务的主旨，知悉了服务的对象，才能清晰地定位如何服务的问题。政府的功能和目的就是满足社会公共需要。服务的特征就在于对需求的一种持续不断的回应，它包括对服务客体需求的确认、满足和服务质量的一种反馈，因此服务型政府不仅仅表现为对政府服务的重视，而且也突出政府的回应性。政府的回应是政府与民众之间的双向互动过程。这里的满足公民所需有以下三层含义：第一，坚持公民的公共利益导向。突出了公民的公共利益，而不是政府判断甚至主导的所谓的公共利益。第二，关注公民的公共利益诉求。专注于公民的期望和意愿，从中寻求和明确政府服务的事项和行为。第三，满足公民的公共利益需要。不仅要以公民的需要为出发点，还要以满足公民需要为归宿。

---

① ［英］马克·尼奥克里尔斯.管理市民社会.北京：商务印书馆，2008：213.

② ［法］皮埃尔·卡蓝默.破碎的民主——试论治理的革命.高凌瀚译，北京：生活·读书·新知三联书店，2005：64.

唯此，才能将公民利益置于政府一切工作的核心。

具体到政府购买社会组织公共服务问题上，则要求政府要将公民的需求视为建构政社关系的逻辑起点，将公民的需求作为选择合作伙伴的判断标准，不能将政府购买公共服务视为一种自上而下的"需求"管理，而要看作一种自下而上的"需求"回应和上下结合的"需求"治理，将政府的公共选择与公民的社会选择相结合。民主在任何时候都不能与技术手段分开，技术手段使民主的实施成为可能。政社合作伙伴关系建立的先决条件就需要建立一个明确的行动者机制。既要建立一个公共辩论的舞台，同时还需要给舞台上的每一位选手以发言权。如果公共机构的组织过程难以允许不同的服务群体表达他们的偏好，那么公益物品和服务的生产过程就不能反映其服务对象的偏好变化。这时公共机构的支出与其服务对象的效用之间就没有什么关系。在难以给作为消费者的服务对象带来效用的情况下，生产者的效率是没有经济意义的。

三、行动指南：由事无巨细到权力共享

人们热衷于制定规则，着魔于行政管理的控制，迷恋于一切合法但却无力的权威，这一切业已登峰造极，而问题的症结就在于此。当务之急，政府需要创造必要的条件与手段，以更好地管理社会组织，制定出管理自我的各种方案。不过官僚主义的目光短浅是普遍事实，关键在于他们对社会现实的认知过于贫乏，眼界过于狭隘。假如人们要学习的内容依然摆脱不了一种封闭模式，而倡导学习的人不仅过去深信这一模式有其独到之处，而且现在依然认定这一模式是理想的、完备的模式，那么任何一种学习都不可能产生积极的结果。对于服务购买的制度化困境，决策者所遭遇的困境，感受到的不安，值得同情。但在复杂的治理情境中，更应该采取一种积极的态度，而不是一味地指责和批判。真正的问题并不在于接纳还是拒绝我们的社会生活之中的丑闻、不公正的做法、错误的行径与愚蠢的举动，而是在于首

先就当务之急达成共识，并找到对他们采取行动的勇气和能力。伴随着权威的销声匿迹，规则将取而代之。然而给人造成困难的，更多的并非是规则的限制性力量，而是规则本身所必然具有的复杂性。

相关学者所做的研究表明：在一个稳定的体系内，管理的因素对于组织绩效产出的整体影响可以达到 8%—10%。（Boyne et al. 2005）。政府外包行为最关键的地方在于：不需要去考虑管理方面具体的细节问题，而应当关注最基本的政府管理职能。能够有效递送公共服务的网络并不是一蹴而就的。内部管理能力之于组织绩效的贡献更是不容小觑，当然这个能力的外延很宽泛，包括确定目标，制定战略，编制预算，进行财务管理，引进信息技术，加强对人力资源系统的管理（包括员工的激励机制和反馈工作），处理内部冲突，加强对外部环境的控制。虽然很多的研究表明，健全的管理体制能够改进绩效。

随着新公共管理运动的开展，公共服务合同外包和公私合作伙伴关系成了公共服务供给的创新方案。以公共资源为引导的政府与民间组织的合作，正在成为政府职能转型、公共事业社会化中一个方兴未艾的领域（郑苏晋，2009）。社会组织是治理谱系中的重要行为主体，也是实现治理能力现代化的关键力量，但购买服务的合作对象在遴选需求和供给模式都需要遵循合同制治理的原则，政府更应在政社合作模式上超越"全能政府"或"关系本位"的思维方式，摆脱传统的依赖关系模式。契约性治理的理论和方法为政府购买公共服务的可持续发展提供了"去行政化"的思考路径，政府之外的社会组织成为公共服务供给的合作伙伴，一个必要条件就是这些组织之间通过充分的竞争实现服务供给的质量和效率的提高。如果这些组织通过内部指定的方式参与到服务供给中来，这种购买就失去了原有的价值和意义。政府购买公共服务主要是应对政府结构转型的制度探索和文化理念，前者具有继承传统并应接现代的崭新意蕴，而后者则具有超越时代的普遍内涵。服务购买制度实践中的政社关系营造，是对处于网络化治理环境中的"元治理者"—政府提出的巨大挑战。在政府购买服务的实践中，政府的理想角色是：（1）公共物品和服务需求的确认者；（2）精明的购买者；（3）对所购物品和服务有经验的检查者和评估者；（4）公平赋税的有效征收者；（5）谨慎的支出者，适时适量对承包商进行支付。①政府作为"元治理者"在社会组织的发展过程和服务购买的目标达成中作用至关重要。购买政策通过在政府、企业和公民社会组织形成的网络来加以制定和执行。这个网络的基础是彼此之间的关联，但是这个网络在政府、私人组织和公民社会组织之间不一定是平等的。这样一个复杂的网络关系带来的结果是，实现让所有的行动者都满意的目标绝非易事。而这个目标的确定和随之而来的合作对象的选择都是政府的首要任务。作为发包方的政府要做的首要工作就是要确认出可能的合作伙伴，将所有的利益相关人拉到桌面上，分析政府目前的服务运行情况，确定并与网络所有成员沟通对网络未来运行的期望，装配并编制网络的所有碎片，设计出维护网络的战略计划，并最终激活这个网络。设计者所要面临的挑战是创造一个可塑性强的模式，足以容纳每一个合作方；一个动力十足的模式，可以适应各种变化的环境；一个在执行任务时足够固定的模式，以服务于网络共同的目标。②政府治理理念的根本转变，服务意识不仅要体现在规章制度方面，还要表现在实际行动上，政府才能克服对社会组织的不信任甚至敌对态度，二者在公共服务领域的合作才有扎实的根基。有了对社会组织的信任，政府对社会组织管理方式的改革也就顺理成章了。③

政府购买服务制度的有效推进，首先要解决的问题就是厘清和界定政府与社会组织的权力边界。作为发包方的政府需要明确自身的角

---

① ［美］E.S.萨瓦斯.民营化与公私部门的伙伴关系.北京：中国人民大学出版社，2002：73.

② ［美］斯蒂芬·格德史密斯，威廉·艾格斯.网络化治理：公共部门的新形态.孙迎春译，北京：北京大学出版社，2008：51.

③ 苗红培.政府与社会组织关系重构——基于政府购买公共服务的分析.广东社会科学，2015（3）.

色定位：实现权力共享，做一个精明的购买者。在这种角色定位的基础上，政府要做的工作简单而明确：制定规则、监督执行、评估效果、调整政策。这种简单而明确的工作分配并非推卸责任，而是实现权责一致的有效探索。以服务购买的形式而非政府垄断的形式提供公共服务，政策主旨是为政府瘦身，轻装上阵，做有限政府。政府"有所为有所不为"，在政府做不好、做不了的事务面前，选择外包的形式，将资质和能力达到一定标准的社会组织作为外包对象完成服务供给的责任，既有授权的思想体现，又有契约的制度实践。最终达致的目标是为公民提供优质、廉价的公共服务，满足公民的社会性需求。而作为承包方的社会组织则以公共服务合作伙伴的身份跻身于服务供给主体阵营，加盟这个阵营对社会组织而言，既是机遇，也是挑战。政府将养老、社区服务等贴近公民需求的服务交由社会组织来承接，为社会组织带来了发展契机，通过参与多样化的服务供给，社会组织能提高与外部力量的资源交换能力、完善自身的内部治理结构，提升自身的公信力。但与此同时，随着委托事务的授予，授受关系也成了社会组织必须要面对的难题。如何明确自身的角色定位，做好公共服务的重要合作伙伴，社会组织要有责任和有担当，加强自身的能力建设，有效承接服务购买的任务。

第三节　调适性的改革策略

反思性的话语范式和开放性的行动模式保证了行动者的行动根本，但"工欲善其事，必先利其器"，服务购买绩效的提升还需要寻求变革的策略。公民提出的种种社会诉求，并不仅仅是社会性和政治性的要求，而且也是一种新型的社会资源，他们可能会让游戏规则变得错综复杂，但同时，他们也可被用作战胜重重封锁的制度变革的手段。无论人们是否情愿，变革已经成为社会发展至关重要的问题。虽然人们永远不可能按照自己的意愿来改造社会，但变革的趋势却是无

可抵挡的。试图改变社会的任何尝试，都是严肃认真的行动，都要求
人们从深层意义上认识当前诸种机制的调整及其演变发展，并对于可
能出现的结果与危险做出明智的判断。一旦按照现有的思维方式，确
实无法解决问题，人们就应该运用其他方式来提出问题，或改变所提
的问题。所有人都将时间用于谴责这一体系的弊端，但却从未获得任
何成效。

一、　有限理性政府与渐进改革策略

　　革命是罕见的，改革更是罕见的。虽然两者的概念界定很模糊，
但是可以从社会和经济变革的速度、范围和方向上，将两者进行区
分。后现代工业社会的冲击，要求人们要具有革新意识，大胆进行政
策实验，创设出新的制度安排、规则机制，使人们能够在由他们过去
的努力所创造的新环境中生活。改革本身并不具有任何内在的价值。
改革模式的选择也从来没有套路可循。因循守旧，简单套用刻板的解
决方案，或是盲目移植他国的改革模式，最终都会以失败告终。即使
事后看来，在当初资助创新的开创过程中，它们曾经发挥过积极的作
用。改革主要承诺了人们未来会发生转向的可能性，因此，对于裹足
不前、困顿不堪的社会情境而言，改革意味着更多的选择，也在某种
程度上意味着更好的发展，因此也更容易受到困境中的人们的欢迎。
但是关于如何改革和怎样改革的方向之争，浅尝辄止的观念和坐井观
天的狭隘和偏激则应该被国家和社会发展的完整视野所取代。"基因
政治学"主张在政治学研究中"人性的回归"本土化的研究途径，如
果没法把政社关系的本土化问题解决好，那么在这些领域所做的研究
大都具有无病呻吟之嫌疑，也无法摆脱纸上谈兵的评断。这本身就是
一个值得拷问的学术问题。评断人类社会中的任一制度的标准，并非
它是经久不衰并因此具有普世价值的，也不是因为它符合理论基础，
也不是它看上去迎合了某些华而不实的社会现象，而是，在当时的社
会和历史条件下，这个制度已经充分集结和调动了现有的一切资源，

促进了人类文明的改进。变革，一方面应该建立在对资源、限制性条件及人的心智能力的可靠认识之上，另一方面，也应该建立在对人的领悟能力、发展能力的可靠认识之上，只有这样才能够获得成功。人类积累的知识再多，也不可能完全覆盖作为公共服务对象的公民的所有情况。所以，在政策设计者为改革创新鼓吹宣传之时，还需要对政策的有限理性保持清醒认识，也需要对"时间中的政治"进行理性思考。现代性的特征并不是为新事物而接受新事物，而是对整个事物发展过程的反思性认定。任何试图改变发展现状的公共服务改革，都是严肃认真的行动，都要求政策设计者从深层意义上认识到诸多社会因素的相互制约和彼此作用，并对于可能出现的风险与收益进行理智的判断。

社会主要矛盾的变化为服务供给模式革新提出了时代要求，而如何对供给侧结构改革的服务购买进行制度优化，则涉及了改革方式和策略选择问题。政治决策是一种重要的政治行为，政治行为主体不可能达到全面理性模式所设想的全知全能状态，"满意"标准或许比"最优"更为现实，"泥泞前行"或许更能反映决策者的真实心境。林德布洛姆认为，任何计划和政策的制定都要受到现行计划、技术、政治的制约，所以决策者往往会在原有政策合法性的基础上，对政策进行小修小补，而非改弦易辙。纵观古今，放眼全球，以渐进、调试性的改革方略谋取改革成功的案例不在少数。我国改革开放以来的诸多改革实践也都是在"顶层设计"的基础上，渐进调试。邓小平提出的"摸着石头过河"改革模式成了政府职能转变和改革创新的重要指导原则。

二、在"适度合作"的关系定位中寻求上升空间

政府购买服务是在我国已有的经济基础和社会基础上，循序渐进推进的演化性制度变迁。在我国社会组织发育土壤贫瘠、政府行政干预力量强大的制度背景下，推进政府与社会组织竞争性的合作伙伴关

系，不可能一蹴而就，而只能采取渐进主义的改革方略。这种渐进主义的改革方式貌似保守，实则激进。因为在小修小补的过程中，孕育着变革，积蓄着力量，最终达致以小变积大变、以量变促质变的目标。我国地方政府尝试服务购买制度实践伊始，这种变革的力量就已蕴含其中，虽经历了体制内购买等内部化行为的痛苦历练，但这些都是政府与社会组织"调适性合作"关系建立的必经阶段。毋庸置疑，西方国家的独立性和竞争性的政社关系是公共服务合同外包制度实践的参照系，但政治文化、经济水平、社会发展阶段不同，政府与社会组织建构两者关系的模式和选择也不尽相同。中国特色社会主义新时代，蹄疾步稳地进行改革与探索是政策设计者需要高度重视的行动方略。

社会是理性的构造物。考虑到我国长期以来"强政府、弱社会"的国情和"国家与社会高度一体化"的政治文化，"适度合作"或将成为政府与社会组织关系建构的发展趋势。"适度合作"区别于政府以垄断的方式供给公共服务，主张多元社会力量的加入，与此同时，又保证了政府主导作用的发挥①。这种关系定位与历史制度主义的渐进制度变迁高度一致。由于政治的一致性、技术力量的条件约束和现行政策的连续性等因素影响，政策变迁在一定程度上排斥巨变，否则会带来一系列组织结构、心理倾向、行为习惯的震荡和财政困难。大刀阔斧的改革无疑能振奋人心，但小修小补的渐进调适更适合稳定社会的制度变迁。政策精英在决定性时刻往往会有明显的焦虑感，这种焦虑感体现在对未来决策风险估算所产生的焦虑，也体现在对排除掉"不可能的"偶然性进而将政策设计降至可自我掌控的范围内。对架构起现在和未来信任桥梁的政策尝试，保持审慎的态度和创造性的控制，是人们在培育多种冒险形式中萌发的灵感。个体塑造着制度，他们的决策又被先前的制度选择所塑造。人类创造制度，但又被制度所约束。

————————

① 吴理财，吴侗.论地方政府创新韧性.江苏社会科学，2018，（1）.

任何一个体制都不会轻而易举地修正自身，自然而然地焕发活力。

第四节   参与型的公民文化

作为西方政治哲学的一种理论假设，社会契约论最初应用于政府与公民之间的关系上。具体到现代公共治理中，则主要指的是合同双方基于信任等理念，建立起合作关系，在合作过程中运用契约关系规束双方的行为。合同关系存在的重要前提就是契约双方的信任与互惠，而这种契约关系一旦建立起来，又需要合同规范来加以约束。谈判是一种预先策划的、高度结构化的，以及有意识地被用来解决一些被认为最适宜通过双方自愿同意方式加以解决问题的最佳方式。因为至少在以下几个方面存在着不确定性：政府机构的权力与选择、可供运用的适当方法、制定规则所必须的信息的数量和质量以及规则对相关人员和活动的影响。鉴于此，一个合理的规则制定理论必须包括谈判方面的理论。[1]政府的产生源于人民的公意达成和公意授权，其功能在于运用其他社会组织所不具备的强制性公共权威，承担起无可替代的社会责任，这内在地决定了政府的民主取向和责任取向，必然是现代政府公共行政活动所必须奉行的两项基本原则，以及支配政府行为的内在价值准则。[2]公民认同和公民参与是现代民主政治和公民社会合法性的基础。公民对国家事务的关心，对政治生活的积极参与，既是公民应有的职责，也是公民的美德。只有通过积极的政治参与，个人的权利才能得到最充分的实现。假如有一场政治革命正在整个世界发生，那么它就可以称之为参与激增。在世界所有新兴国家中，普通人与政治是有关的，这一信念广为流传。处于政治之外的广泛的人民团体正在要求进入政治系统，与此同时，我们也很少见到政治精英

---

① ［美］科尼利厄斯·M.克温.规则制定——政府部门如何制定法规与政策.上海：复旦大学出版社 2007：305.

② 金太军.公共行政的民主和责任取向析论.天津社会科学，2000(5).

对此目标不表示赞同。①作为一种制度变革的服务购买，不能缺少人们的努力，更不能缺少有能力做出这种能力的人们的参与。因为这种参与精神和参与行动是制度变革不竭的动力。将公民排除在外，我们就不再能理解公共行政。公民参与不仅在形式上和实质上赋予公民表达自己利益的机会，保证公民获得影响其自身生活质量的权利，而且它更维系了公民与政府之间持续沟通与信任的关系，保持了政府公共政策的合法性基础。②作为民主政府的重要形式之一，服务型政府的主要意蕴在于政府公仆身份的体现和政府服务性的最终实现。民主政府是现代政府的特质，也是政府正当性的基础，故而是我国服务型政府建设的首要理念。在现实社会中，只有以公民本位为起点和归依，形成科学的公民民主参与程序，有效整合公民的公共选择和价值认同，才能从根本上平衡政府合法性在事实上和价值上的张力。只有以谋求公共福祉的最大化为基本的伦理向度，不断获取公民的忠诚，服务型政府才能真正取得事实上和价值两个层面上的合法性统一。

一、公民参与网络：社会资本的重要形式

公民参与是政治学中的一个重要术语。在英语中，公民参与有political participation、public involvement、public or citizen engagement 等。political participation 是传统的用法，更多带有政治参与的意味。引率至行政领域，指成员直接参与决策过程，分享组织的决策权力，其参与带有实质性的涵义。public involvement 在美国是从 20 世纪 60 年代"新公民参与运动"开始使用的，强调公民在城市规划和项目管理中的参与权力；public or citizen engagement 的开始使用离不开非政府组织的发展，强调公民在大量公共事务、社区事务上和政府的合作、共同管理权。虽然这些概念的出现时期不同，蕴涵着概念的涵义和层次的

---

① ［美］加布里埃尔·A.阿尔蒙德，西德尼·维伯.公民文化——五个国家的政治态度和民主制.北京：东方出版社，2008：4.

② 孙柏瑛.公民参与形式的类型及其适用性分析.北京：中国人民大学学报，2005(5).

区别，但是共同阐释了公民参与的涵义，强调积极的公民资格、凝聚的公共精神、共识的公共利益与高度的参与能力，强调了民主治理的方向。

价值是公共行政的灵魂。"在社会资本身上，历史学家、政治学家、人类学家、社会学家和决策者以及各个领域内的各个阵营，又一次找到了一种存在于公开的和建设性的争论中的共同语言，一种以过去的 150 年中受到狭隘的学科注意的严重压制的语言。"①近 20 多年来，社会资本因其是社会科学中最突出也是争议最多的概念和理论之一而倍受瞩目。"社会资本"概念最先由法国社会学家布迪厄在 1980 年发表的《社会资本随笔》一文中提出。他指出："社会资本是现实或潜在的资源的集合体，这些资源与拥有或多或少制度化的共同熟识和认可的关系网络有关，换言之，与一个群体中的成员身份有关。它从集体拥有的角度为每个成员提供支持。②美国学者科尔曼是从功能角度对社会资本进行概念界定的，社会资本定义是由功能而来，它不是某种单独的实体，而是具有各种形式的不同的实体。其共同特征有两个：他们由构成社会结构的各个不同要素组成；他们为结构内部的个人行动提供便利。③真正将社会资本理论引入到政治发展研究的是美国社会学者帕特南，他在《使民主运转起来》中，将社会资本界定为"社会组织的特征，例如信任、规范和网络，他们能够通过促进合作行为来提高社会的效率"。④他还令人信服地指出，民主政府在面对强有力的公民社会时会更负责任，更为有效率。资源社团积聚起来的民间社会资本能培育起更大范围内的社会合作，增强人们之间的互惠，并因此更容易使民主运转起来。帕特南认为，对于民主制度的绩效来说，至关重要的是普通公民在公民社会中所表现出来的充满活力

---

① 武考克.社会资本与经济发展：一种理论综合与政策架构.转引自李惠斌、杨雪冬编：社会资本与社会发展.北京：社会科学文献出版社 2000：501.
② 李惠斌，杨雪冬编.社会资本与社会发展.北京：社会科学文献出版社，2000：3.
③ ［美］詹姆斯·S.科尔曼，邓方译，社会理论的基础.北京：社会科学文献出版社，1999：35.
④ ［美］罗伯特·帕特南.使民主运转起来.南昌：江西人民出版社，2001：195.

的群众性基层活动。与等级制的零碎组织或委托人结构相比，超越社会分裂而低水平状态组织的自愿社团更可能培育较广范围的社会合作，加强互惠关系，并因此更容易"使民主运转起来"。民间组织创造了公民交往的横向人际网络，成员在生活上是民主的，带有自觉、自愿和参与的风格，在管理上不是采用权力压服方式，而是通过说服教育，通过内部成员的自觉服从和相应的纪律束缚来实现自治管理的目标。成员之间基于民主价值原则上的形成的平等关系和长期生活在平行交流的民主合作氛围中，促使他们更容易形成相互信任的心理关系，社群自身的自治性规范的自我约束力也大大增强；反过来也会促进进一步的民主合作。同时这种社群组织的黏合作用也会激发公民精神，提高公民的公益意识和参与意识，从而能够培养人们的合作与团结精神、民主精神。民间组织正是通过为人们提供了一种信息传递、建立信任、理解、并达成共识的横向交往结构，推动良好的治理格局形成。至此，对社会资本的理解达成了共识，即社会资本主要是由公民的信任互惠合作有关的一系列态度和价值观组成，其关键是使人们倾向于相互合作，去信任、去理解、去同情主观世界所具有的特征，其次社会资本的主要特征体现在那些将朋友、家庭、社会工作以及公私生活联系起来的人格网络，第三，社会资本是社会结构和社会关系的有助于推动社会行动和行动目标实现的特性。[①] "公民社会既是手段也是目的。就是在公民社会里，使得国家受到控制，政策受到影响。但是，作为公民价值观的潜在储备库，公民社会必须保持活跃，为那些不被国家所容纳的思想和利益提供空间。因此，公民社会必须迎合那些在国家中没有保留其位置的人的需要。同样，它鼓励人们自主行动获取他们的目标，这有助于社会资本的建立。"[②]善治这一理念对公众与社会参与政府治理中所占据的地位以及发挥的作用提出了强

---

① ［英］肯尼斯·纽顿.社会资本与现代欧洲民主.转引自杨雪冬、李惠彬，社会资本与社会发展.北京：社会科学文献出版社，2000：380.

② ［美］戈兰·海登.周红云编译.公民社会、社会资本与发展.马克思主义与现实.2000（1）.

调,同时也说明了政府与公众间建立起友好合作关系的重要性。在当今时代的形势要求下,公民对社会的责任意识得到了提升,公众已经成了信用建设过程中不可缺少的主体部分。建立起公民、企业、相关部门、传播媒体多元主体参与政府信用建设的机制,不同主体之间互相合作、互相交流,发挥各自的作用,对政府建言献策并且实施有效的监督,这可以增强政府信用建设的公平、公正、公开,提升政府信用,从而更有效地开展对国家的治理工作。

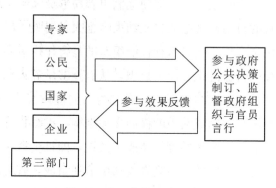

图 7.1　多元参与机制示意图

二、 公民参与: 公民治理时代的价值体现

博克斯认为,21 世纪是美国地方政府治理的一个新时代,这个时代将是以公民治理为中心和主导的时代。人们也许会争辩,公共行政所做的任何事情都是期求提高民众的福祉。然而,由于工具性和理性化取向的公共行政对社会现象的理解非常匮乏,因此,它经常制造出没有预期的负面后果。如果我们想对公共行政与民众之间的互动作出清晰而又生动的描述,良好地理解复杂社会现象就是必不可少的。因为公众是由个人、群体和组织联结起来的网络构成的,他们之间交往互动的动力是不可预测并不断变换的。①公民和公民团体不仅作为

---

① [美]全钟燮.公共行政的社会建构:解释与批判.孙柏瑛等译.北京:北京大学出版社,2008:25.

政府服务的接受者，他们有时候也与政府联合起来共同生产或合作生产，提供公共服务。在这些合作生产中，公民与政府机构共同确定公共服务的性质和结果。现代的服务理论认为，公共服务需要与积极的公民参与相互协调才能有效实现。就像惠特克所解释的那样，在这些服务中，"只有接受服务的个人才能够完成这种改变。他或者她是所发生的任何个人转型的重要的'共同生产者'。服务代理者能够提供鼓励，帮助作出选择，阐明技术手段，作出指导和建议。但是代理者本身不能单独完成服务文化或转型。代理者并非向公民提供'最终产品'，而是和公民一起共同完成人们所期望的转变。"[①]

在任何公民参与过程中，公共管理者的首要任务就是决定公民参与的程度，即究竟需不需要公民参与？如果需要，应该如何确定公众参与的广泛程度？应该与公众分享多少决策权力？对上述问题的正确回答随政策问题的不同而有所变化，因为，政策问题不同，公民参与的收益与成本之间的权衡也不同。我们很难笼统说公民参与是适宜的或是不适宜的，公民参与更适合于某些政策问题，但对另外一些政策问题却不那么合适。因此，公共管理者的任务就是当政策问题出现时，确定公民参与的适宜范围，然后采取适当的形式吸引公民参与决策。[②]很多政策问题的性质决定了公共管理者需要与公众共同做出决策。无论何时，成功的决策执行都必须以公民对政策的接受为基础，没有公民参与，让公民接受政策几乎是不可想象的，因此，公民共同参与决策的策略是众望所归的。[③]公民对政治问题应该是留心的，但又不能是沉醉的，对政治活动应该是积极的，但又不是狂热的，只有这种适

---

① ［美］约翰·克莱顿·托马斯.公共决策中的公民参与：公共管理者的新技能与新策略.北京：中国人民大学出版社，2005：100.

② ［美］约翰·克莱顿·托马斯.公共决策中的公民参与：公共管理者的新技能与新策略.北京：中国人民大学出版社，2005：24.

③ ［美］约翰·克莱顿·托马斯.公共决策中的公民参与：公共管理者的新技能与新策略.北京：中国人民大学出版社，2005：48.

度的感情驱动下的参与行为才是理性的、恰当的，能为参与渠道所容纳的。①

　　一个自主发达的社会与成熟的公民是紧密相连的。政治参与的激增已经成了政治民主化时代的特性。政治民主化也为公民社会的发育壮大提供了适宜的空间。要巩固民主化的成果，一个壮大的公民社会是不可或缺的。民主是什么、能是什么、应是什么的概念认知直接决定着人们对民主会采取何种行动。有效的民主离不开正式的公民，而社会组织能够提高公民对法律制度和规则规范的公共认知和理解。社会组织通过多样化的社区活动，为社区居民提供进行政策宣传和提供信息工具包，开展丰富多彩的活动，吸引公众的注意。民主的一个基本要素是人们有机会接触不同的信息和不同的观点从而做出明智的决策。除非存在制度化的机会让公民参与公共事务的讨论，让民主的公民社会组织和公民影响国家行为，否则民主将不会得到根本的促进。社会组织作为公民政治参与的组织载体，它集结和调动了利益相关群体的参与热情，并为他们提供了政治参与的平台与载体，在这个平台中，民众的利益诉求得以表达，公民的参与意愿得以激发。要把公共管理推向深入并使其发挥应有的作用，必须找到表达不同阶层、不同观点、不同理念者实现志愿的载体。从一般意义上讲，人们的理念再好，追求的目标再高尚，在缺乏相应组织的情况下也是不能实现的。自愿组合体既是约束政府的力量来源，同时又是组织人民参与政治的主要渠道。伴随着大型组织作用和权力的增长，对于官僚体系而言，来自外部的力量，如公民，常常被官僚感知为事务，或者被感知为以某种方式设计的项目中或管理发展中的客体。公民与公民组织被看作是社会统治和市场经济发展的障碍，公众被理解为一种客观的现象，这种客观现象高于或超越于公民体验和公民感知等主体现实。当行政管理者以抽象概念来感知现实的社会世界时，他们就很难再真正理解

---

　　① 吴毅.试论我国政治参与的现状与制约因素.社会主义研究 1992(4).

现实的公民和社区或促进社会的民主化了。进一步而言，当行政管理者在没有包容公民，特别是没有包容那些被行政决策影响着的非政府组织和公民，而着力将现实客观化的时候，他们就会否认公民参与建构社会现实的能力；以这种方式，行政管理者就低估了其他构建各种社会选择的力量，而这一力量其实就根植于人类的社会实践之中。[①]人民是公共权力的合法性来源成为共识。正像美国学者梅里亚姆所言："人民是一切正当政治权力的基础这个命题在当时简直没有争论，由于一切人生来都有同样的天赋权利，一切合法政府必须以个人同意为根据，因此人民大众显然是国家的基础。无论何种主权非经人民同意批准，都无法存在或继续存在。因此，人民所固有的和不可剥夺的主权就被认为是一个其有效性无可争辩的政治原则——一个无懈可击的前提。尽管这个学说经常被引用，但很少有人对它进行科学的探讨；确实，它被一致公认到这个地步，以致再对这个问题苦心议论似乎是多余的了。"[②]

三、公民需求管理：政府购买服务的改革方向

随着公共服务民主化进程的推进，我国服务购买不能依靠纯粹的行政强制而延续，服务购买必须在社会公众中引发回应和获得支持，从而实现治理的合法性到合理性的转变。依循公众需求的公民需求管理就是服务购买变革的直接回应。重视公民参与价值的理论积淀和公共服务民主化进行的推进，为政府购买服务的需求管理提供了选择逻辑。在服务购买中，政府定位于"精明购买者"，但政府的"有限理性"、将工具理性作为行动的圭臬以及政府信息机制的不完善，使得政府很难做到精明。这就要充分发挥"权力共享者"的公民的作用，公民的复数性和知识结构缺陷导致公民参与陷入难以抉择的境地。为

[①]　[美] 全钟燮.公共行政的社会建构：解释与批判.孙柏瑛等译，北京：北京大学出版社，2008：25.

[②]　[美] 梅里亚姆.美国政治学说史.朱曾汶译.北京：商务印书馆，1988：29.

此，需要将需求管理作为一种共同感、作为一种民主责任、作为一种批判思维、作为一种协同行动来有序推进。

（一）作为一种共同感的需求管理

阿伦特指出，用于衡量世界真实性的唯一标准是它对我们所有人而言是共同的，共同感在政治品质中占有很高的地位。因此，在任何给定的共同体内，共同感的显著下降和迷信愚昧的显著上升，几乎就成了脱离世界的鲜明标志。①人们需要为他们自己构建一种社会认同，以及表达出和他人的一致感。人对现实的感觉，要求人把它纯粹被动的、给定的存在实现出来，不是为了改变这种给定的存在，而是如果不把它充分地表达出来和实现出来，他就无论如何只得消极承受这一切。这种实现活动只能存在于和发生在那些仅在现实性中存在的活动身上。要在公民中形成表达需求，参与管理的共同感，通过增强公民对于服务购买行为的共同感，强化公民之间的自发性联系，以此改进社会秩序，这种社会秩序使得公民参与成为可能。必须使得公民树立价值认知：参与政府购买服务的行为主体就是公民本人，他有责任和义务承担起参与行动而不是将道德谴责和责任推给别人。人们从事和开展的活动总是具有意向性的。人们之所以要采取这些行动，是因为他们相信他们真诚，真挚的工作能够改善居民的生活。在行动中，人们把意义赋予他们的环境，他们自己的行动和其他人的行动。行动尽管始于孤立，取决于一个个各怀心事的个人。但是只要通过集体努力，就可以获得成功。在这种集体努力中，单个人的动机不再算数。②有了共同感的公民在共同利益的基础上进行共同行动。所有的重要利益都能以组成社团的形式来表达。具有共同利益的人倾向于自发组建自己的团体，来解决关乎自身利益的服务提供问题。

这种共同感还需要人们对社会发展变革的趋势达成共识。所有人

① ［美］汉娜·阿伦特.人的境况.王寅丽译，上海：上海人民出版社，2009：163.
② ［美］汉娜·阿伦特.论革命.南京：译林出版社，2011：159.

都将时间用于谴责这一体系的弊端，但却从未获得任何成效。只有到了人们借助于新获得的力量完成社会转型的时候，他们才能以成熟的心态，而非幼稚的抱怨，来接受这个变化。[①]后现代工业社会的冲击，要求人们要具有革新意识，大胆进行政策实验，创设出新的制度安排、规则机制，使人们能够在由他们过去的努力所创造的新环境中生活。

（二）作为一种民主责任的需求管理

没有能够离开责任的效率，也没有能够离开权力的责任。自由主义理论的坚守者从不倦于重复市场的力量，相信自发的进步，而这种信仰常常会使我们对经济生活中政府这个角色视而不见。边沁认为，经济成功有三个要素：意向、知识和权力。私人需要拥有意向，而知识和权力，由政府掌管比私人掌握来得更为廉价。通往自由市场之路的打开和保持畅通，有赖于持续的、由中央组织调控的干预主义的巨大增长。[②]一切统治理论的基础是柏拉图式的知与行的分离，而不仅仅是对既不负责任又不可化约的权力意志的辩护。[③]公共服务购买行动发生初始动力便是地方政府核心行动者与社会组织管理者在公共利益上的聚合。公共组织要代表和表达的是公共利益而非私人利益。公共组织要具有回应性，这种回应性要求政府机关工作人员要对公民的公共服务需求及时进行回应。政府要有"预期反应"，也即决策者在进行服务购买决策时，会受到公民会对他的决定如何反应这一预测的制约。政府要通过服务购买绩效的提升，激发民众的情感以支持他们的权威，唤起大众的热情以支持他们的政策。行政人员应该培养民众对于公共事务的独立的政治性判断。一个生动完整的个人政治身份感就是将这个过程放在脑子里的显著位置，并以它作为组织发挥作用的广阔语境。

---

① ［英］卡尔·波兰尼：大转型：我们时代的政治与经济起源.冯钢等译，杭州：浙江人民出版社，2007:110.

② ［英］卡尔·波兰尼：大转型：我们时代的政治与经济起源.冯钢等译，杭州：浙江人民出版社，2007:129.

③ ［美］汉娜·阿伦特.人的境况.王寅丽译，上海：上海人民出版社，2009:175.

(三) 作为一种批判思维的需求管理

保持思想的开放性是我们面对复杂的社会情境所做出的有效回应和理智选择。政治—行政两分法释放了政府，使政府恢复了行动能力。政府行动的自由其实在某种程度上是自相矛盾的：这些情况在当下属实，在过去发挥作用，在未来还会产生影响。一方面，公众需要甚至恳求政府对社会公共事务给予必要的干预，即使这种要求因公民治理时代的到来被肆意夸大，但实际上也是合情合理，自然不过的。因为没有政府的行政干预，正常的社会秩序无法维持，一切与公众利益休戚与共的权益保障也无从谈起。另一方面，国家管理所能够使用的手段只能是等级体系以及在科层制体系保护下的规则束缚，这样一来，社会就会不可避免地陷入恶性循环，因为公众今天选择的治理工具，正是未来社会人们越来越想去摒弃的。诸多规则体系、游戏模式、诸多与合同制治理相抵触的制度性机制，的确构成了某些障碍。不过，假如政策设计者真心实意想要获得成功，就应该将这些障碍同样也看成资源，因为这些资源可以被利用来创新。深深扎根于政治经验中的政治想象力反映着公民的形象，反映着合适的机构的形象，反映着与之相适应的政治的形象。这些形象不是由理性决定的，它们利用理性来为可能的事情服务。基于公民需求的管理模式将公民参与调动起来。行动和遭受就像一个硬币的两面。一个行动开启的故事包含着由他造成的业绩和苦难。行动所造成的后果是无限的，因为行动虽然不知道是从哪里来的，但它一发动就进入了这样一个渠道：每个行动都造成反动，每个反动都造成连锁反应，从而每个过程都是新过程的起因。①公民提出的种种社会诉求，并不仅仅是社会性和政治性的要求，而且也是一种新型的社会资源，他们可能会让游戏规则变得错综复杂，但同时，他们也可被用作战胜重重封锁的制度变革的手段。

---

① [美] 汉娜·阿伦特.人的境况.王寅丽译，上海：上海人民出版社，2009：149.

(四) 作为一种协同行动的需求管理

相互作用是权力过程中的互动关系，权力产生于众人的协同行动。所有的人都可能要求权力，想要把一些人或所有人都纳入其权力范围之内。或者说讨论中的某个群体对权力的要求是可忽略的，这个群体就处于别的群体或所有群体的权利范围之内。不论从什么角度看，层次之间的连接都是治理的中心问题。当代社会的任何重大问题不能在一个层次、由一个机构处理。治理各个层次的关系一直存在，但只是被置于边缘或是不予考虑的地位。管理并不意味着权威，然而管理却永远需要自觉的行动和有意识的参与。服务购买过程中的公民需求管理是一个网络化治理的过程。为了实现公民治理的目标，需要创建一个纵横交错的网络来提供公共服务。纵向层次上，不同层级的政府要实现整体性治理，并对政府服务系统承担起相应的责任。同时，各种类型的组织，企业、非营利组织也要置身于服务网络体系之中，积极有效地表达公民诉求、整合民众意愿，实现公民治理。库珀将人们进行伦理思考划分为表达层次、规则层次、伦理层次和后伦理层次四个层次。借鉴此动态层次理论，公民需求管理分为一个具有高度动态性的四个层次：表达层次、规则层次、伦理层次和后伦理层次。起初，公民会就参与服务购买进行情感表达，也就是对自己参与公共服务的直接感受作出自发的回应。但接着很快就进入到解决问题的道德规则阶段；当公民所得到的信息和情况越来越复杂时，就又回到了情感表达阶段；然后，发泄完了全部的愤怒和苦恼等情绪之后，公民又回到了道德规则阶段以寻求合适的道德规则无法充分涵盖公共组织的道德体系。

总结与展望

　　建设一个世界社会和政治共同体的必要性要求我们遵守共同的规则，因此要建立一个以契约为基础的社会。相较于传统的管制型政府，契约理念和合同治理的思想契合了治理和善治思想，营造了信任和共赢的社会氛围，致力于公民治理的时代诉求。随着我们从一个变革的、制度创建的和技术专业化的时代，进入到一个自媒体的、社会建构的和公民自我治理的时代，公共管理活动不可避免地要实现理念转变，由传统的国家管理转为社会治理。在社会治理体系的转型过程中，开放性的服务过程、反思性的话语范式都会对治理能力提升有极大的促进作用。因为民主政体的优越性，在于它拥有最大限度的开放性：一个开放的系统要更加丰富多彩，同时也拥有更高的效能，因为与封闭的系统相比，它更为丰富多样；而封闭的系统则更趋贫乏，因为它本身无论是在内部交往，还是在外部交往方面都少得可怜。①后结构主义者认为，现代社会是场景化和分散化的世界，自我早已不复存在，唯一的主体是去中心化的主体，只能在语言和话语片段中找到其身份认同。公共空间逐渐消亡的事实，促使人们去私人生活中找寻那些被公共领域拒绝的东西。中国特色社会主义新时代，需要公共管理者努力找回长久但意义深远的政社合作关系，需要公共管理者增强学习意识，以全新的治理思维回应时代的要求。

---

　　① ［法］克罗齐耶.法令不能改变社会.张月译，上海：格致出版社，2008：18.

一、 发展方向：从权力运动到合同运动

如果治理者的行为不符合他们声称的价值，就没有正当的治理。所以治理的正当性取决于文化根基。每个社会都在历史发展中创造了自身的调节模式、自身的法律观念、冲突的解决办法、共同利益的维护、自然资源的分享及权力的组织和形式。①合同制已经成现代政府的核心特征，并且成为了向公民提供公共服务的关键制度之一，同时也是构建新的基础设施的关键制度之一。合同制也蔚然成风的新公共管理改革的一个重要特征，它经常与新公共管理现象相联系。为了在公共服务的供给中引入私营提供者，购买者必须在一个或者多个供给者中间签订合同。合同是购买者和供给者之间进行沟通的核心文件，也是双方达成的一个正式协议，协议中载明了关于产品和服务供给的相关条款。合同制是"购买者和供应者之间有关合同关系的设计和执行过程。"制度内的个体在追求自己利益的同时也为制度提供了能动力量，尽管行为的环境是由制度创造的。个体塑造着制度，他们的决策又被先前的制度选择所塑造。人类创造制度，但又被制度所约束。任何一个体制都不会轻而易举地修正自身，自然而然地焕发活力。任何一项制度的形成都不是零成本的。制度的形成需要投入时间和精力，还需要大量的物质资源。在公共服务需求不太清晰的情况下，选择合作治理的方式或许更为明智。人们对于"景观社会"②的无限憧憬，虽然这些景观以奇迹的形式出现，以占据人们的非劳动时间为内容，但其不断更新的理念和社会组织方式，使得人们对其顶礼膜拜，自觉不自觉地将这些景观作为社会流行时尚。这种填充虽然被称为治理术，中国社会中的许多特征都是在与西方知识互动中产生的，这种

---

① ［法］皮埃尔·卡蓝默.破碎的民主——试论治理的革命.高凌瀚译，北京：生活·读书·新知三联书店，2005：56.
② 景观社会，是法国思想家居伊·德波提出来的，用以描述资本主义社会呈现给人们的图景性，人们因为对这些景观的迷恋而丧失自己对本真生活的渴望和追求.

互动带有良性色彩。公共权力进入合作伙伴关系的三个方面：渐入清晰，进入对话，导入方案。

合同过程的模式与传统的权力驱使的治理模式迥然不同。①新公共管理合同制分为经济合同、行政合同和社会控制合同。每一种合同形式都需要国家进行审慎地安排，进而建构社会控制。在政府机关内部，在公共服务的经济机构，在国家与公民的关系中，通过管理规则对合同的规则加以治理，进而实现预期的公共政策目标。在英国的经济和社会关系领域，大量地使用合同作为一种政府政策的管理机制。合同的使用范围，从公共服务的资金筹措、公共服务的供给到对在校学生和青年犯罪的行为控制，合同被大量地使用。在过去的 25 年间，英国政府大量使用合同，将其作为一种管理机制，随着 1997 年工党的上台执政，这种趋势日渐加强。合同制的使用范围也已经超出了经济领域，扩展到了公共行政和社会政策领域。英国进行的不仅包括结构变革，英国的中央政府部门已经进行了另一轮、重点集中在管理问题上的改革。这一轮所进行的政府市场化改革的主要内容是"签约外包"或"市场检验"。与这一改革有关的观点是，政府的全部工作都应该采取某种形式的竞标，以便让私人部门有更多机会投标，从而决定私人部门能否更好、成本更低地完成这些工作。地方政府早已被迫采取这种做法，被称为"强制性竞争投标"。英国并不是唯一在公共部门中运用市场机制的国家。要求对政府工作采取竞标的方式进行已在许多国家开展了一段时间。②

公共服务合同外包所面临的挑战是极为突出的。合同制过程的目的是取得良好绩效，为此，知道目标是否已经达成是合同制管理的核心要素。将政府知道自己想买什么以及为合同关系的建立所要做的相

---

① ［美］菲利普·库珀.合同制治理：公共管理者面临的挑战与机遇.上海：复旦大学出版社，2007：51.

② ［美］R.盖伊·彼得斯.政府未来的治理模式.吴爱明，夏宏图译，北京：中国人民大学出版社，2013：47.

关工作称之为可行性理解力。他们认为，拥有充足的资源，包括对合同承包商绩效测量的深度规划、对国家合同管理人员的精密培训、合同承包商工作人员能力的评估，承包商财务管理能力的评估，所有这些因素都与战略性的购买行为有着密切关系。提高合同管理能力的五条基本原则。首先，成功的合同管理需要一些能够体现和加强多元价值的制度。其次，美国是个依法治理的宪政共和国，公共合同是作为公共法律结构中的一部分发挥功用的法律工具。因此，理解公共合同管理的公法基础是很重要的。每项合同本身对合同双方来说是套有约束力的规则，任何一方都可以实施强制力，而不像大多数行政规则一样，把强制的权限交给了有关的政府机构。许多联邦和州的法令也在管制着公共合同的签订和管理。有效的公共合同管理即需要理解和恰当的运用公法，也需要发达的管理技术。其三，有效的合同管理需要我们超越消极的假设，并对合同持有一种更加积极的态度。对公法作用的尊重并不意味着偏好更多的法律偏好和限制。其四，当代改革公共政策和公共管理的努力造成了这样一种状况，即治理只有通过由相应资格的专家组成的混合型机构才能得以实现。最后，独立民选官员参与改进公共合同管理的讨论是很紧要的。①新公共管理运动主张市场化和自由化。公共部门应该借鉴并引入私营企业的管理方法，并将公私合作伙伴关系作为管理变革的一种工具。这种工具的使用价值在于它通过将市场规律引入公共服务从而改变政府的运作方式。在这个过程中，公共部门的问题意识发生了转化。公共部门管理者的任务就变成了重新组织他们在公共服务供给中面临的限制性因素，以便推动社会组织参与到公共服务生产中。问题的中心就变成了例外原则，公共事务管理者保留监督和人事权，而非事无巨细地参与执行事务的过程。一旦做到了这一点，政社合作伙伴关系就能通过增加结果中参与

---

① ［美］菲利普·库珀.合同制治理：公共管理者面临的挑战与机遇.上海：复旦大学出版社，2007:183—185.

者的数量而为公共服务管理者积累市场经验，从而实现"道德重建"。作为一种权力共享的安排，政社合作伙伴关系可以从基本的途径改变企业和政府之间的关系。其中一个途径就是，合作精神和信任能够替代"指挥和控制"监管中普遍存在的对抗关系。合作伙伴之间的任何关系都涉及责任、知识和风险的互惠性共享。在大多数情况下，每一方都要投资和交换的其他方带来有价值的东西。最后，期待合作伙伴之间互通有无，通过谈判来协商可能诉诸法律的分歧。

二、合作形态：由貌合神离到和衷共济

合伙关系可以是一种无人地带，即一个介于政治权力和经济市场的领域，在这一领域中不存在一个完全适用或经常适用的规则。①合作伙伴关系本身就要求一个有组织的行动者所组成的社会，以自然的方式体现社会上的各种力量和各种利益。为了赋予合作伙伴关系一定的意义，它本身需要一种机制上的价值。葛德塞尔形象地将公私合作的关系比喻成"妈妈和爱女"一般，尽管双方会在结构方面存有差异，但双方都会为彼此共同的项目而竭尽所能。但这种不容置疑的合作价值并不排斥，同时也没法排斥双方合作关系的复杂性。因为这种合作关系并非一纸契约而已，它还意味着一个共同体的建立。双方需要在接受差异的基础上，建立信任，分享资源。如果在合作的进程中，出现了价值、理念的冲突，不能强迫对方接受自己的价值，而应该相互理解。在这样一种合作形式中，政府代表的是公共利益，应该承担起以下职责：既要平衡有矛盾冲突的价值，同时又不能放弃基本准则；既要建立起资金使用的理念，同时又不能忽视资金储备；要培养一种放眼世界的开阔眼光，促使社会组织战略和公共产品的提供和谐发展。②在

---

① [美]菲利普·库珀.合同制治理：公共管理者面临的挑战与机遇.上海：复旦大学出版社，2007：66.

② [美]查尔斯·T.葛德塞尔.为官僚制正名——一场公共行政的辩论.上海：复旦大学出版社，2007：124.

权威被分散、每个社会元素都可贡献于该社会的共同利益的地方，这些不同元素往往能保持一种互惠的结构，而且这种结构会鼓励这些不同元素去参与对彼此都有好处的事务。然而，当一些人—即使他们占多数—用他们的权能去剥削一些人时，互惠就不存在了。当互惠不存在时，联合体中的合作参与精神就丧失了，人与人之间变得疏远，共同体意识也被侵蚀掉了。只有当所有的社会元素经过公共努力而使他们的景况都得到改善的情况下，建设性的集体行动措施才能得以维持。在这样的条件下，互惠和互利才能够支持一种积极的共同体意识。因此，任何抵挡政府体系的价值都取决于其不同单位间如何相互关联，以及这些单位如何较好地服务于它们的公民和选民的利益。①一切有组织的人类行动，所有的集体活动，虽然大部分都是人类有意识的选择，但由于行为主体之间相互依赖关系的存在，使得这些活动都会产生"负效应"。"有心栽花花不开，无心插柳柳成荫"。每个人都要与他人共生共存，都是自身生存境遇的囚徒，要为周遭的社会关系所限定，还要为周围的他人需要所忧虑，更多时候表现出的是一种无奈和彷徨。但若真将决策者抽离出这种社会关系，他会变得恐慌不安，因为他对"自己是谁"都无从作答，这种"独在"看似自由洒脱，实则离群索居，漂移不定。

在建构政府与社会组织合作伙伴关系的关键时刻，最大的危险就在于轻而易举地达成了表面上的共识。科层制的结构有能力与这种语言游戏进行长时间的对抗，但是其所付出的道义上的和政治上的代价高昂，而且这种对决时常会以妥协退让而告终。人们不禁要问，在开放性的政府服务过程中，公民的获得感何以比过去更糟糕。问题的答案如下：这恰恰是因为公民更为自由了，而现有服务供给体系的回应性没有相应地发生改变，所以对公民服务满意度反而受到伤害了。政

---

① ［美］文森特·奥斯特罗姆.美国地方政府.井敏，陈幽泓译，北京：北京大学出版社，2004:13.

策设计者面前堆放着很多改革方案，但它们心存恐惧，投鼠忌器。原因一目了然，这些方案意在摧毁现有的权力格局，而这刚好是政治精英极力维护和精心呵护的。政府与社会组织之间的冲突和对抗体现在：政府作为执掌社会关系的关键部门，它的体系高度统合，极度僵化；而社会领域的边界则较为模糊，结构更为复杂。

21 世纪是一个复杂性的世纪。开启这个复杂世纪新纪元的不仅仅是工业社会延续下来的高歌猛进的技术，还有贯穿于整个人类历史的一以贯之的知识。与后现代工业社会的高度不可控性、高度复杂性相伴而生的是，知识在社会治理中发挥着越来越重要的作用，以至于知识治理被称为"第四种治理"。鉴于知识作用的凸显，诸多国家的行政改革和政策倡议都以知识为重点，充分发挥公民参与在公共事务治理的作用。我国政社关系的依赖性是一个历史而常新的话题。政府向社会力量购买公共服务为两者关系的营造和改变开拓了政策领域，也为行为者创设了学习空间。未来的政社关系研究中，尤其是在政社关系的话语研究中，需要的是具有学习精神的政府和社会组织，因为话语本身是一个民主过程。通过学习，政府朝着语言体系开放的话语建构者方向努力，社会组织鞭策自己成为有能力的话语参与者。在这个学习过程中，政府向社会组织购买公共服务的制度实践凭借"政治实践"和"道德语言"这双羽翼，勾勒出政社"公私协力、和衷共济"的未来图景，也营造出有益于国家治理能力和治理体系现代化的系统环境。

政府行政实践的核心问题是责任问题。在政府的权力与政府的责任之间保持适当的平衡是民主制最重要也是最困难的任务之一。怎样才能建立起一种政府系统，使政府的权力和责任之间保持适当的平衡，这是政客和政策设计者的紧要任务。如果某个政策主体必须以积极的态度，而不是被动的态度来设想权力和责任。责任不仅适用于今天的和未来的行动，而且也同样适用于过去的行动。托克维尔早在《论美国的民主》中就发现：人们越来越不能单由自己去生产生活上最常用和最需要的东西的时代，正在来临。①那是一个公共行政思想和公共行动观念尚未开启的时代。达尔在《论民主》中疾呼："一个国家，无论从世界范围来看它是多么的小，都需要各种各样的独立社团和组织，也就是说，需要一个多元的市民社会。"②那是一个涌动着民主思潮和洋溢着参与精神的时代。20 世纪是公共行政理论建构的时代，也是公共行政经历思想危机的时代。因为主流的行政思想无法及时回应社会需求。主流公共行政思想中，强调的是秩序和管制，而现实政治生活中对于权力的依赖和组织特征的阐释，则促使研究者用辩证的观点重新思考组织变迁问题，研究语言体系中的各种竞争势力。21 世纪是相互依赖的世纪，是制度创新的时代，是话语建构的时代。在这个时代，中国亲历了改革，经受了洗礼，学会了创新。政府购买社会组织公共服务毋庸置疑地出现在了改革的制度实践中，因此研读政治实践的创新意义自不待言，但除此之外，还要寻找那些被流行话语所忽视或掩盖的"真相"，以增强政策对公民需求的回应力。这是一个漫长的学习过程。未来，正如任何一项改革所经历的，服务购买场域中的政社关系会沿着制度预设的路径，顺着话语建构的思路，走向话语制度主义所给出的解释：事物变化的过程要将观念与话语结合起来并置于某种制度场景之中。③

---

① ［法］托克维尔.论美国的民主（下卷）.北京：商务印书馆，2006：637.

② ［美］罗伯特·达尔.论民主.李柏光译，北京：商务印书馆，1999：126.

③ ［美］维维恩·施密特.认真对待观念与话语：话语制度主义如何解释变迁.天津社会科学，2016(1).

参考文献

一、中文

1. [美]戴维·罗森布鲁姆.公共行政学:管理、政治和法律的途径[M].北京:中国人民大学出版社,2002

2. [美]斯蒂尔曼二世.公共行政学:概念与案例[M].北京:中国人民大学出版社,2004

3. [美]J.E.安德森.公共决策[M].北京:华夏出版社,1990

4. [美]苏珊·韦尔奇.公共管理中的量化方法:技术与应用[M].北京:中国人民大学出版社,2003

5. 俞可平.治理与善治[M].北京:社会科学文献出版社,2000

6. [美]戴维·奥斯本、特德·盖布勒.改革政府[M].上海:上海译文出版社,2006

7. [美]西蒙.管理行为[M].北京:北京经济学院出版社,1994

8. [美]埃莉诺·奥斯特罗姆.公共事务的治理之道[M].上海:上海译文出版社,2000

9. [美]E.S.萨瓦斯.民营部门与公私部门的伙伴关系[M].北京:中国人民大学出版社,2003

10. [美]西奥多·H.波伊斯特.公共与非营利组织绩效评估[M].北京:中国人民大学出版社,2005

11. [美]马克斯·韦伯.马克斯·韦伯社会学文集[M].北京:人民出版社,2010

12. [美]丹尼尔·贝尔.后工业社会的来临[M].高铦,王宏周,魏

章玲译,南昌:江西人民出版社,2018

13. [美]丹尼斯·C.缪勒.公共选择理论[M].北京:中国社会科学出版社,2011

14. [美]道格拉斯·C.诺思.制度、制度变迁与经济绩效[M].上海:上海人民出版社,2014

15. [美]考斯塔·艾斯平·安德森.福利资本主义的三个世界[M].北京:商务印书馆,2010

16. [美]斯蒂格利茨.政府为什么干预经济:政府在市场经济中的角色[M].北京:中国物资出版社,1998

17. [美]查尔斯·沃尔夫.市场或政府——权衡两种不完善的选择[M].北京:中国发展出版社,1994

18. 胡伟.政府过程[M].杭州:浙江人民出版社,1998

19. [美]詹姆斯·Q.威尔逊.美国官僚政治——政府机构的行为及其动因[M].上海:上海译文出版社,1990

20. [美]文森特·奥斯特罗姆.美国地方政府[M].北京:北京大学出版社,2004

21. [美]弗雷德里克森.公共行政的精神[M].北京:中国人民大学出版社,2003

22. [美]罗伯特·B.登哈特.公共组织理论[M].北京:中国人民大学出版社,2003

23. [美]B.盖伊·彼得斯.政府未来的治理模式[M].北京:中国人民大学出版社,2003

24. [美]托马斯·R.戴伊.理解公共政策[M].北京:中国人民大学出版社,2011

25. [美]林德布洛姆.决策过程[M].上海:上海译文出版社,1988

26. [美]弗克兰·费希尔.公共政策评估[M].北京:中国人民大学出版社,2003

27. [美]约翰·米克塞尔.公共财政管理:分析与应用[M].北京:

中国人民大学出版社,2005

28. ［美］科尼利厄斯·M.克温.规则制定——政府部门如何制定法规与政策［M］. 刘璟,张辉,丁洁译,上海:复旦大学出版社,2007

29. ［美］乔尔·阿伯巴奇,罗伯特·普特南.两种人:官僚与政客［M］.北京:求实出版社,1990

30. ［美］斯科特·戈登.控制国家:西方宪政的历史［M］.南京:江苏人民出版社,2005

31. 何增科.公民社会与非营利组织［M］.北京:社会科学文献出版社,2000

32. ［美］霍布斯·利维坦［M］.北京:北京大学出版社,1986

33. 王名.中国非营利组织:定义、发展与政策建议［A］.全球化下的社会变迁与非营利组织［C］.上海:上海人民出版社,2003

34. ［法］皮埃尔·卡蓝默.破碎的民主.［M］.北京:生活·读书·新知三联书店,2005

35. 张康之.公共行政中的哲学与伦理［M］.北京:中国人民大学出版社,2004

36. 孙晓莉.中外公共服务体比较［M］.北京:国家行政学院出版社,2008

37. 俞可平.治理与善治［M］.北京:社会科学文献出版社,2000

38. ［美］迈克尔·麦金尼斯.多中心体制与地方公共经济［M］.上海:上海三联书店,2000

39. ［美］迈克尔·麦金尼斯.多中心治道与发展［M］.上海:上海三联书店,2000

40. ［美］萨瓦斯.民营化与公私部门的伙伴关系［M］.北京:中国人民大学出版社,2002

41. ［美］梅里亚姆.美国政治学说史［M］.朱曾汶译.北京:商务印书馆,1988

42. ［美］托克维尔.论美国的民主(上卷)［M］.北京:商务印书

馆,1996

　　43. 萨拉蒙.公共服务中的伙伴——现代福利国家中政府与非营利组织的关系[M].北京:商务印书馆 2008

　　44. [英]马克·尼奥克里尔斯.管理市民社会[M].北京:商务印书馆,2008

　　45. [美]武考克.社会资本与经济发展:一种理论综合与政策架构[A].转引自李惠斌、杨雪冬编:社会资本与社会发展[M].北京:社会科学文献出版社,2000

　　46. 李惠斌,杨雪冬编.社会资本与社会发展[M]北京:社会科学文献出版社,2000

　　47. [美]詹姆斯·S.科尔曼.邓方译.社会理论的基础[M].北京:社会科学文献出版社,1999

　　48. [美]罗伯特·帕特南.使民主运转起来[M].南昌:江西人民出版社,2001

　　49. [英]肯尼斯·纽顿.社会资本与现代欧洲民主[A].转引自杨雪冬,李惠彬.社会资本与社会发展[M].北京:社会科学文献出版社,2000

　　50. [美]弗朗西斯·福山.大分裂.人类本性与社会秩序的重建[M].刘榜离等译.北京:中国社会科学文献出版社,2002

　　51. [美]科恩.论民主[M].北京:商务印书馆,1988

　　52. [美]全钟燮:公共行政的社会建构:解释与批判[M].孙柏瑛等译,北京:北京大学出版社,2008

　　53. [美]亨廷顿.变化社会中的政治秩序[M].上海:上海人民出版社,2008

　　54. [美]塞缪尔·P.亨廷顿、琼·纳尔逊.难以抉择——发展中国家的政治参与[M].北京:华夏出版社,1989

　　55. 俞可平.社群主义[M].北京:中国社会科学出版社,2008

　　56. [法]卢梭.论人类不平等的起源和基础[M].李常山译.北京:商务印书馆,1962

57. [法]卢梭.社会契约论[M].何兆武译.北京:商务印书馆,2003

58. 桑玉成.政府角色[M].上海:上海社会科学院出版社,2000

59. 俞可平.中国公民社会的制度环境[M].北京:北京大学出版社,2006

60. [美]简·莱恩.新公共管理[M].北京:中国青年出版社,2004

61. 李珍刚.当代中国政府与非政府组织互动关系研究[M].北京:中国社会科学出版社,2004

62. [美]欧文·E.休斯.公共管理导论[M].北京:中国人民大学出版社,2001

63. [美]斯蒂芬·格德史密斯,威廉·艾格斯.网络化治理:公共部门的新形态[M].孙迎春译,北京:北京大学出版社,2008

64. 孙晓莉.中外公共服务体比较[M].北京:国家行政学院出版社,2008

65. [美]戴维·奥斯本·盖布勒.改革政府——企业精神如何改革着公共部门[M].上海:上海译文出版社,1996

66. 方江山.非制度政治参与:以转型期中国农民为对象分析[M]北京:人民出版社,2000

67. 薛冰.网络公民参与与公共政策的制定[J].学习论坛,2010(2)

68. 刁世存.当代中国政治发展与公民政治参与的双重变奏[J]当代世界与社会主义,2009(6)

69. [美]罗伯特·B.丹哈特,珍妮特·V.丹哈特.新公共服务:服务而非掌舵[J].中国行政管理,2002(10)

70. 张紧跟.组织间网络理论:公共行政学的新视野[J].武汉大学学报(社会科学版),2003(4)

71. 黄晖,程样国.西方国家公共服务市场化的理论、实务和借鉴[J].江西社会科学,2005(2)

72. 郑苏晋.政府购买公共服务:以公益性非营利组织为重要合作伙伴[J].中国行政管理,2009(6)

73. 许芸.从政府包办到政府购买——中国社会福利服务供给的新路径[J].南京社会科学,2009(7)

74. 赵立波.完善政府购买服务机制,推进民间组织发展[J].行政论坛,2009(2)

75. 俞雅乖.补充与合作:民间组织参与灾后农村公共服务供给的模式创新[J].经济体制改革,2010(1)

76. 王名,乐园.中国民间组织参与公共服务购买的模式分析[J].中共浙江省委党校学报,2008(4)

77. 韩俊魁.当前我国非政府组织参与政府购买服务的模式比较[J].经济社会体制比较,2009(6)

78. 郭道久.第三部门公共服务供给的"二重性"及发展方向[J].中国人民大学学报,2009(2)

79. 毕天云.试析农村民间组织管理中的困境[J].学术探索,2009(2)

80. 冯留建.中国公民社会兴起与有效治理的三大原则[J].新视野,2007(4)

81. 林尚立,王华.创造治理:民间组织与公共服务型政府[J].学术月刊,2006(5)

82. 陶荣兄.治理视野下的政府与非营利组织合作机制的构建[J].行政论坛,2006(5)

83. 朱银端.从道义到制度:非政府组织参与社会救济的运行模式[J].中共浙江省委党校学报,2009(4)

84. 张洪武.社区治理的多中心秩序与制度安排[J].广东社会科学,2007(1)

85. 王敏,王乐夫.公共事务的责任分担与利益共享——公共事务管理体制改革与开放的思考[J].学术研究,2001(11)

二、英文

[1] Albert Meijer, Stephan Grimmelikhuijsen, Gijs Jan Brandsma

Communities of Public Service Support Government Information Quarterly, 2011, Vol.29(1), pp.21—29.

[2] Salamon, *Global civil society: dimensions of the non-profit sector*, 1999, the johns Hopkins center for civil society center.

[3] Gorge A. Boyne, (1998) Public Service Under New Nabour: Back to Bureaucracy? *Public Money & Management*, July/September. pp.43—50.

[4] Weisbrod, Burton. Toward a Theory of the Voluntary Non-profit Sector in Three-Sector Economy. In E. Phelps eds. *Altruism Morality and Economic Theory*. New York: Russel Sage. 1974.

[5] *Governing by contract challenges and opportunities for public management* (Chicago: philip j.cooper, 2005).

[6] Joe Wallis, Brian Dollery Revitalizing the contribution non-profit organizations can make to the provision of human services *International Journal of Social Economics*, 2006, Vol. 33 (7), pp.491—511.

[7] Sara Dolnicar, Katie Lazarevski Marketing in non-profit organizations: an international perspective *International Marketing Review*, 2009, Vol.26(3), pp.275—291.

[8] Susan Chesteen, Berit Helgheim, Taylor Randall, Don Wardell Comparing quality of care in non-profit and for-profit nursing homes: a process perspective.

[9] *Journal of Operations Management*, 2004, Vol. 23 (2), pp.229—242.

[10] James L. Perry, Neal D. Buckwalter. The Public Service of the Future *Public Administration Review*, 2010, Vol.70, pp.s238—s245.

[11] Walter D. Broadnax. America Needs Its Best in the Public's Service *Public Administration Review*, 2012, Vol.72(1), pp.13—14.

［12］Nilima Gulrajani, Kim Moloney. Globalizing Public Administration: Today's Research and Tomorrow's Agenda *Public Administration Review*, 2012, Vol.72(1), pp.78—86.

［13］Luca Fazzi. *Social work in the public and non-profit sectors in Italy: what are the differences?*

［14］*European Journal of Social Work*, 2012, Vol.15（5）, pp.629—644.

［15］Guido Cuyvers, *Developing people in a network of relational practices: reflections on the role of social work education European Journal of Social Work*, 2013, Vol.16(2), pp.263—276.

［16］Sunae Kwon, Factors Impacting Market Occupancy of Non-profit Human Service Organizations in the Public Social Service Market: Focused on an Individual Level *Asian Soc Work Pol Rev*, 2013, Vol.7(1).

［17］James M. Mandiberg, Richard Warner. *Business development and marketing within communities of social service clients Journal of Business Research*, 2012, Vol.65(12), pp.1736—1742.

［18］Joseph F. McGuire, Lauren Kaercher, Jennifer M. Park, Eric A. Storch Hoarding in the Community: *A Code Enforcement and Social Service Perspective Journal of Social Service Research*, 2013, Vol.39(3), pp.335—344.

［19］Hallvard Moe, *Defining public service beyond broadcasting: the legitimacy of different approaches International Journal of Cultural Policy*, 2011, Vol.17(1), pp.52—68.

［20］Inge M. Bryderup, Marlene Q.Trentel, *The importance of social relationships for young people from a public care background European Journal of Social Work*, 2013, Vol.16(1), pp.37—54.

［21］Charles T. Goodsell. *The case for bureaucracy a public ad-*

ministration Polemic. 2007，Vol.39(3)，pp.122—124.

［22］Gary bryner，Bureaucratic discretion（New york：pergamon，1987），p.208. Wesley magat，alan krupnick and winston，*rules in the making：a statistical analysis* of regulatory agency behvior（*Washington d.cc：resources for the future*，1986）p.49.

［23］Thomas mcgarrity，"the growth of internal conflict it administrative regulation," *public administration review* 48（July/August 1988)：773—782.

［24］Laura langbein and jodyy freeman，"regulatory negotiation and the legitimacy benefit," *New York university law review* 9(2000)：60—151.

［25］Morris fiorina，"legislative choice of regulatory forms：legal process or administrative process," *public choice* 39(1982)：33—66.

［26］Kenneth culp davis，discretionary justice：a preliminary inquiry（*urbana：university of illinois press*，1969），p.15.

［27］Piaget, Jean. 1954. the construction of reality in the child. *New York：basic books*.

［28］Parson，talcott. the structure of social action. New York：Mccrawhill.

［29］Jay D. White. *The narrative foundations of public administration Research*. 2011，Vol.39(3)，pp.21—24.

致　谢

在入职海大的第八个年头,我的第二本专著得以出版。距离第一本专著出版已经有六个年头。此书的写作和出版与诸多人的支持和帮助是分不开的。

2013 年,我加入海大文法学院,这个大集体的温暖时时感动着我。我非常感谢文法学院的领导和同事为我提供的全方位的帮助。感谢领导们对我工作的认可,感谢李强华老师、金龙老师为我提供图书出版的相关信息。

"儿行千里母担忧"。时光荏苒,白驹过隙,不知不觉中已经离家二十余载。多年来在求学和工作路上,感恩父母对我的养育和教育。父亲是我励志的榜样,给了我极大的精神鼓励。

作为两个孩子的母亲,我要感谢我的家人对我工作的支持。感谢我的公公婆婆,感谢他们主动承担起照顾家庭的重任,感谢他们的默默付出和任劳任怨。感谢我的先生,他的宽容大度和无怨无悔给了我很大的精神动力。感谢我的两个女儿,是她们给了我不断前行的动力。

"路漫漫其修远兮,吾将上下而求索"。未来的人生路上,我将继续努力前行。

图书在版编目(CIP)数据

我国政府购买服务制度实践中的政社依赖关系研究/齐海丽著.
—上海：上海三联书店，2022.1
ISBN 978-7-5426-7611-5

Ⅰ.①我…　Ⅱ.①齐…　Ⅲ.①社会服务-政府采购制度-研究-中国
②国家行政机关-社会服务-风险管理-研究-中国　Ⅳ.①D669.3 ②D630.1

中国版本图书馆 CIP 数据核字(2021)第 231030 号

我国政府购买服务制度实践中的政社依赖关系研究

著　　者／齐海丽

责任编辑／郑秀艳
装帧设计／一本好书
监　　制／姚　军
责任校对／王凌霄

出版发行／上海三联书店
　　　　　(200030)中国上海市漕溪北路 331 号 A 座 6 楼
邮购电话／021-22895540
印　　刷／上海惠敦印务科技有限公司

版　　次／2022 年 1 月第 1 版
印　　次／2022 年 1 月第 1 次印刷
开　　本／640mm×960mm　1/16
字　　数／210 千字
印　　张／16.25
书　　号／ISBN 978-7-5426-7611-5/D·517
定　　价／70.00 元

敬启读者,如发现本书有印装质量问题,请与印刷厂联系 021-63779028